高等学校机械设计制造及其自动化专业"十三五"规划教材

现代设计方法

主　编　曹　岩

副主编　李建华　刘红军　杜　江

西安电子科技大学出版社

内 容 简 介

本书包括现代设计与设计方法概论、现代产品设计、现代设计方法学、价值工程、人－机－环境的系统观与系统化设计、优化设计、可靠性设计等七章，全面讲解现代设计方法的基本概念、原理和方法，重点讲述现代设计方法的基础技术、关键技术和应用技术，在各章中穿插典型应用实例，并兼顾介绍其应用现状以及发展趋势。

本书可作为机械设计制造及其自动化专业的本科生和研究生教材，也可作为高等职业学校、高等专科学校、成人院校的机电一体化、数控技术及应用、机械制造及自动化等专业学生的教材，还可作为广大从事现代设计方法研究的工程技术人员和管理人员的参考资料或培训教材。

图书在版编目(CIP)数据

现代设计方法/曹岩主编. 一西安：西安电子科技大学出版社，2010.7(2016.8重印)
高等学校机械设计制造及其自动化专业"十三五"规划教材
ISBN 978－7－5606－2421－1

Ⅰ. ①现… Ⅱ. ①曹… Ⅲ. ①机械设计 Ⅳ. ①TH122

中国版本图书馆 CIP 数据核字(2010)第 069151 号

策　　划　马乐惠
责任编辑　张晓燕
出版发行　西安电子科技大学出版社(西安市太白南路2号)
电　　话　(029)88242885　88201467　　邮　　编　710071
网　　址　www.xduph.com　　　　　电子邮箱　xdupfxb001@163.com
经　　销　新华书店
印刷单位　陕西利达印务有限公司
版　　次　2010 年 7 月第 1 版　2016 年 8 月第 2 次印刷
开　　本　787 毫米×1092 毫米　1/16　印　张　14.25
字　　数　332 千字
印　　数　3001～4000 册
定　　价　20.00 元

ISBN 978－7－5606－2421－1/TH·0106

XDUP 2713001－2

＊＊＊如有印装问题可调换＊＊＊

本社图书封面为激光防伪覆膜，谨防盗版。

高 等 学 校

自动化、电气工程及其自动化、机械设计制造及自动化专业

"十三五"规划教材编审专家委员会名单

主　任：张永康

副主任：姜周曙　刘喜梅　柴光远

自动化组

组　长：刘喜梅（兼）

成　员：（成员按姓氏笔画排列）

　　　　韦　力　王建中　巨永锋　孙　强　陈在平　李正明

　　　　吴　斌　杨马英　张九根　周玉国　党宏社　高　嵩

　　　　秦付军　席爱民　穆向阳

电气工程组

组　长：姜周曙（兼）

成　员：（成员按姓氏笔画排列）

　　　　闫苏莉　李荣正　余健明

　　　　段晨东　郝润科　谭博学

机械设计制造组

组　长：柴光远（兼）

成　员：（成员按姓氏笔画排列）

　　　　刘战锋　刘晓婷　朱建公　朱若燕　何法江　李鹏飞

　　　　麦云飞　汪传生　张功学　张永康　胡小平　赵玉刚

　　　　柴国钟　原思聪　黄惟公　赫东锋　谭继文

项目策划：马乐惠

策　　划：毛红兵 马武装 马晓娟

前　言

随着科学技术和国民经济的快速发展，现代社会对生产与生活、物质与精神提出了更多更高的要求，科学技术的不断进步又为满足这些要求提供了新手段。这就需要设计人员学习和掌握现代科学设计理论和方法，开拓思路，提高现代设计能力，快速、高效、高质量地进行产品设计。

现代设计方法是解决实际复杂工程技术问题的有效手段，是将计算机技术、信息技术、人工智能、多媒体技术、现代管理等各种学科与设计相结合所形成的一门多学科、综合应用的技术。现代设计理论与技术是对传统的设计理论与方法的继承、延伸和扩展，是多种设计技术、理论与方法的交叉与综合。在产品开发和提高工程设计水平的工作中，科学的设计方法起着越来越重要的作用。现代设计方法已成为工程人员所必须掌握的基本技能和高校机械设计制造及自动化专业的必修课程。

本书紧紧围绕现代设计方法的系统化、集成化、并行化、智能化、虚拟化、动态化、最优化、创新性等特点，全面讲解现代设计方法的基本概念、基本原理、基本方法，重点讲述现代设计方法的基础技术、关键技术和应用技术，在各章中穿插典型应用实例，并兼顾对其应用现状以及发展趋势的介绍。本书本着系统、全面、先进、实用的原则，使学生了解现代设计与传统设计的联系与区别以及常用的现代设计方法解决生产实际问题的范围和思路。在建立学生现代设计方法理论和技术体系的基础上，着重培养学生分析和解决具体工程实际问题的能力，掌握实用的现代设计方法的应用，使学生毕业后能独立从事机械工程、轻工机械、化工机械和电子机械企业中的设计工作，成为适应工程实际需求的既能独立工作又能配合团队工作的工程技术人员，满足当前国民经济发展和全球竞争的要求。

本书由西安工业大学曹岩任主编，西安科技大学李建华、西北工业大学刘红军、西安工业大学杜江任副主编。第1章由西安科技大学李建华、邓晓菲、何明晋编写；第2章由西安工业大学杜江编写；第3章由西北工业大学刘红军、陕西理工学院张昌明编写；第4章由西安科技大学李建华、夏颜志编写；第5章由李建华、何明晋编写；第6章和第7章由陕西理工学院孙伏编写。

由于作者水平有限，书中疏漏之处在所难免，恳请读者提出宝贵意见，我们会在适当时机进行修订和补充，在此深表谢意。

编　者

2010 年 4 月

目 录

第1章 现代设计与设计方法概论

1.1 设计的概念

设计是创造性的思维与活动，是为满足人类与社会的要求，将预定的目标通过人们的创造性思维，经过一系列规划、分析和决策，形成载有相应文字、数据、图形等信息的技术文件，以取得最满意的社会与经济效益的过程。

广义地来讲，设计就是把人类的理想变为现实的实践活动。狭义的设计是指根据客观需求完成满足该需求的技术系统的图纸及技术文档的活动。随着科学技术和生产力的不断发展，设计的内涵和外延都在扩大，设计的概念趋于广义化。设计不仅仅要考虑构成产品的物质条件以及产品的功能需求，更要综合经济、社会、环境、人体工程学、心理学、文化等多种因素。

在工程领域，设计是运用科学技术和知识规划出人类所需要制造的产品的过程，其最终表达形式是图样和技术相关文件，作为制造和使用的依据，以保证制造出的产品能满足规定的技术要求。

设计过程是十分复杂的智力活动，这种智力活动是人类特有的主观能动性的表现。马克思说过："蜜蜂建筑蜂房的本领使人间许多建筑师感到惭愧。但是，最蹩脚的建筑师从一开始就比最灵巧的蜜蜂高明的地方，是他在用蜂蜡建筑蜂房之前，已经在自己的头脑中把它建成了。"这说明设计这种智力活动，其任务在于利用已有的科学理论和技术原理，为生产活动规定具体的目的和模式，以便最合理地转化自然资源，满足人类社会的各种需要。因此，设计是将科学技术转化为生产应用的过程，也是将人的主观愿望转变为物质现实的过程。

现代设计是现代科学理论与现代技术工具在设计领域的应用。系统论、信息论、控制论等科学方法与电子计算机技术的应用，使优化设计、可靠性设计、计算机辅助设计以及创造性设计等现代设计方法脱颖而出，并对设计活动产生深远的影响，为新产品的开发提供新的现代设计手段。

应该指出，设计是一项多种学科、多种技术相互交叉的工程。它既需要方法论的指导，也依赖于各种专业理论和专业技术，更离不开技术人员的经验和实践。现代设计方法是在继承和发展传统设计方法的基础上融合新的科学理论和新的科学技术成果而形成的，因此，学习使用现代设计方法，并不是要完全抛弃传统的方法与经验，而是要让广大设计人员在传统方法和实践经验的基础上掌握一把新的思想钥匙。设计方法具有时序性和继承性，冠以"现代"二字是为强调其科学性和前沿性，并非为了将其与传统的设计方法截然分开。传统设计与现代设计只是相对而言的，它们具有共存性。

1.2 现代设计的发展

20世纪70年代以来，由于科学技术的飞速发展和计算机技术的应用与普及，给设计工作包括机电产品的设计带来了新的变化。随着科技的发展，新工艺、新材料的出现，微电子技术、信息处理技术及控制技术等新技术对产品的渗透和有机结合，与设计相关的基础理论的深化和设计新方法的涌现，都给产品设计开辟了新途径。在这一时期，国际上在设计领域相继出现了一系列有关设计学的新兴理论与方法。为了强调其对设计领域的革新，以区别于传统设计理论和方法，把这些新兴理论与方法统称为现代设计。当然，现代设计不仅指设计方法的更新，也包含了新技术的引入和产品的创新。目前现代设计所应用的新兴理论与方法主要包括：优化设计、可靠性设计、设计方法学、计算机辅助设计、动态设计、有限元法、工业艺术造型设计、人机工程、并行工程、价值工程、协同设计、反求工程设计、模块化设计、相似性设计、虚拟设计、疲劳设计、三次设计、摩擦学设计、模糊设计、人工神经网络、遗传算法等。

1.3 设计方法的概念

方法是人类探索科学真理的钥匙。在人们认识事物、解决问题的过程中，正确的方法是必不可少的。培根说过："没有一个正确的方法，犹如在黑暗中摸索行走。"巴甫洛夫也说过："好的方法将为人们展开更广阔的图景，使人们认识更深层次的规律，从而更有效地改造世界。"

工业产品设计是一种创造性的活动，设计的结果直接影响产品的性能质量、成本和企业经济效益。由于在产品的开发和提高产品设计水平的工作中，科学的设计方法起着重要的作用，因此，加强对产品设计方法的研究有着十分重要的意义。在工业发达国家中，对设计方法的研究十分重视，各国研究的设计方法在内容上虽各有侧重，但共同的特点都是总结设计规律，启发创造性，采用现代化的先进技术和理论方法，使设计过程自动化、合理化，其目的是设计出更多高质量、低成本的工程技术产品，以满足人民的需求和适应日趋尖锐的市场竞争需要。

设计方法学是以系统的观点来研究产品的设计程序、设计规律和设计中的思维与工作方法的一门综合性学科，它是现代设计方法的一个重要组成部分。设计方法学主要研究的内容有：

（1）设计对象。设计对象是一个能实现一定技术过程的技术系统。能满足一定需要的技术过程不是唯一的，能实现某个特定技术过程的技术系统也不是唯一的。影响技术过程和技术系统的因素有很多，设计人员应该全面系统地考虑、研究并确定最优技术系统，即设计对象。

（2）设计过程和程序。设计方法学从系统观点出发来研究产品的设计过程。在设计方法学中，产品即设计对象被视为由输入、转换、输出三要素组成的系统，重点讨论将功能要求转化为产品结构图纸的这一设计过程，并分析设计过程的特点，总结设计过程的思维规律，寻求合理的设计程序。

（3）设计思维。设计是一种创造活动，设计思维应是创造思维。设计方法学通过研究设计中的思维规律，总结设计人员科学的、创造性的思维方法和创造性技法。

（4）设计评价。设计方案的优劣评价，其核心是设计评价指标体系。设计方法学研究和总结评价指标体系的建立，以及应用价值工程和多目标优化技术进行各种定性、定量的综合评价方法。

（5）设计信息管理。设计方法学研究设计信息库的建立和应用，即探讨如何把分散在不同学科领域的大量设计知识、信息挖掘并集中起来，建立各种设计信息库，使之可通过计算机等先进设备方便快速地调阅参考。

（6）现代设计理论与方法的应用。为了改善设计质量，加快设计进度，设计方法学研究如何把不断涌现出的各种现代设计理论和方法应用到设计过程中。

1.4　设计方法的发展

从人类生产的进步过程来看，设计方法发展的历史大致分为直觉设计阶段、经验设计阶段、传统设计阶段、现代设计阶段四部分。这四个阶段是逐渐发展的，并没有明显的分界线。

1. 直觉设计阶段

在古代，人们从生活中直接得到灵感，或全凭人的直观感觉来设计制造工具，设计方案仅存在于手工艺人头脑中，没有记录表达，产品也比较简单。直觉设计阶段在人类历史中经历了一个很长的时期，17 世纪以前基本都属于这一阶段。

2. 经验设计阶段

随着生产的发展，单个手工艺人的经验或其头脑中的构思已经很难满足生产设计要求，于是手工艺人联合起来，互相协作。一部分经验丰富的手工艺人将自己的经验或构思用图纸表达出来，然后根据图纸组织生产。图纸的出现，既可使具有丰富经验的手工艺人通过图纸将其经验或构思记录下来，传于他人，便于用图纸对产品进行分析、改进和提高，推动设计工作向前发展；还可满足更多的人同时参加同一产品的生产活动，提高了生产率。因此，利用图纸进行设计，使人类的设计活动由直觉设计阶段进步到经验设计阶段。

3. 传统设计阶段

20 世纪以来，由于科学技术的发展与进步，设计的基础理论研究和实验研究得到加强，随着理论研究的深入、实验数据及设计经验的积累，已形成了一套半经验半理论的设计方法。这种方法以通过理论计算和长期设计经验而形成的经验、公式、图表、设计手册等为设计的依据，通过经验公式、近似系数或类比等方法进行设计，称为传统设计，又称常规设计。

4. 现代设计阶段

近30年来，伴随着科学技术的迅速发展，人们对客观世界的认识不断深入，设计工作所需的理论基础和手段有了很大进步，特别是电子计算机技术的发展及应用，对设计工作产生了革命性的改变，为设计工作提供了实现设计自动化和精密计算的条件。例如CAD技术能得出所需要的设计计算结果资料、生产图纸和数字化模型，一体化的CAD/CAM技术更可直接输出加工零件的数控代码程序，直接加工出所需要的零件，从而使人类的设计工作步入现代设计阶段。此外，现代设计阶段的另一个特点就是，对产品的设计已不是仅考虑产品本身，并且还要考虑其对系统和环境的影响；不仅要考虑技术特点，还要考虑产品的经济、社会效益；不仅考虑当前的应用情况，还需考虑其长远发展。

5. 现代设计方法发展前沿

设计方法是随社会、经济和科技的进步而不断发展的。工程实际中，还有很多正处于讨论和研究阶段的值得重视的研究方法，如摩擦学设计、创新设计、稳健设计、并行设计、绿色设计、优化设计、模糊设计、智能设计、反求设计等，这些设计方法都是随着社会的发展、人们观念的更新和科学技术的发展而提出的，并且由于在节能、环保、改善产品性能和增加产品市场竞争能力等方面有其重要性而越来越受到关注。

1.5　现代设计方法与传统设计方法的特点

1. 传统设计方法的特点

传统的设计是静态的、经验的，主要依靠手工操作完成，不仅设计缓慢，还在很大程度上约束了人脑的设计思维进度。更糟的是，三维设计对象在传统的设计中只能靠抽象的二维图形来表达，难以直观地将设计结果展现给工程技术人员和其它相关人员，如产品用户，因而不利于判断、评价和改进设计结果。

传统的设计计算依赖工程问题的解析求解方法，使实际问题不得不尽量简化，其简化程度取决于已有的数学工具能否求解，这一方面使大量相对复杂的工程问题无法进行计算求解，另一方面使很多工程问题的求解离实际情况有较大的差距。

2. 现代设计方法的特点

现代设计方法与传统设计方法相比，主要有以下特点：

(1) 设计手段计算机化。现代设计过程中大量使用CAD技术，计算机在设计中的应用已经从早期的辅助分析、计算机绘图发展到现在的优化设计、并行设计、三维建模、设计过程管理、设计制造一体化、仿真和虚拟制造等。CAD技术大大提高了设计效率，改善了设计质量，降低了设计成本，减轻了劳动强度。特别是网络和数据库技术的应用，加速了设计进程，提高了设计质量，便于对设计进程进行管理，方便了各有关部门及协作企业间的信息交换。

(2) 设计范畴扩展。现代设计将设计范畴从传统的产品设计扩展到从产品规划直至工艺设计的整个过程。此外，设计过程中同时还要考虑制造、维修、价格、包装、发运、回收、质量等因素，即面向X的设计。

（3）设计制造一体化。现代设计强调设计、制造过程的一体化和并行化，强调产品设计制造的统一数据模型和计算机集成制造。设计过程组织方式由传统的顺序方式逐渐过渡到并行设计方式，与产品有关的各种过程并行交叉进行设计，这可以避免重复修改数据的工作，有利于加速工作进程，提高设计质量。并行设计的团队工作精神和有关专家协同工作，有利于得到整体最优解。设计手段的虚拟化、三维造型技术、仿真和虚拟制造技术以及快速成型技术，使得人们在零件制造之前就可以看到它的形状甚至触摸它，可大大改进设计的效果。现代设计利用高速计算机，可以将各种不同的设计方法和设计手段综合起来，以求得系统的整体最优解。

（4）设计过程智能化。利用人工智能和专家系统技术，可由计算机完成一部分原来必须由设计者进行的设计性工作。

（5）多种手段综合应用。现代设计方法建立在系统工程的基础上，综合运用信息论、优化论、相似论、模糊论、可靠性理论等自然科学理论和价值工程、决策论、预测论等社会科学理论，同时采用集合论、矩阵论、图论等数学工具和电子计算机技术，总结设计规律，提供多种解决设计问题的科学途径。

（6）设计寻求最优化。设计的目的是得到功能全、性能好、成本低的价值最优产品。设计中不但要考虑零部件参数、性能的最优，更重要的是争取产品技术系统的整体最优。现代设计重视综合集成，在性能、技术、经济性、制造工艺、使用、环境、可持续发展等各种约束条件下，在广泛的学科领域之间，通过计算机进行高效率的综合集成，寻求最优方案和参数。它利用优化设计、人工神经网络算法和工程遗传算法等求出各种工作条件下的最优解。传统设计属于自然优化，凭借设计人员的有限知识经验和判断力选取较好方案，因而受人和效率的限制，难以对多变量系统在众多影响因素下进行定量优化，而现代设计则可利用计算机等手段进行动态多变量优化设计。

（7）重视产品宜人性。现代设计在强调产品内在质量的实用性和保证产品物质功能的前提下，越来越多地开始重视产品外观的美观、艺术性和时代性，尽量满足用户的审美要求。它要求从人的生理以及心理特征出发，通过功能分析、界面安排和系统综合，满足人—机—环境等之间的协调关系，提高产品的精神功能，满足宜人性要求。

（8）强调产品环保性。随着环境污染日趋严重，人们对环境问题也越来越重视，这就要求设计人员在设计产品时要尽量考虑到环保要求，使产品在生产制造以及使用过程中消耗的能源和产生的污染尽可能小，最大程度减小产品对人和环境的危害，同时还要考虑到产品报废后的可降解以及可再利用问题，在每一个环节上都尽可能满足环保要求。

1.6　现代设计方法的意义与任务

产品设计是生产产品的第一步，对产品的性能、质量、水平和经济效益起着决定性的作用。产品设计对产品的制造过程有重要影响，也对产品走向市场和产品的整个使用周期有重要影响。好的产品设计，可以降低制造成本，保证产品的使用性能和使用寿命，增强产品的市场竞争力，产生很好的经济效益。同时，优良的产品设计也可降低制造与使用能耗，减少制造与使用过程对环境的负面影响，便于资源的回收与再利用，有利于人类的可持续发展。此外，为了挖掘市场潜力，开拓新的消费市场，设计人员要以创新性思维发明新的产品或赋予产品以新的功能，以开拓新的经济增长点，增强企业乃至一个国家在经济全球化进程中的竞争力。

设计人员是新产品的重要创造者，对产品的发展有重大影响。为了适应当代科学技术发展的要求和市场经济体制对设计人才的需要，必须加强设计人员的创新能力和设计素质的培养，设计人员及相关工程技术人员必须熟练地掌握现代设计方法与理论，并学会在实践中灵活地运用这些方法与理论。只有这样才可能避免由于产品设计的不足甚至错误造成产品成本高、周期长、性能差、能耗大等缺陷，才有可能及时把握创新的思想火花，创造出社会需要的、综合性能优良的新产品，才能不断地提高企业的竞争力。现代设计方法大都以计算机技术为基础，并由不同层次的计算机应用软件来支撑，死记硬背大量的公式和推导是没有必要的，也是不可取的。因此，学习现代设计方法最主要的任务是掌握其基本原理和主要内容，掌握各种设计方法的主要思想，了解其作用与局限性，提高自身的设计素质，增强自身的设计创新能力；同时，在充分掌握现代设计方法的基础上，用它来解决工程实际问题。

1.7　科学方法论在设计中的应用

现代设计方法实质上是各种科学方法论在设计中的应用，可归纳为以下具有普遍意义的方法。

1. 信息论方法

信息论是由美国数学家香农创立的，它是用概率论和数理统计方法，从量的方面来研究系统的信息如何获取、加工、处理、传输和控制的一门科学。信息是一切系统保持一定结构、实现其功能的基础。狭义信息论是研究在通信系统中普遍存在着的信息传递的共同规律以及如何提高各信息传输系统的有效性和可靠性的一门通信理论。广义信息论被理解为运用狭义信息论的观点来研究一切问题的理论。信息论认为，系统正是通过获取、传递、加工与处理信息而实现其有目的的运动的。信息论能够揭示人类认识活动产生飞跃的实质，有助于探索与研究人们的思维规律并推动人们的思维活动。

信息论方法具有普适性。所谓信息论方法，就是运用信息的观点，把系统的运动看做是信息的传输和转换过程，通过信息的获取、传递、加工和处理来认识和改造系统的一种科学方法。信息论方法的特点是在考虑系统问题的时候，撇开系统的物质和能量的具体运动形态，把系统的运动过程抽象化为信息的流通和变换过程。现代信息论方法从信息的获取开始，研究信息的传输、加工、处理、输出、反馈等程序，达到认识、改造和创造系统的目的。

信息论方法在现代设计中的具体应用有信息分析法、预测技术法等，它是现代设计方法的前提。

(1) 预测技术法：用历史性趋向及参数，预测现在与未来的动向及参数。

(2) 方差分析法：对一系列已知数据因素进行参数的估计与识别检验。

(3) 相关分析法：对随机数据进行相似、相关与相干分析，提取有用信息。

(4) 信息合成法：将各种不同信息合成为所需的广义系统，如人工合成图形等。

2. 系统论方法

系统论的创始人是美籍奥地利生物学家贝塔朗菲。系统论要求把事物当作一个整体或系统来研究，并用数学模型去描述和确定系统的结构和行为。所谓系统，即由相互作用和相互依赖的若干组成部分结合成的、具有特定功能的有机整体；而系统本身又是它所从属的一个更大系统的组成部分。贝塔朗菲提出了系统观点、动态观点和等级观点，指出复杂事物的功能远大于某组成因果链中各环节的简单总和，认为一切生命都处于积极运动状态，有机体作为一个系统能够保持动态稳定是系统向环境充分开放，获得物质、信息、能量交换的结果。系统论强调整体与局部、局部与局部、系统本身与外部环境之间互为依存、相互影响和制约的关系，具有目的性、动态性、有序性三大基本特征。

系统论方法就是按照客观事物本身的系统性，始终在整体与部分、部分与部分、整体与环境的相互联系、相互作用、相互制约的关系中，综合地考察研究对象，以达到最佳处理问题的目的。

系统论方法在现代设计中的具体应用有系统分析法、聚类分析法、逻辑分析法、模式识别法、人机工程学、系统工程等。

（1）系统分析法：在一般系统方法的指导下，对某些具体系统进行数量分析的决策方法。

（2）聚类分析法：把无模式的大量样本进行分类，聚类中心近似于该类的模式。

（3）逻辑分析法：运用逻辑数学的知识，根据各系统之间的相互关联与制约关系设计出优化系统。

（4）模式识别法：分析已有若干模式的系统样本，进行模式的确定。

（5）系统辨识法：在一类模型中选择一个特定的模型，使其等价于相应的系统。由于大部分实际系统的有关原始信息是不充分的，所以大多数的系统辨识问题可以归结为参数辨识问题。

（6）人机工程学："机"是指广义的设计工程与产品，将人的各种因素考虑为外系统之一进行设计，以满足人的精神与功能的要求。

（7）系统工程：对于分析和处理不同系统的各类系统工程，可以找到一套具有共同性的思路、程序和方法，这就是系统工程方法。系统工程包括组织管理的全过程。

3. 控制论方法

控制论的主要创立者是美国数学家维纳（Norbert Wiener）。控制论是研究各类系统的调节和控制规律的科学，也就是研究如何利用控制器，通过信息的变换和反馈作用，使系统能自动按照人们预定的程序运行，最终达到最优目标的学科。它是自动控制、通信技术、计算机科学、数理逻辑、神经生理学、统计力学、行为科学等多种科学技术相互渗透形成的一门横断性学科。其整个控制过程就是一个信息流通的过程，控制是通过信息的传输、变换、加工、处理来实现的。

控制论方法在现代设计中的应用有动态分析法、振荡分析法、柔性设计法（把刚性系统按照实际弹性系统进行设计计算）、动态优化法及动态系统识别法等。

4. 优化论方法

利用优化论方法进行设计的目的是得到功能全、性能好、成本低的价值最优的产品。

优化设计法包括各种优化值的搜索方法，如线性规划、非线性规划、动态规划、几何规划、多目标优化等。此外，优化论方法还包括优化控制法。

5. 对应论方法

对应论认为，世界上的事物虽然千变万化，但往往具有大量的、普遍的对应性。"对应"这个概念的外延是相当广泛的，包括相同、相反、相生、相克、对称与反对称、映照、模拟等。事物的对应性也是多种多样的，有结构对应、功能对应、物理对应、因果对应等。对应论的核心是相似理论，相似理论是说明自然界和工程科学技术中各种相似现象的相似原理的学说。

对应论方法用于现代设计中，有相似设计、仿真技术等。

（1）相似设计法：以同类参照物为依据，求出设计对象与参照对象间的数学关系。

（2）模拟分析法：以异类参照物为依据，设计系统结构与求得参数。

（3）仿真技术：用计算机以及仿真语言模拟复杂系统与过程，求得解析法不能求得的参数。

（4）仿生技术：模拟生物的特殊功能为设计服务。

6. 智能论方法

智能论方法包括 CAD、CAE、并行工程、虚拟设计、人工智能（主要是专家系统）等，它是现代设计方法的核心。

7. 寿命论方法

有限寿命是自然与社会的基本客观现实，所以设计应保证有限使用期限内设计对象的经济有效功能。寿命论方法的应用包括可靠性设计、功能价值工程和稳健性设计等。

8. 离散论方法

离散论方法的理论基础是离散数学。离散数学是现代数学的一个重要分支，以研究离散量的结构及其相互关系为主要目标。

离散数学可以说是和计算机一起发展起来的学科，是一门新兴的学科，对于究竟什么属于离散数学，人们也没有完全一致的看法。一般认为，数理逻辑、集合论、群论、图论都可以归为离散数学。不过，不少学者把组合学、计数、排列也归为离散数学。离散数学所涉及的这些概念、方法和理论，大量地应用在"数字电路"、"编译原理"、"数据结构"、"操作系统"、"数据库系统"、"算法的分析与设计"、"软件工程"、"人工智能"、"多媒体技术"、"计算机网络"等专业学科中以及"信息管理"、"信号处理"、"模式识别"、"数据加密"等相关学科中，当然它也就广泛地应用于现代设计中。

9. 模糊论方法

模糊论方法的理论基础是模糊数学。数学是门严格、严密的学科，可是实际生活中的问题往往都没有很严格的条件，反而是条件很模糊。人们经常遇到许多模糊事物，没有明确的数量界限，要使用一些模糊词句来描述，比如：比较高、挺矮、有点胖、很瘦等。国际模糊数学界杰出人物奖获得者四川大学刘应明院士说过，"今天天气不错这句话就是模糊的，你可以根据这句话就放心出门，但如果精确地告诉你，今天的气压是多少，风力有多大，紫外线强度有多少，你可能就无法判断自己该不该出门。"工业生产也是这样的，在机械生产中要计算铸件的冷却时间，除了要考虑材料本身的性能外，还要考虑其它影响因素，比如铸件的形状、周围的环境等，这些都是模糊的，可能对铸件冷却起作用，也可能不起，可能起主导作用也可能起一般作用。这时就要利用模糊数学的理论来解决问题了。从模糊数学的原理来看，其实模糊数学就是集合，就是对研究目标有影响的所有因素的一个集合，只不过这个集合不像传统数学的集合那么界限精密，而在是和非之间。

模糊数学作为一门新兴学科，它已初步应用于模糊控制、模糊识别、模糊聚类分析、模糊决策、模糊评判、系统理论、信息检索、医学、生物学等各个方面。在气象、结构力学、控制、心理学等方面已有具体的研究成果。它在现代设计中也有着广泛的应用，比如说模糊评价法就是对模糊数学理论的应用。

10. 突变论方法

突变论是研究客观世界非连续性突然变化现象的一门新兴学科，自 20 世纪 70 年代创立以来，获得迅速发展和广泛应用，引起了科学界的重视。"突变"一词，法文原意是"灾变"，是强调变化过程的间断或突然转换的意思。突变论的主要特点是用形象而精确的数学模型来描述和预测事物的连续性中断的质变过程。突变论是一门着重应用的科学，它既可以用在"硬"科学方面，又可以用于"软"科学方面。当突变论作为一门数学分支时，它是关于奇点的理论，可以根据势函数而把临界点分类，并且研究各种临界点附近的非连续现象的特征。突变论与耗散结构论、协同论一起，在有序与无序的转化机制上，把系统的形成、结构和发展联系起来，成为推动系统科学发展的重要学科之一。

在自然界和人类社会活动中，除了渐变的和连续光滑的变化现象外，还存在着大量的突然变化和跃迁现象，如水的沸腾、岩石的破裂、桥梁的崩塌、地震、细胞的分裂、生物的变异、人的休克、情绪的波动、战争、市场变化、经济危机等。突变论方法正是试图用数学方程描述这种过程。突变论的研究内容简单地说，是研究从一种稳定组态跃迁到另一种稳定组态的现象和规律。

突变论能解说和预测自然界和社会上的突然现象，无疑它也是软科学研究的重要方法和得力工具之一。突变论在数学、物理学、化学、生物学、工程技术、社会科学等方面有着广阔的应用前景。特别地，在工程中，高度优化的设计常常具有不稳定性，当出现不可避免的制造缺陷时，由于结构高度敏感，其承载能力将会突然变小，从而出现突然的损坏。因此，突变论方法在设计研究中有着重要的地位。

11. 艺术论方法

艺术是一种特殊的精神产物，它是人类表现思想和感情、反映社会生活的一种特殊意识形态，可分为视觉艺术（绘画、雕塑、建筑、舞蹈）、听觉艺术（音乐）、想象艺术（文学）等，而戏剧、电影则是综合艺术。艺术具有以下三个方面的特征：

（1）是一种用形象来反映现实但比现实有典型性的社会意识形态；

（2）富有创造性的方式、方法；

（3）形状独特而美观。

以艺术为理论基础的艺术论方法在现代设计中有着广泛的应用。在人类社会文明高度发展的过程中，工业革命开始以后，伴随着大工业生产技术与艺术文化的不断融合，造物艺术在 20 世纪初凝聚成为工业设计的部分，并作为一门独立完整的现代学科得以确立，工业产品设计才体现出其真正、完全的意义。

工业产品设计就是对工业产品的功能、材料、构造、工艺、形态、色彩、表面处理、装饰等诸因素从社会、经济、技术等方面进行综合处理，既要符合人们对产品物质功能的要求，又要满足人们审美情趣的需求。在对工业产品进行外观设计时，不仅要研究工业产品制造的可能性、操作的可靠性、经济上的合理性，而且形态表现的艺术性也是至关重要的。这里的艺术性是一种综合的概念，它不仅包括产品的造型处理、色彩处理、纹饰处理以及与视觉效果相关的结构处理等，还包括人的触觉、听觉等综合感觉效果的处理。

1.8   典型设计方法

设计方法是随着经济和科技的发展而不断发展的，现代设计方法和传统设计方法只是相对的概念。目前发展历史较长、理论较成熟、应用较广泛的现代设计方法主要有计算机辅助设计、有限元法、优化设计、机械可靠设计法。第二次世界大战结束后，发达工业国家都很重视设计理论与方法的系统研究，并且随着设计方法学、优化设计、计算机辅助设计、系统化设计、模块化设计以及反求工程等一些新学科的发展，在工程设计领域形成了许多现代设计方法，如并行设计、相似设计、稳健设计、绿色设计、智能设计、模糊设计、虚拟设计、动态设计等，这些新技术在不断发展的同时，在工程中也得到越来越广泛的应用。下面我们就对典型的现代设计方法进行概略的介绍。

1. 计算机辅助设计

计算机辅助设计（Computer Aided Design，CAD）是一种利用计算机硬、软件系统辅助人们对产品或工程进行设计的方法与技术，包括设计、绘图、工程分析与文档制作等设计活动。它是一种新的设计方法，也是一门多学科综合应用的新技术。CAD 包括产品分析计算和自动绘图两部分功能。计算机、自动绘图机及其他外围设备构成 CAD 的系统硬件，而操作系统、文件管理系统、语言处理程序、数据库管理系统和应用软件等构成 CAD 的系统软件。通常所说的 CAD 系统是指由系统硬件和系统软件组成，兼有计算、图形处理、数据库等功能，并能综合地利用这些功能完成设计作业的系统。CAD 是产品或工程的设计系统，支持设计系统的各个阶段，即从方案设计入手，使设计对象模型化；依据提供的设计技术参数进行总体设计和总图设计；通过对结构的静态或动态性能分析，最后确定技术参数；在此基础上，完成详细设计和产品设计。因此，CAD 系统应能支持分析、计算、综合、创新、模拟及绘图等各项基本设计活动。CAD 的基础工作是建立产品设计数据库、图形库、应用程序库等。

2. 有限元法

有限元法（Finite Element Method，FEM）是以电子计算机为工具的一种现代数值计算方法。目前，该方法不仅能用于工程中复杂的非线性问题、非稳健问题（如结构力学、流体力学、热传导、电磁场等方面的问题）的求解，而且还可用于在工程设计中进行复杂结构的静态和动力分析，并能准确地计算形状复杂零件（如机架、汽轮机叶片、齿轮等）的应力分布和变形，成为复杂零件强度和刚度计算的有力分析工具。

有限元法的基本思想是：首先假想将连续的结构分割成数目有限的小块体，称为有限单元。各单元之间仅在有限个指定结合点处相联结，用组成单元的集合体近似代替原来的结构。在结点上引入等效结点力以代替实际作用于单元上的振动载荷。对每个单元，选择一个简单的函数来近似地表达单元位移分量的分布规律，并按弹性力学中的变分原理建立单元结点力与结点位移（速度、加速度）的关系（质量、阻尼和刚度矩阵），最后把所有单元的这种关系集合起来，就可以得到以结点位移为基本未知量的动力学方程。给定初始条件和边界条件，就可求解动力学方程，得到系统的动态特性。根据这一思想，有限元法的计算过程是：

（1）结构离散化，即将连续构件转化为若干个单元。

（2）单元特性分析与计算，即建立各个单元的结点位移和结点力之间的关系式，求出各单元的刚度矩阵。

（3）单元组求解方程，即利用结构力的平衡条件和边界条件，求出结点位移及各单元内的应力值。

有限元法的计算过程思想是"分—合"，先分是为了进行单元分析，后合则是为了对整个结构进行综合分析。

近些年来，有限元法的应用得到了蓬勃的发展，国际上不仅研制有功能完善的各类有限元分析通用程序，如 NASTRAN、ANSYS、ASKA、SAP 等，而且还带有功能强大的前处理（自动生成单元网格，形成输入数据文件）和后处理（显示计算结果，绘制变形图、等值线图、振型图并可动态显示结构的动力响应等）程序。有限元通用程序由于使用方便、计算精度高，其计算结果已成为各类工业产品设计和性能分析的可靠依据。

3. 优化设计

优化设计（Optimal Design）是把最优化数学原理应用于工程设计问题，在所有可行方案中寻求最佳设计方案的一种现代设计方法。进行工程优化设计，首先须将工程问题按优化设计所规定的格式建立数学模型，然后选用合适的优化计算方法在计算机上对数学模型进行优化求解，得到工程设计问题的最优设计方案。

在建立优化设计数学模型的过程中，把影响设计方案选取的那些参数称为设计变量；设计变量应当满足的条件称为约束条件；而设计者选定来衡量设计方案优劣并期望得到改进的指标表现为设计变量的函数，称为目标函数。设计变量、目标函数和约束条件组成了优化设计问题的数学模型。优化设计需把数学模型和优化算法放到计算机程序中用计算机来自动寻优求解。

4. 可靠性设计

可靠性是指产品在规定条件下、规定时间内完成规定功能的能力。可靠性设计（Reliability Design）是以概率论和数理统计为理论基础，以失效分析、失效预测及各种可靠性试验为依据，以保证产品的可靠性为目标的现代设计方法。可靠性设计的基本内容是：选定产品的可靠性指标及量值，对可靠性指标进行合理的分配，再把规定的可靠性指标设计到产品中去。

5. 价值工程

价值工程是以功能分析为核心，以开发创造为基础，以科学分析为工具，寻求功能与成本的最佳比例，以获得最优价值的一种设计方法或管理科学。实际上，价值工程就是提出了这样一个问题：设计者要站在用户的立场上，用最低成本生产出满足用户要求的产品。

价值工程中功能和成本的关系是：

$$V = \frac{F}{C}$$

式中 V 为价值；F 为功能评价值；C 为总成本。可见，价值工程包括三个基本要素，即价值、功能和成本。

从公式中可以看出，所谓价值就是某一功能与实现这一功能所需成本之间的比例。为了提高产品的实用价值，可以采用或增加产品的功能，或降低产品的成本，或既增加产品的功能又同时降低成本等多种多样的途径。总之，提高产品的价值就是用低成本实现产品的功能，而产品的设计问题就变为用最低成本向用户提供必要功能的问题。

开展价值分析、价值工程的研究可以取得巨大的经济效益。例如，在 20 世纪五六十年代，美国通用电气公司在价值分析研究上花了 80 万美元，却获得了两亿多美元的利润。我国自 1978 年从日本引进价值工程技术以来，价值工程也获得广泛的应用。据统计，应用价值工程为国家带来的经济效益已逾 10 亿元。

提高产品的价值可以从以下三个方面着手：

（1）功能分析，从用户需要出发保证产品的必要功能，去除多余功能，调整过剩功能，增加必要功能。

（2）性能分析，研究一定功能下提高产品性能的措施。

（3）成本分析，分析成本的构成，从各方面探求降低成本的途径。

6. 工业设计

工业设计是指在保证产品的使用功能的前提下，用艺术手段按照人的认知心理特征和操作模式对工业产品进行造型工作，使产品易于使用，并具有美感、富于表现力。

工业设计以不断变化的人的需要为起点，以积极的势态探求改变人的生存方式。所以工业设计不是单纯的美术设计，更不是纯粹的造型艺术、美的艺术，它是科学、技术、人文、艺术、经济融合的产物。它从实用和美的综合观点出发，在科学技术、社会、经济、文化、艺术、资源、价值观等的约束下，通过市场交流而为人服务。

工业设计有着以下三个显著特征：

（1）实用性特征，体现使用功能的适合目的性、先进性与可靠性及宜人性。

（2）科学性特征，体现先进加工手段的工艺美，反映大工业自动化生产及科学性的严格和精确美，标志力学、材料学、机构学新成就的结构美。在不牺牲使用者和生产者利益的前提下，努力降低产品成本，创造最高的附加值。

（3）艺术性特征，应用美学法则创造具有形体美、色彩美、材料美和符合时代审美观念的新颖产品，体现人、产品与环境的整体和谐美。

机电产品造型设计的具体内容如下：机电产品的人机工程设计或称宜人性设计，产品的形态设计，产品的色彩设计，产品标志、铭牌、字体等设计。

7. 人因工程

人因工程是运用生理学、心理学和医学等有关科学知识，研究组成人机系统的机器和人的相互关系，以提高整个系统工效的边缘科学。人因工程学研究人的特性和能力在人机系统中所起的作用，以及机器、作业和环境条件给人的限制；还研究人的训练、人机系统设计和开发，以及同人机系统有关的生物学或医学问题。对于这些研究，在北美称为人因工程学或人机工程学，俄罗斯称为工程心理学，欧洲、日本和其他国家称为工效学。

人开始使用机器就构成了人机系统。人的能力和机器的潜力很好地配合，能提高管理和控制效率。因此，在组成和设计人机系统时，要把人和机器作为一个整体来考虑，合理地分配人和机器的功能，考虑温度、噪声、振动、失重等环境因素对人的效率和行为的影响，以保证在环境变动下仍能达到系统所要求的目标。随着机械化、自动化和电子化的高度发展，人的因素在生产中的影响越来越大，人机协调问题也就越来越显得重要，人因工程学就是在这样的背景下创立和发展起来的。其应用领域有电话、电传、计算机控制台、数据处理系统、高速公路信号系统等，可应用于汽车、航空、航海、现代化医院、环境保护、教育等多个领域，人因工程学甚至可用于大规模社会系统。

人因工程涉及的学科至少包括心理学、实验心理学、生理学、数理统计学、工程、工业工程、系统科学和环境科学这八个门类。

人因工程技术得到快速发展的重要原因在于：一是人机工程技术被大量应用于军事科技和高科技产品的人机界面设计与研究；二是人机工程技术对人的高效、安全、可靠工作和保证身心健康方面起着不可缺少的作用。

8. 并行设计

并行设计是产品在设计时与相关过程（包括制造过程和支持过程）进行集成的一种系统化设计方法。换言之，并行设计是指在产品设计阶段就侧重于同时考虑产品全生命周期（从概念形成到产品回收或报废处理中）的各种主要性能指标，从而避免在产品研制后期出现不必要的返工与重复性工作。

并行设计是现代机械设计与制造科学的研究热点。与传统的串行设计方法相比，它强调在产品开发的初始阶段就全面考虑产品寿命周期的后续活动对产品综合性能的影响因素，建立产品寿命周期中各阶段间性能的继承和约束关系及产品各方面属性之间的关系，以追求产品在寿命周期全过程中其综合性能最优。它借助于由各阶段专家组成的多功能设计小组，使设计过程更加协调，使产品性能更加完善，因此更好地满足了用户对产品全寿命周期质量和性能的综合要求，并减少了产品开发过程中的返工，进而大大缩减了产品开发周期。

并行设计希望产品开发的各项活动尽可能在时间上平行地进行，这就要求较高的管理水平与之相适应。并行设计要求多功能小组更加接近和了解用户，更加灵活和注重实际，以开发出能更加满足用户要求的产品。并行设计当然还要提高产品质量，而这又与设计和生产的发展水平相互促进和相互制约。

因此，并行设计是一种系统化、集成化的现代设计技术，它以计算机作为主要技术手段，除了通常意义下的 CAD、CAPP、CAM、产品数据管理系统等单元技术的应用外，还需着重解决以下一些关键技术问题：

- 产品并行开发过程建模及优化；
- 支持并行设计的计算机信息系统；
- 模拟仿真技术；
- 产品性能综合评价和决策系统；
- 并行设计中的管理技术。

9. 模块化设计

模块化设计（Modular Design，MD）是指在功能分析的基础上，对一定范围内的不同功能或相同功能而不同性能、不同规格的产品划分并设计出一系列功能模块，通过模块的选择和组合构成不同的产品，以满足市场不同需求的设计方法。

模块化设计基于模块的思想，将一般产品设计任务转化为模块化产品方案。它包括两方面的内容：一是根据新的设计要求进行功能分析，合理创建出一组模块，即模块创建；二是根据设计要求将一组已存在的特定模块组合成模块化产品方案，即模块综合。

模块化设计的原则是力求以少数模块组成尽可能多的产品，并在满足要求的基础上使产品精度高、性能稳定、结构简单、成本低廉，且模块结构应尽量简单、规范，模块间的联系尽可能简单。因此，如何科学地、有节制地划分模块，是模块化设计中很具有艺术性的一项工作，既要照顾到制造管理方便，具有较大的灵活性，避免组合时产生混乱，又要考虑到该模块系列将来的扩展和向专用、变型产品的辐射。模块划分的好坏直接影响到模块系列设计是否成功。总的来说，划分前必须对系统进行仔细的、系统的功能分析和结构分析。

MD 与传统设计的主要区别在于：

（1）MD 面向产品系统，而传统设计面向某一个专项任务。

（2）MD 是标准化设计，而传统设计总体上表现为专用性的特定设计。

（3）MD 的程序是自上而下的，而传统设计的程序则是由下而上或由细到粗的。

（4）MD 是组合化设计，而传统设计主要是整体式设计。

从以上区别可以看出，模块化设计可以缩短产品的设计和制造周期，从而显著缩短供货周期，有利于争取客户。它还有利于产品更新换代及新产品的开发，增加企业对市场的快速应变能力，等等。

10. 相似性设计

相似性设计的理论依据就是相应论，即在同一集合或在完全不同的集合之间，存在着一一联系的变换形式。如机器系列化与标准化理论反映了同一集合中的对应；血液循环、电子电路、液压系统各种不同集合存在压差及阻容特性的对应等。总之，人们可以从事物间的结构对应、物理对应、功能对应、硬件对应、方法对应等一系列几乎无所不包的对应关系中，发现问题、解决问题，并模拟、计算、设计、创造事物，从而形成渗透到一切软、硬科学范畴的对应论方法。

相似性设计是利用同类事物间静态与动态的对应性，根据样机或模型求得新设计对象有关参数的一种方法。形似的广义性不仅是几何相似，还涉及一系列状态相似，因而相似设计法直接运用量纲齐次原理求得新的设计。它适用于同类事物的设计，如产品系列化应用相似性设计，可以减少大量的设计工作，使系列化参数打破现有等差、等比级数等似优非优的数列关系。

相似性设计最适用于相似系列产品设计。相似系列产品具有相同的功能和原理方案，各产品系统相似，相应的尺寸、参数和性能存在有一定的关系。相似系列产品设计的内容包括：基型设计，确定相似类型，确定尺寸、参数的级差或公比，求系列中各扩展型产品的尺寸、参数，确定全系列产品的结构尺寸及参数。

11. 摩擦学设计

摩擦学设计是指应用摩擦学的理论、方法、技术和数据，将摩擦和磨损减少到最低程度，从而设计出高性能、低功耗、具有足够可靠性及合适寿命的经济合理的新产品。

摩擦学(Tribology)是研究相互运动、相互作用表面的摩擦行为对于机械及其系统的作用，接触表面及润滑介质的变化，失效预测及控制的理论与实践，它是以力学、流变学、表面物理与表面化学为主要理论基础，综合材料科学、工程热物理学，以数值计算和表面技术为主要手段的边缘学科。它的基本内容是研究工程表面的摩擦、磨损和润滑问题。摩擦学研究的目的在于指导机械及其系统的正确设计和使用，以节约能源和原材料消耗，进而达到提高机械装备的可靠性、工作效能和使用寿命的目的。

在机器运转过程中，与摩擦相关的问题没处理好将严重影响运转的效率。工作载荷，相对运动，环境温度，磨粒进入，两个零件的材质、表面状况和中间的润滑介质等都对其摩擦学性质有明显的影响。而且摩擦过程中摩擦表面的尺寸、形状和润滑剂的情况有显著的时变特征，当一旦发生磨损而更换新设备或更换新的润滑剂时，这对摩擦副的性质就发生了一个阶跃变化，有时机器在维修之后发生事故，原因就是没有处理好阶跃变化。

各方面的机械如汽车、发电设备、冶金机械、铁道机械、宇航机械、电子机械和农机等，都大量存在着摩擦学的问题。每年大量的能源以各种形式消耗在摩擦上，而磨损是机械零部件三种主要的失效形式之一，所导致的经济损失巨大。据文献介绍，大约有80%的机械零件由于各种磨损导致失效。因此，充分利用摩擦学知识，提高摩擦学设计水平有着十分重要的意义。

12. 三次设计

三次设计是 20 世纪 70 年代创立的一种现代设计方法。该设计提出，可将产品的设计过程分为三个阶段进行，即系统设计、参数设计和容差设计。

(1) 系统设计，也称第一次设计。系统设计根据产品规划所要求的功能，对该产品的整个系统结构和功能进行设计，提出初始设计方案。系统设计主要依靠专业知识和技术来完成。系统设计的目的在于选择一个基本模型系统，确定产品的基本结构，使产品达到所要求的功能。它包括材料、元件、零件的选择以及零部件的组装等设计内容。

(2) 参数设计，亦称第二次设计。参数设计是指在专业人员提出的初始设计方案的基础上，对各零部件参数进行优化组合，使系统的参数值实现最佳搭配，使得产品输出特性稳定性好，抗干扰能力强，成本低廉。

(3) 容差设计，亦称第三次设计。容差设计是指在参数设计提出的最佳方案基础上，进一步分析导致产品输出特性波动的原因，找出关键零部件，确定合适的容差，并求得质量和成本二者的最佳平衡。

参数设计是三次设计的重点。参数设计的目的是要确定系统中的有关参数值及其最优组合，以达到提高产品质量和降低成本之目的。在参数设计阶段，一般是用公差范围较宽的廉价元件组装出高质量的产品，使产品在质量和成本两方面均得到改善。

大量应用实例表明，采用三次设计法设计出的新产品性能稳定、可靠，成本低廉，在质量和成本两方面取得最佳平衡，在市场上具有较强的竞争力。

13. 逆向工程

为适应现代先进制造技术的发展，需将实物样件或手工模型转化为 CAD 数据，以便利用快速成型系统、计算机辅助系统等对其进行处理，并进行修改和优化设计。逆向工程专门为制造业提供了一个全新、高效的重构手段，实现从实际物体到几何建模的直接转换。逆向工程技术涉及计算机图形学、计算机图像处理、微分几何、概率统计等学科，是 CAD 领域最活跃的分支之一。

逆向工程技术与传统的产品正向设计方法不同。它根据已存在的产品或零件原型构造产品或零件的工程设计模型，在此基础上对已有产品进行剖析、理解和改进，是对已有设计的再设计。其主要任务是将原始物理模型转化为工程设计概念或产品数字化模型，一方面为提高工程设计、加工分析的质量和效率提供充足的信息，另一方面可充分利用 CAD/CAE/CAM 技术对已有的产品进行设计服务。

逆向工程从广义上讲可以分为实物逆向、软件逆向、影像逆向三种。它已成为联系新产品开发过程中各种先进技术的纽带。逆向工程主要的应用领域有：

(1) 对产品外形美学有特别要求的领域。

(2) 当设计需经实验才能定型的工件模型时，通常采用逆向工程的方法。

(3) 逆向工程也广泛用于修复破损的文物、艺术品或缺乏供应的损坏零件等。

(4) 借助于工业 CT 技术，逆向工程不仅可以产生物体的外部形状，而且可以快速发现、定位物体的内部缺陷。

14. 快速响应设计

快速响应设计主要包括以下一些内容：

(1) 建立快速捕捉市场动态需求信息的决策机制。

(2) 实现产品的快速设计。

(3) 追求新产品的快速试制定型。

(4) 推行快速响应制造的生产体系。

追求新产品的快速响应设计，需要尽量利用制造自动化的各种新技术，如 FMS、RP(Rapid Prototyping，快速成型)和 VM(Virtual Manufacturing，虚拟制造)。快速成型堪称 20 年来制造技术最重大的进展之一，其特点是能以最快的速度将 CAD 模型转换为产品原型或直接制造出零件，从而使产品开发可以进行快速测试、评价和改进，以完成设计定型，或快速形成精密铸件和模具等的批量生产能力。

对于快速响应设计，企业在确定产品目标后，可以只先进行总体设计，即功能设计、方案设计和经济分析，然后通过公共信息网络，寻求最佳的零件供应商和制造商，进行跨地区、跨行业的合作，实行生产资源的优化组合。

15. 智能设计

智能化是设计活动的显著特点，也是走向设计自动化的重要途径。智能设计就是要研究如何提高人机系统中计算机的智能水平，使计算机更好地承担设计中的各种复杂任务，成为设计工程师得力的助手和同事。

在设计技术发展的不同阶段，设计活动中智能部分的承担者是不同的：以人工设计和传统 CAD 为代表的传统设计技术阶段，设计智能活动是由人类专家完成的；在以智能 CAD(ICAD)为代表的现代设计技术阶段，智能活动由设计型专家系统完成，但由于采用单一领域符号推理技术的专家系统求解问题能力的局限，设计对象（产品）的规模和复杂性都受到限制，不过借助于计算机支持，设计的效率大大提高；而在以集成化智能 CAD (Integrated Intelligent CAD, I²CAD)为代表的先进设计技术阶段，由于集成化和开放性的要求，智能活动由人机共同承担，这就是人机智能化设计系统。

智能设计作为计算机化的设计智能，乃是 CAD 的一个重要组成部分，它在 CAD 发展过程中有不同的表现形式。传统 CAD 系统中并无真正的智能成分，这一阶段的 CAD 系统虽然依托人类专家的设计智能，但作为计算机的设计智能并不存在，智能设计在其中的作用也就无从谈起。而在 ICAD 阶段，智能设计是以设计型专家系统的形式出现的，但它仅仅是为解决设计中某些困难问题的局部需要而产生的，只是智能设计的初级阶段。对于 I²CAD 阶段，智能设计的表现形式是人机智能化设计系统，它顺应了市场对制造业的柔性、多样化、低成本、高质量、迅速响应能力的要求。作为 CIMS 大规模集成环境下的一个子系统，人机智能化设计系统乃是智能设计的高级阶段。

16. 模糊评价和矩阵对策

在方案评价中有一些评价目标如美观、安全性、舒适性、便于制造等无法定量分析，只能用好、差、受欢迎、不受欢迎等"模糊概念"来评价，模糊评价就是利用集合与模糊数学将模糊信息数值化以进行定量评价的方法。

模糊评价涉及的概念是隶属度和评价矩阵。

隶属度是对某些评价概念（如优、良、差）隶属的高低，用 0～1 之间的一个实数来度量。不同条件下隶属度的变化规律可用函数来表示，称为隶属函数。隶属度可采用统计法或通过已知隶属函数来求得。

在实际对多个方案进行模糊评价过程中，当知道加权系数 Q 和模糊矩阵 R 时，就可以知道考虑系数的综合模糊评价：

$$B = Q \times R$$

然后再通过模糊矩阵合成方法得到综合模糊评价结果。

17. 全寿命周期设计

全寿命周期设计技术是现代设计技术的重要组成部分。设计产品，不仅是设计产品的功能和结构，而且要设计产品的全寿命周期，也就要考虑产品的规划、设计、制造、经销、运行、使用、维修、保养直到回收再用处置的全过程。全寿命周期设计意味着在设计阶段就要考虑产品生命历程的所有环节，以求产品全寿命周期设计的综合优化。可以说，全寿命周期设计旨在时间、质量、成本和服务等方面综合提高企业的竞争力。

全寿命周期设计并不是设计和生产的简单交叉，它要求在进行产品设计的某一个阶段时同时进行其后的过程设计,也就是说,必须让设计的全部阶段都要在生产前完成。全寿命周期设计的基本内容就是面向制造的设计,实现设计的最优化,所借助的手段是并行设计,而要顺利完成设计任务的关键技术是数据管理。

全寿命周期设计最重要的特点是它的集成性,要求各部门工作人员分工协作,而他们的工作地点是分散的,尤其在计算机技术已经充分利用到传统工业设计中的情况下,每个工作人员都拥有自己的工作站或终端。所以,分布式环境是全寿命周期设计的重要特点。要想使工作快速、协作完成,必须有完善的网络环境和分布式知识库,以保证工作人员之间的信息传递。

全寿命周期设计改变了制造业的企业结构和工作方式,不仅可以对企业的生产周期、质量和成本进行有效的控制,而且可以形成生产、供销、用户服务一条龙,并以此来增加市场机制下企业的竞争活力。目前,全寿命周期设计应用已经相当广泛,不仅用于军事,也被民用生产所采用。就行业而言,全寿命周期设计已应用于电子、计算机、飞机和机械等行业;就产品而言,已经从简单零件应用发展为复杂系统的应用;从生产批量来看,已从单件和小批量生产的产品发展为大批量生产的产品,而且有些产品具有极高的可靠性。

18. 异地协同设计

全球性计算机网络使得实时交互协同设计成为可能。不同的设计人员之间、不同的设计组织之间、不同的部分工作人员之间,均可实现资源共享,实时交互,协同参与,合作设计,从而提高设计效率,避免不必要的重复工作。异地协同设计工作模式如图1-1所示。成功的协同设计例子是电视和电影的协同制作系统、全球性民航票务和调度系统、远程医疗诊断与手术系统等。

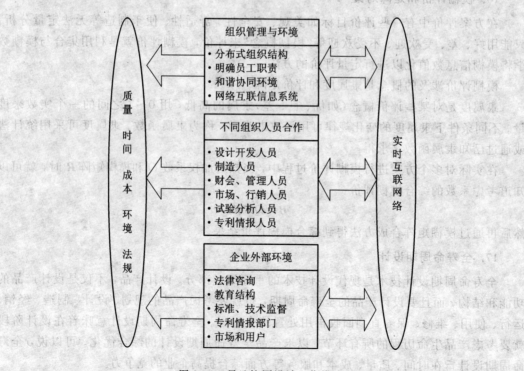

图1-1　异地协同设计工作模式

异地协同设计有助于发挥员工的创造精神和主动精神，形成以人为核心的企业内外计算机辅助工程协同系统，有助于跨学科科技人才之间的交互和合作，从而提高设计质量，缩短设计开发周期，降低设计开发成本，并通过先进技术的合理集成，最终提高产品的竞争力。

19. 生命周期设计

生命周期设计(Life Cycle Design，LCD)通常也称为绿色设计(Green Design，GD)、面向环境的设计(Design For Environment，DFE)等，这些方法的目标基本相同，都是设计和制造在生命周期中对环境影响最小的产品。

生命周期设计是指在设计过程中考虑产品的功能、质量、开发周期及成本的同时，充分考虑生命周期过程对资源和环境的影响，优化各有关设计因素，为实现清洁化生产并生产出生态产品而提供全部信息。

生命周期设计是可以在不同层次上进行的动态设计过程。曾有人将生命周期设计过程分为四个动态阶段：第一阶段为产品提高阶段；第二阶段为产品再设计阶段；第三阶段为产品功能创新阶段；第四阶段为产品系统创新阶段。即生命周期设计与创新是一个从部分到系统、从简单到复杂、从渐进创新到根本创新的过程。也有人将生命周期设计分为三个层次：第一层为治理技术与产品的设计，如"可回收性设计"(Design For Recycling，DFRC)、"为再使用而设计"(Design For Reuse，DFRU)、"可拆卸设计"(Design For Disassembly，DFD)等，其目标是简化、减少或取消产品废弃后的处理处置过程及费用；第二层为清洁预防技术与产品的设计，如"为预防污染而设计"(Design For Pollution Preservation，DFPP)，"为环境设计"(Design For Environment，DFE)等，目的在于减少生命周期各个阶段的污染；第三层是为价值而设计，目的在于提高产品的总价值，而这种价值体系是指人与环境的共同体。

20. 虚拟设计

虚拟现实(Virtual Reality，VR)是近 20 年来新发展起来的一门技术。它采用计算机技术和多媒体技术，营造一个逼真的，具有视、听、触等多种感知的人工虚拟环境，使置身于该环境的人，可以通过各种多媒体传感交互设备与这一虚构的环境进行实时交互，产生身临其境的感觉。这种虚拟环境可以是对真实世界的模拟，也可以是虚构的世界。

虚拟设计法是由多学科先进知识形成的一种新产品开发的综合系统设计方法。其本质是以新产品的性能、使用方便性、宜人性和可维护性为目标，以计算机支持的仿真技术和虚拟现实技术为前提，对所设计产品的功能、工作过程、使用过程进行建模，在产品设计阶段实时、并行地模拟出产品未来的工作过程和使用过程，预测产品性能、使用方便性、宜人性和可维护性，从而保证产品的性能和质量，满足顾客的需求，赢得市场竞争。

虚拟设计法的主要内容包括：
- 虚拟原型的结构和实现；
- 虚拟环境的建立和运行；
- 基于公理化设计的集成化虚拟原型和设计进程模型；
- 基于集成化虚拟原型和设计进程模型的设计进程并行化；
- 基于设计意图流的设计意图贯穿；

- 基于虚拟原型和虚拟环境下仿真的虚拟原型设计、模拟、评价和修改；
- 基于综合产品设计和设计过程评价体系的设计修改；
- 综合可视化；
- 人工智能对设计支持方式的研究。

21. 创新设计

设计的本质是创新，在现代设计方法中，强调创新设计是为了使设计者更充分地发挥创造力，更好地利用最新科技成果，设计出更具有竞争力的新颖产品。创造性思维是创造发明的源泉和核心，创造原理是建立在创造性思维之上的人类从事创造发明的途径和方向的总结，创造技法则以创造原理为指导。人们在实践的基础上总结出的从事发明创造的具体操作步骤和方法，是进行创造发明、创新设计的理论基础。为此，需要设计者对创造性思维、创造原理与创造技法等有所认识和掌握。

创造性思维是一种最高层次的思维活动，它是人脑机能在外界信息激励下，建立在各类思维基础上的自觉综合主观和客观信息产生的新客观实体（如工程技术领域中的新成果、自然规律和科学理论的新发现等）的思维活动和过程。其主要特点有：综合性、跳跃性、新颖性、潜意识的自觉性、顿悟性、流畅灵活性等。

创造原理作为创新设计的一个重要组成部分，它包括综合创造原理、分离创造原理、移植创造原理、物场分析原理、还原创造原理、价值优化原理。

创新技法是解决创新设计问题的创意艺术，是人们对创造性思维和创造理论加以具体化应用的技巧，它能启迪创新设计者的思路。创新技法包括群体集智法、系统探求法、特性列举法、联想类比法、组合创新法等。

现代设计方法是科学方法论在设计中的应用，是设计领域中发展起来的一门新兴的多元交叉的学科。它融合了信息技术、计算机技术、知识工程和管理科学等领域的知识，因此现代设计方法包含的内容十分广泛。由于一些方法还在不断完善和发展中，所以现代设计方法还不能取代传统设计方法，一些行之有效的经验方法目前仍在使用，它们仍是现代设计方法的重要组成。

现代设计方法把设计对象看做一个系统，同时考虑系统外界的联系，用系统工程的概念进行分析和综合，力求系统整体最优。现代设计方法强调创造能力开发和充分发挥人员的创造性，重视产品的原理方案的设计、开发和创新；强调综合考虑与分析市场需求、设计、生产、管理、使用和销售等各方面因素；强调综合运用优化设计、系统工程、可靠性理论、价值工程、计算机技术等学科知识，探索多种解决设计问题的科学途径。总之，现代设计方法把经验的、类比的设计观点变成逻辑的、推理的、系统的设计观点，采用动态的、多变量的、多方案的、扩散性的设计思维方式。现代设计方法具有系统性、创造性、综合性和程式性的特点。

思 考 题

[1]　设计和设计方法的概念是什么？

[2]　设计方法的发展可划分为哪几个阶段？其各自的特点是什么？

[3]　传统设计方法和现代设计方法的特点是什么？

[4]　简述现代设计方法的意义与任务。

[5]　主要有哪些具有普遍意义的科学方法论应用于现代设计中？

[6]　典型设计方法有哪些？

第 2 章　现代产品设计

2.1　产品的概念

2.1.1　产品概念的内涵和定义

产品依据字面含义可以理解为被生产出来的物品。在工业设计领域中的产品是指用现代化大机器生产手段生产出来的工业品，如各种家电、生活用具、办公设备以及各类交通工具等。可以说，人们日常生活中接触的大部分产品，都是为了满足人们对新的生产、生活方式的需求而逐步发展形成的。因此，产品在本质上是为人生活和工作提供服务的工具，其存在的前提是可以满足人类生产生活中的需求，或解决人类行为活动中的困难。

伴随科学技术的发展，特别是信息技术的广泛应用和普及，人类生活水平在不断提高的同时，人类的需求也日益呈现出多元化、复杂化的趋势和特点，与之对应，产品的概念也早已超出了单一的有形物品及工具的范畴，其内涵已经涉及到人类生产、生活的方方面面，而且融入了许多社会、文化因素。例如，目前服务（如维修、送货等）、人员（如体育明星、影视明星等）、地点（如桂林等风景区和旅游胜地）、组织（如消费者协会等）和观念（如环保、文化传统、公德意识等）等因素都已经被考虑进了产品的范畴。针对这种情况，科特勒将产品定义拓展为："产品是能够提供给市场以满足需要和欲望的任何东西。"

依据科特勒的定义，有必要依据如下几个观点深入认识产品的概念。

（1）产品概念的出现和形成起源于人对新生产、生活方式的需求或新技术的发展及应用。因为产品是市场驱动的，所以产品概念的诞生和形成在本质上来源于市场的最新需求。这些新需求在促进人类不断进步、科技不断发展的同时，也在不断被科技的发展及新技术的应用所引发。

（2）产品概念对应于实际中某新型的生产或生活方式。因为产品概念的提出就是为了满足人们对新型生产、生活方式的需求，所以它必然对应并体现着能够满足这一需求的新的生产、生活方式或方法。

（3）产品概念中隐含着实现其所对应的新型生产、生活方式的总体技术方案和构思。因为任何概念都不可能脱离其支撑、实现技术而单独提出，所以产品概念中必然包含着实现这一概念的构思、方案等技术措施和方法信息。

（4）产品概念在反映新生产、生活方式的同时，还应明确反映其所对应的需求主体——产品的最终用户，以及为用户所创造的价值、增添的效益。因为在市场经济条件下，产品的最终决定权在用户手中，所以如果产品概念不能明确界定为用户所创造的价值和效益，那它是不可能被最终转化为产品进行生产的。

（5）产品概念应符合其时代背景条件下的"生活观"和"价值观"，即产品概念所体现的新生产、生活方式及其实现方法应符合特定时代背景条件下人类社会所恪守的一些基本理念和准则。这一点也是产品概念中所包含的社会、经济和文化因素的体现。目前，人类已经认识到过去仅仅依据人类片面自身需求而提出产品概念、开发产品的方法是错误的，产品概念的提出必须考虑相关的社会、文化因素，如果存在矛盾，则该产品概念在实际中是不被认可的，是没有生命力的。例如，在当今全球社会环境意识明显增强的背景下，如果某产品概念中含有破坏环境的内容，则该产品概念在实际中显然是不会被认可和接受的。

根据上面的分析，对于产品的概念可做如下定义：

产品是一个面向产品从设计、生产制造、使用到维修、报废整个生命周期的包含材料、技术、生产、管理、需求、消费、审美、环保等科学技术和社会经济文化因素的综合体。它是在特定的时代背景及自然和社会环境条件下，满足人类生产、生活中某些需求的科学技术、生活方式、审美情趣、文化传统、道德规范、法律准则等诸多信息的载体和客观体现。

一般意义上，产品概念应该明确包含如下四方面的内容：

（1）产品能做什么——即产品的功能及其能对应满足用户怎样的需求。

（2）产品是什么——即产品功能的实现方案、方法构思及其所存在的优势特点。

（3）产品为谁服务——即产品的目标顾客或消费对象等最终用户。

（4）产品价值——即产品为用户所带来的经济效益、个性、形象、文化特征等。

2.1.2　产品概念的形成

根据产品概念的内涵，实际中，产品概念的形成主要存在两方面的诱因：一是市场的需求，即人类对新型生产、生活方式的不断追求；二是科技的发展，即技术的创新发展和推广应用。实际中，这两个诱因自身之间是互相影响、紧密关联、相互促进的。人类对新的生产、生活方式的追求是推动科学技术不断发展创新的重要因素，而科技的发展和创新则会在提高人类生产、生活质量和水平的同时，不断引发生产、生活方式的变革，从而为产品的创新和开发提供更广阔的空间。

依据上述诱因，产品概念的形成过程可以理解为如图 2-1 所示的一个依据市场需求，提出包含对应产品创意或构思的设计概念，并面向用户将其转换为消费者可理解并接受的产品总体方案的过程。

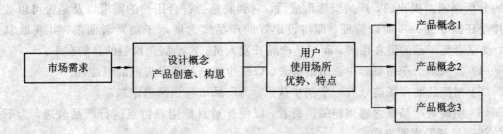

图 2-1　产品概念形成过程

图 2-1 中，设计概念是设计主体针对市场需求从技术角度出发对产品所形成的描述，

它确定了产品的基本功能以及对应的技术方案和优势特点。实际中，许多产品概念的形成都来源于采用新技术对现有产品的功能、结构等进行改良，使其更好地满足用户要求。因此，设计概念中往往隐含并体现着产品设计、开发的技术诱因。

设计概念虽然包含了产品的功能、特点等信息，但它还不是最终的产品概念，因为产品是为用户设计开发的，用户并不在意产品的功能构成、实现途径等产品构思的技术细节，而更多地关心产品在整体上为其所能带来的社会和经济效益以及是否符合其使用习惯，所以必须从用户角度将设计概念进一步具体和细化，明确描述出产品的性能、具体用途、优点、外形、价格、名称以及为用户所能带来的具体利益等属性，让用户一目了然地识别出该产品的特征及其是否符合自身需求，这样才能最终形成为用户所认可和接受的产品概念。

由于实际中用户的需求往往存在着差异，所以面向不同的用户，一个设计概念往往可转化出多个不同的产品概念。

例如，对于"能增加营养价值和味道的粉状牛奶饮品"这一设计概念，针对不同用户可以对应形成如下的产品概念：

产品概念1：一种早餐饮料，使成年人能很快得到营养且不需准备早餐。

产品概念2：一种美味快餐饮料，供中小学生中午饮用提神。

产品概念3：一种康复补品，供中老年人夜晚就寝前饮用安神。

根据产品概念形成过程中设计概念与产品概念之间这种一对多的对应关系，实际中，为了形成更好的产品概念，在依据实际需求从技术角度确定对应的设计概念之后，最终产品概念的提出和建立应综合考虑如下三个问题：

(1) 产品的使用者是谁？

(2) 产品的使用价值和主要优点是什么？

(3) 产品的主要消费场合在哪里？

实际中，针对所设计的产品，在依据需求确定其基本设计方案的基础上，针对上述三个问题，通过对问题的不同回答便可以形成不同的产品概念，并且通过对这些问题答案的优选和组合，甚至还可以得到一些全新的产品概念，例如"补锌婴儿奶粉"等产品概念。

2.1.3　产品概念的检验

统计表明，产品设计虽然只占成本的5%，但却决定着产品成本的70%～80%，且产品设计的成功与产品概念的准确建立密切相关。产品概念是产品开发人员依据其对市场需求的分析判断而提出的，产品概念形成后，它到底是否符合用户的需求以及是否可以被用户接受还需要进一步加以验证，即将设定好的产品概念展示于消费者面前，并获取其反馈。受试者是产品的潜在用户，而不是产品开发人员。产品概念检验的目的在于：

(1) 能从多个产品概念中选出最优者，以减少新产品开发失败的可能性。

(2) 对产品的市场前景有一个初步认识，为产品市场预测奠定基础。

(3) 明确对产品概念感兴趣的消费者，以便针对目标用户特点进行产品改进，为下一步的新产品开发指明方向。

依据产品概念检验的目的，产品概念检验的内容主要包括：

(1) 产品概念的可信度，即测试潜在用户对该新产品概念所提供的利益是否清楚明白,是否相信该新产品概念所能提供的利益。

（2）产品概念的需求水平,即测试潜在用户对该新产品概念所对应产品的需求程度。消费者需求愿望越强烈,新产品概念成功的可能性越大。

（3）产品概念与现有产品的差距,即测试新产品概念与现有产品的差别,以便了解新产品概念所具有的市场前景。两者间差距越大,说明现有产品越不能满足用户需求,新产品概念将越容易被用户接受。

（4）用户对新产品概念的认知程度,即测试潜在用户对新产品概念所体现的经济、文化、社会等价值的反应和理解程度。潜在用户对产品概念价值的认知越全面,其消费的兴趣也越高。

（5）最终用户、购买场合和购买频率,即测试谁是产品最终的用户和消费者,以及他们愿意在什么场合购买,购买频率如何。

目前,主要从如下几个方面开展对产品概念的测试检验:

（1）概念筛选检验,其目的是针对所建立的多个产品概念,根据用户对各个产品概念的理解程度以及认可、接受态度,从众多的概念中筛选出最具潜力、值得进一步详细研究的产品概念。

（2）概念吸引力检验,就是检验消费者对产品概念的理解和态度,并根据消费者对产品颜色、规格、风格、价格等属性的反映来估计消费者对于产品的购买意向以及产品的销售潜能;分析确定产品的最终用户及产品概念的内容是否针对最终用户需要改进和进一步充实。

（3）概念样板检验,就是将产品概念及其对应的产品样板面向用户同时进行检验,它对应于发达地区向落后地区推出新产品的情况,其目的是依据产品概念和产品样板对用户的沟通效果和吸引力来估计用户的数量和购买意向,确定产品样板与产品概念对于用户是否一致吻合,是否需要改进。

2.2　产品的构成

简而言之,产品的构成就是组成产品物理实体的产品零部件的构成。但时至今日,产品的内涵早已经超越了单一的有形物品范畴,实际中,产品在具有与其概念相对应的有形实体这一物质属性特征的同时,还包含着价格、包装、用户、服务、品牌、企业信誉等一系列与产品相关的有形或无形的特质。显然,这些产品特征是无法通过构成产品的零部件等物质实体完全反映的,因为产品的零部件仅仅可以反映产品的物理构成,无法准确表现产品针对其用户所具有的社会、经济效益和文化价值等产品在其使用阶段所生成的信息。因此,对于产品,在考虑其零部件构成的同时,还应该从如下角度对其构成进行深入的考虑,以便从产品全生命周期的角度对产品有更全面和准确的把握:

（1）产品技术构成,即产品所采用的核心、关键技术和专利等。它可以反映产品的科技含量和技术特征。

（2）产品功能构成,即产品所具有的各项功能及其间的层次、依赖等相互关系。它决定并反映着产品的使用价值。

（3）产品物料构成，即产品原材料的构成情况。它可以反映产品生产的物料需求及配比关系，反映产品中所可能存在的不均衡物料元素。

（4）产品用户构成，即产品使用者的类型和分布情况。它可以决定并反映产品的应用领域和范围。

（5）产品价值构成，即产品具体从哪些方面为用户提供服务、满足其何样需求，为其创造什么效益和价值。实际中，产品的价值构成可以反映产品各项功能与用户不同需求之间的对应关系，说明产品各项功能如何为用户所用，产生什么结果。

（6）产品型号构成，即产品具体包含着哪些型号和系列。它可以说明针对某用户需求目前存在哪些不同产品实现方案，并可反映某类产品及其对应相关联的用户需求的发展演变。

（7）产品的组织构成，即产品相关的设计、制造、销售、服务组织和人员。它反映了产品得以产生、存在和更新的组织、人员、设施等外部客观条件和物质基础。

在上述的产品构成中，产品的物料构成、用户构成、价值构成、组织构成等都是产品在生产和使用状态所表现出的属性特征。它们虽然不能决定和改变产品的本质，但是却能够影响产品的制造效率及其功能的实现和发挥程度，并能决定产品的实际应用价值。在实际中，这些信息对新产品的设计以及产品的升级换代都具有十分重要的意义。在新产品设计过程中，通过对已有产品构成的研究，可以更准确地把握已有产品在其生产使用过程中针对不同用户的存在价值以及所存在的不足和对应所引发的新需求，进而可以及时准确地开展对应的设计工作，在继承已有设计成果和产品属性的同时，目标明确地对产品进行不断的更新和完善，在淘汰落后技术和产品的同时，形成面向产品全生命周期的产品不断升级和更新换代的良性循环。

在实际的产品设计过程中，依据上面所介绍的内容，可以开展对某类产品相关构成要素的分析，准确把握该类产品在其生产及使用状态中的属性和特征。这不仅可以保证该类产品的高质生产和有效利用，而且可以为该类产品设计的优质、高效开展奠定基础，提供支持。

2.3 产品设计的目标

实际中，产品的存在以满足人类的生产、生活需求为前提。因此，产品设计的最终目标就是要解决人类实际生产、生活中所存在的问题，使其生产、生活状况不断得到提高和改善。这一直以来都是设计人员所共识的一条产品设计的基本原则，它也可以看做是产品设计的最终目标。

但 19 世纪下半叶以来，伴随信息技术和计算机技术的快速发展以及 CAD、CAPP、CAM 等的广泛应用和普及，在产品开发过程中，设计、工艺、制造过程已经实现了高度的集成，并且自动化程度也越来越高。这在促进全球经济快速发展的同时，也导致市场需求快速多变，产品升级换代加快，企业之间的竞争日趋激烈。这就要求企业必须能够针对多变的市场快速设计研发对应产品，提高产品的设计效率和质量，保证产品设计、制造一次完成。同时，伴随着全球经济的快速发展，环境问题也日益受到全社会的重视，产品的环保性能也成为其必不可少的属性。

在这一形势下，人们逐渐认识到产品设计已不再是一种仅仅围绕所提出的产品概念由设计人员独自完成的、封闭的、自我包含的活动，而应该面向产品的全生命周期，由相关的设计、工艺、生产、市场营销、财务管理和产品用户等不同领域的人员共同协作完成。这样才能保证在产品的设计阶段就充分考虑到后续制造、销售、使用维护等阶段的相关约束和要求，及时准确地发现设计方案针对产品生产制造、使用维护以及自然环境所存在的不足和隐患，并及时加以纠正和修改。与之对应，目前在以满足用户需求为最终目标的前提条件下，产品设计从技术和经济的可行性以及环保角度出发，主要存在如下一些设计目标：

（1）功能完善，即所设计产品功能明确，能全面满足用户需求，且功能之间相互独立，没有冗余。

（2）价格便宜，即所设计产品功能的实现技术和方案尽量简单，以保证产品性价比合理，可以被用户接受。

（3）便于制造，即所设计产品的结构简单，选材合理，来源广泛，在实际中易于组织生产和制造。

（4）符合人机工学和人体健康、安全要求，即所设计产品的功能、结构符合人的生理特点和生活习惯，便于使用操作，且外型、色彩美观，无毒无害。

（5）环境无损，即所设计产品的功能及其实现技术以不产生环境污染为前提。

（6）可回收，即所设计的产品在丧失功能而损坏、报废后，可以回收处理并重复利用。

实际产品设计过程中，在全面准确把握用户需求的基础上，依据上述目标开展产品设计可保证所设计产品能够被及时准确地推向市场，满足用户需求，并且在产品报废后可以被重复回收利用，形成产品多生命周期的良性循环，满足人类社会长期稳定可持续发展的要求。

2.4 产品设计相关因素

20 世纪 90 年代以来，伴随科技的快速发展、社会的不断进步，经济全球化的趋势日趋明显。全球化市场条件下，迅速变化的市场需求在导致产品迅速更新、生命周期缩短的同时，也使企业间的竞争日趋激烈。全球化市场条件下激烈的市场竞争，在不断拓宽产品设计领域、引发产品设计技术和理念创新的同时，也对产品设计提出了更高的要求。产品设计已不再是一个单纯的技术问题，它不仅要及时准确地依据市场需求提出对应的产品概念并制定出可行的产品实现方案，而且还要从产品的制造者、销售者以及使用者等不同角度及时准确地开展对设计方案的综合评估和优化。也就是在实际设计中，必须面向产品全寿命周期，在设计阶段就综合考虑产品制造、销售、使用等后续阶段的相关要求和约束。与之对应，产品设计不仅包含着满足用户需求的产品功能及其实现的方式和方法等技术因素，而且也包含着从市场、用户等角度所考虑形成的众多非技术因素，比如产品是否可被市场接受，是否符合用户的生活习惯、社会地位、文化传统、宗教信仰等。产品设计虽然包含着众多的技术和非技术因素，但针对产品设计过程自身的特点，概括来讲，产品设计的各种相关因素可以归纳为如图 2-2 所示的人、技术、市场和环境、审美四类。产品设计过程中，如何准确把握这些因素的内容并综合考虑协调它们之间的相互关系也正是产品设计的关键所在。下面就针对这四种因素分别具体加以说明。

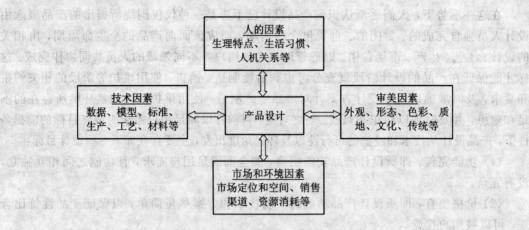

图2-2 产品设计相关因素

2.4.1 产品设计的人的因素

毋庸置疑，人是产品设计的核心，因为产品的概念来源于人（用户需求），并最终由人（设计人员）将其转化为对应的产品实现方案。实际中，产品设计体现为设计人员主导的准确识别用户需求并建立对应可行求解方案的过程。设计的对象虽然是产品，但产品归根结底是人需求的产物，因此，产品设计的目的不是产品，而是为了满足人的需求，产品设计以不断满足人们日益增长的物质和文化需求作为其出发点和最终归宿。

随着技术的日新月异及人生活品质的提高，人们在要求产品满足其生产、生活中的物质需求的同时，对产品满足其精神和文化需求的能力也提出了更高的要求。产品在功能完善的同时还应该具有更加人性化的特点，比如产品外形精巧美观、色彩和质地高雅、操作方便等。因此产品设计中，人的因素得到了空前的重视，与之对应形成了人性化的设计理念，即产品设计在面向最终用户和消费者，以人为中心，满足其生产、生活中的物质需求的同时，还应该综合考虑如图2-3所示的人性化因素，从人的生理和心理角度全面满足产品最终用户和消费者的精神、情感等社会、文化需求。

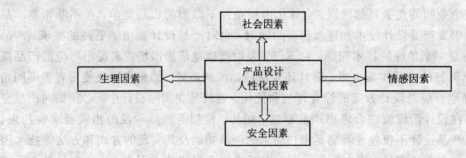

图2-3 产品设计的人性化因素

图2-3中，生理因素对应于人的生理需求，它来源于人的生存需要。所谓"民以食为天"，就是对人的生理需求的一种直观总结。人所需要的食物、饮料、住所、睡眠和氧气等都属于这一范畴。根据美国著名的社会心理学家马斯洛所提出的人的需求层次理论，人的

生理需求是人类需求中最基本、最强烈、最原始、最显著的一种需求。它是推动人行动的最强大且永恒的动力，也是人的生理机能的本能需要。如果人的生理需求得不到一定程度的满足，人的生存就会很困难，他的生命就缺乏最基本的保障。因此，产品设计中所考虑的人的生理因素本质上就来源于人的生理需求。由其所对应确定的产品设计约束或条件一般与所设计产品的功能和结构之间有着明确的对应关系，并且往往直接决定和影响着产品的功能和结构。

比如，设计汽车座椅时所考虑的人的生理因素就表现为座椅的高度应该符合普通人坐姿和坐高的生理特点，而它则对应来源于人安全舒适地乘车出行的这一生理需求。

在实际的产品设计过程中主要考虑如下一些人的生理因素：

（1）人体尺寸参数，主要指静态和动态情况下的人的作业姿势和空间范围等。

（2）人的力学参数，主要指人的操作力、操作速度和操作频率，动作的准确性和耐力极限等。

（3）人的信息传递能力，主要指人对信息的接受、存贮、记忆、传递、输出等能力以及各种感觉通道的生理极限能力等。

（4）人的可靠性及作业适应能力，主要指人在劳动过程中的调节能力、反射机制以及人在正常情况下失误的可能性和起因等。

实际中，人的生理因素可以通过生理学测定等方法取得，进而可以依据测定的数据分析确定由其所决定和引发的生理需求。这些数据在产品设计的方案分析和综合阶段往往是必需的，比如设计汽车座椅的高度就需要人的坐高数据。

产品设计中，通过对人的生理因素的研究形成对应的设计方案，这就是人机工程学。基于人机工程学方法，可以保证所设计的产品符合人的形态、生理特征，便于用户使用。

相对于生理因素，产品设计人性化因素中的安全因素则来源于人的安全需求。人产生安全需求的初衷就是为了使其生存需求可以持续稳定地得到满足。人类心理学的研究表明，当人的生理需求得到一定程度满足后，就会产生对安全的需求。例如，已拥有食物、住所的人开始关心他将来的食物、住所等生活必需品，因为他需要不断获取食物等基本生存物品来保证自己的生命、财产不受威胁和侵犯，从而可以使自己的衣、食、住、行等生理需求得以满足和延续。因此，在生理因素的基础上，产品设计的安全因素就是要保证所设计的产品不仅可以满足用户的需求，而且还可以保证基于所设计的产品，用户的需求可以被持续不断地给予满足。也就是保证所设计产品具有功能明确稳定、运行可靠、寿命长、不易损坏等特点。例如，对于上面汽车座椅设计的例子，在考虑生理因素保证座椅高度符合普通人坐姿和坐高的生理特点的同时，考虑到安全因素，则要保证所设计的座椅具有"结构牢固、抗震耐磨"等特点。

产品设计人性化因素中的社会因素对应来源于人的社交需求。人类心理学研究表明，人的生理需求、安全需求是人最基本、最底层的需求。当人的这两个基本需求得到满足之后，就会进一步产生社交需求。也就是当人在衣、食、住、行稳定，可持续生存无忧的情况下，就会产生同他人来往、进行社交、获得朋友的友谊、获得别人的喜爱、给予他人爱、希望被社会接纳、得到社会认可的需求。它体现了人作为社会的个体对社会归属和尊重的需要，在前两类需求满足后，人对其社会需求的满足有着强烈的动机。这时人希望进行人与人之间的社会交往，希望得到他人的支持、理解、安慰，保持友谊、忠诚、信任和互爱。因此，为了满足人的社会交往需求，在产品设计时就应该保证所设计的产品对于其使用者来说不违背人类在长期生产、生活实践中所建立起来的价值观、道德规范、文化传统、宗教信仰以及其他行为准则和生活习俗。例如，同样是设计汽车座椅，如果在马来西亚等伊斯兰国家，则不应选择黄色，因为黄色在伊斯兰教中象征着死亡，受到禁忌。如果不考虑这一因素，那么所设计的黄色汽车座椅在马来西亚一定会受到抵制，因为它违背了当地的社会文化传统和宗教信仰，因而势必影响其使用者的社会地位，妨碍其使用者与他人的正常交往。所以，在考虑上述人性化因素的基础上，产品设计只有充分考虑人的社会因素，才能保证所设计的产品不仅可以满足用户需求，而且能够得到用户的认同并被用户所真正接受。

情感因素并不对应于人的某种需求。情感是人对外界事物作用于自身时的一种生理反应，是人天赋的特性，在实际中表现为人感知外界事物后所形成的悲、喜、忧、欢等。情感虽然并不来源于人的需求，但又是由人的需求和期望所决定的。当需求和期望得到满足时会产生愉快、喜爱的情感，得不到满足时，会产生苦恼、厌恶的情感。产品设计中，通过考虑人的情感因素，可以使所设计的产品在满足用户需求的同时更加符合用户的文化背景、时代观念、审美情趣等心理特征，进而通过用户的使用，可以不断激发用户的愉快、喜爱情感，从而可以满足人追求快乐的精神需求。在考虑生理、安全、社会因素的基础上，通过进一步对人情感因素的考虑，不仅可以保证所设计的产品能够满足用户的需求，为用户所接受，而且能够使所设计的产品得到用户的真正喜爱。

根据上述对产品设计人性化因素的分析，产品设计中全面考虑人的因素，可以达到工程技术与人的身心特点相匹配、相吻合的目的。它综合了产品设计的安全性与社会性，在保证所设计的产品具有满足用户要求的功能的同时，可以使产品符合用户的身心特点，产品与用户的能力和需求之间有更好的匹配和配合，产品便于用户使用，用户也乐于使用。最终不仅可以提高产品的接受程度和使用效率，保障人机安全，而且可以使人更有效、舒适和愉悦地工作与生活。

2.4.2 产品设计的技术因素

产品设计的技术因素对应于与所设计产品关联的结构、原理、材料、制造工艺、加工设备和方法等与产品实现相关的科学理论和工程技术。它们在从根本上决定所设计产品的本质特征和基本功能属性的同时，也决定了所设计的产品相对于以往产品是否在结构、原理、工艺、材料等方面存在新技术的应用或发明创新。产品设计中，基于上述的技术因素，通过对相关新技术的采用，可以实现产品的创新。这不仅可以推动产品的更新和升级换代，使产品适应用户需求的发展和变化，更好地满足用户的需求，而且通过所设计的产品，还可以为新技术的推广和普及创造出广阔的天地。因此，敏锐的设计师应该非常关注其领域内相关技术、理论的发展和更新，并且能够积极主动地运用新技术、新理论将自己对未来的理解和设想通过所设计的产品展现在人们面前。

在实际的产品设计过程中，通过对新技术的不断尝试和采用，产品设计的技术因素及其对产品设计的促进作用主要通过如下三个方面予以体现。

1. 新技术的发明和创造

产品设计本身就蕴涵着创新和发明。产品设计中，引用新技术必然可以为所设计的产品带来突破性的创新，从而可以使产品得到更新，能够更优质、更全面地满足用户的需求。例如，自 1888 年德国科学家赫兹发现了电磁波以来，伴随无线电技术从电子管到晶体管再到集成电路，从短波到超短波再到微波，从模拟方式到数字方式，从固定使用到移动使用的发展，无线电技术已成为现代信息社会的重要支柱。与之对应，产品设计中，通过采用不断发展的最新无线电技术，也对应设计产生了电报机、传真机、收音机、电视机、移动电话等众多可以满足人们不同需求的视听和通信产品。目前，这些基于无线电技术所设计的产品已经彻底融入了人类的生产和生活，成为人们进行信息沟通和交流必不可少的工具。从这个例子可看出，产品设计过程中，新技术的采用是产品设计成功的有力保证。

2. 新材料的应用

材料是实现产品的物质保证和产品设计赖以存在的物质基础。如果没有现代工业革命所带来的钢筋、玻璃等新材料，何以产生"玻璃盒子"等现代主义设计风格的建筑。产品设计中，新材料的尝试和应用是实现设计创新的重要手段，并且随着高科技的发展，它的作用将日益突出和重要。例如，设计大师维纳·潘东 1960 年设计的"潘东椅"，实现了无数前人尝试使用单件材料一次性模压成型制造椅子的梦想，而这正得益于大胆地尝试和使用了"塑料"这种新材料。再如，日本设计师将新型的记忆材料用于儿童餐具的设计之中，使餐具把手能够依据儿童的拿握姿势而变形，更加符合儿童的使用习惯。从这些例子可看出，新材料的应用可以为产品设计带来突破性的创新。

3. 新制造工艺的应用

制造工艺是产品设计转化为对应产品的技术途径。实际中，产品是制造出来的，任何设计师的设计作品都必须通过一定的物质媒介经制造而形成对应的产品。由于同一设计方案在不同加工制造方法下所生成的产品可以存在巨大差别，所以通过对新产品制造工艺的应用显然可以为产品设计创新带来更多的启示和灵感。例如，著名的澳大利亚悉尼歌剧院，就是由于采用建筑薄壳结构这种新的工艺技术，才使得这一独具特色、极具创新风格的建筑设计得以实现。还有，芬兰设计大师阿尔瓦·阿尔托经过多年对胶合板弯曲木工艺的探索和试验，终于在 1933 年成功地将这种新工艺用于木质扶手椅的设计之中。椅子的靠背、坐垫以及悬臂扶手都是由整块的夹板弯曲而成的，有非常好的韧性和弹性，该设计既具有钢管扶手的优点，又充分发挥了木材温馨、关切、柔和与自然的特点，表现了传统文化与现代工业化生产观念的完美结合。从这些例子可看出，新制造工艺的应用不仅可以为产品创造更优良的性能，还可以为产品设计创新开拓崭新的空间。

2.4.3　产品设计的市场和环境因素

产品设计的市场因素主要是面向产品的销售阶段而提出的，其目的是为了保证所设计的产品得到市场的认同，被更多的用户购买和使用。因为人生活在一定的社会环境中，其对外界事物的认识和接受程度在由其自身素质所决定的同时也必然受到其所处的社会环境的影响。所以，为了使产品可以被用户认同接受，就必须保证所设计的产品在经济和文化等层面与其用户所处的社会环境相符合，否则该产品就不会得用户的认可。例如，如果某产品功能的实现需要其用户投入或付出比较高的经济代价，则用户在选择该产品时必然会考虑自己是否有这样的经济承受能力，一部分不具备承受能力的人将不会成为该产品的用户。

目前，在实际的产品设计过程中，主要面向用户考虑如下的一些市场因素：

- 产品的应用和服务对象；
- 产品应用和服务对象的社会地位、经济状况；
- 产品应用和服务对象的习惯和爱好；
- 产品应用和服务对象的分布。

产品设计过程中，通过对上述市场因素的分析和考虑，可以明确与所设计产品相对应的用户和消费群体以及他们的兴趣、爱好、消费水平和消费意向，进而可以保证所设计的产品在具有满足其消费群体的需求的同时，还具有与其消费群体相一致的属性，符合其消费群体的兴趣、爱好和特点。

相对于产品设计的市场因素，产品设计的环境因素则更复杂一些。因为产品最终是服务于人的，并且任何产品都不是独立的，它总是存在于一定的环境中。产品在参与组成该环境系统，影响其外部环境的同时，也必然会受到该环境系统的影响。因此，产品设计的成功与否不仅取决于设计师的能力、水平，还受其外部环境的制约与影响。根据产品为人的生活和工作提供服务这一本质特征，对产品设计的外部环境因素可以从产品的组成环境以及自然环境两个层面具体进行认识和理解。

1. 产品的组成环境因素

伴随人类科技的进步和工业生产的发展，目前，产品在作为工具服务于人的同时已经完全融入了人类的生产、生活，形成了人生产、生活的人为环境。实际中，产品往往不是单独存在的，而是成套、成系列的，并且在功能上存在相关性。例如，人们家庭中所使用的系列厨具、餐具、电器等产品。这些成套、成系列的产品在具有各自特点和功能的同时，也因其所服务对象和所使用场所的一致性，而由这些产品及其用户和使用场所共同形成了产品的组成环境。各产品在其组成该环境中共同发挥作用，为人的生产、生活提供支持。如果缺失了某产品，则其它产品的功能也会受到影响，无法充分发挥。因此，根据产品组成环境的概念，在产品设计时应该考虑如下两个原则：

(1) 产品的外观形态应与其组成环境中的其它产品保持一致。产品与其组成环境中的其它产品从服务于人的角度来说是一个整体。这就要求产品设计应具有从全局出发的观念，不仅要保证所设计的产品易于明确识别，可以体现自身的功能特点，而且还应该保证所设计的产品与其组成环境中的其它产品在色彩、形态、时代感等方面格调一致。例如，在计算机产品的设计中，计算机的音箱、鼠标等外围设备在色彩、质地等方面总是与主机保持一致，就是依据了这一原则。

(2) 产品应具有与其使用场所相符的特征。实际中，产品总是存在于特定的环境中，产品只有与其所处的环境相结合才会具有生命力。因此，产品设计应该保证使所设计的产品在功能、结构上具有与其使用场所相符的特征。这一点也是设计某一类产品时应该重点考虑的问题。因为，即使是同一类产品，也会因其使用环境的不同而在设计上有明显的区别。例如设计座椅类产品：家居环境中的椅子要温暖舒适；办公用的椅子要大方简洁，有利于提高工作效率；而快餐厅、公共休息处的座椅为了加快人员流速，椅子往往有意设计成让人坐得方便而不太舒服。

产品设计中，通过对产品组成环境因素的考虑，可以保证所设计的产品在其使用状态时与其所处环境相吻合，与其使用环境中的相关产品在外形、色彩、风格上保持一致，这不仅有利于用户对产品的准确有效使用，而且可以使用户在使用产品的同时获得美感。

2. 产品的自然环境因素

作为人所创造出的工具和产品在服务于人的同时，也必然与人一同存在于人类赖以生存的自然环境之中。但是由于现代产品设计一味盲目地求新、求异、求变，以最大程度地刺激消费，这在促进经济快速发展的同时却严重破坏了生态平衡。当人们意识到这一问题时，人类赖以生存的自然环境已经遭受严重破坏，全球的环境问题已经相当突出和严重，这也正是现代工业文明悲剧的根源。在此形势下，形成了"生态设计"和"绿色设计"的概念，并且迅速在全球范围得到了推广和认可。针对全球日益严重的环境问题，以及人类社会所达成的保护自然环境的共识，生态设计、绿色设计的含义不言自明，概括起来，就是在产品设计中充分考虑人类的自然环境这一因素，即在生态学的指导下，将产品设计从以往以人为中心的"人机系统"思维模式纳入到"人—机—自然环境三位一体系统"的思维模式。产品设计在满足人的需求的同时更应该以注重生态环境保护和可持续发展为原则，在产品设计阶段，就充分考虑产品在未来制造、使用等阶段对自然环境的各种影响，并具体通过从如下五个方面所开展的设计评价将人类赖以生存的自然环境作为设计因素真正考虑进产品设计的范畴之中：

- 自然资源的使用；
- 能源的消耗；
- 废弃物的产生；
- 生态系统平衡的危害；
- 人类健康和安全性的危害。

根据人、机、环境三者之间的关系，产品设计过程中，依据上述五个方面的设计评价原则，可以在产品设计过程中及时地依据产品在其制造和使用阶段对自然环境的影响开展对产品设计的评价，从而可以从根本上保证所设计的产品在实际中可以被低损耗、无污染地生产和使用，并且在其报废之后可以被回收、重用。依据上述设计评价原则，从保护环境的角度出发，在实际的产品设计中，面向产品生命周期后续制造、使用等阶段所对应考虑的产品设计的环境因素具体如图 2-4 所示。

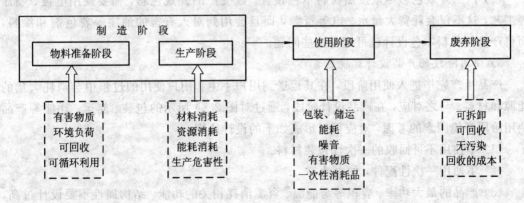

图 2-4　产品设计的环境因素

从图 2-4 可以看出，由于产品在其生命周期的制造、使用等阶段中对自然环境的影响有所不同，所以在产品设计过程中针对产品设计后续制造、使用等阶段所考虑的环境因素也有所不同，并各有特点。

下面就将产品设计过程中针对产品设计后续的制造、使用等阶段所对应形成的环境因素分别进行详细的分析和论述。

1) 物料准备阶段的产品设计环境因素

针对物料准备阶段的特点，在产品设计过程中，通过对图 2-4 所示的有害物质、环境负荷等物料准备阶段环境因素的考虑，对应可以形成如下的一些基本设计原则：

（1）不使用法令禁止使用的有害物质。目前，欧盟已经在其相关法令中公布从 2006 年 7 月 1 日起，新投放于市场的电子和电气设备不应包含铅、汞、镉、铬、聚溴二苯醚（PBDE）、聚溴联苯（PBB）六种物质。我国也有类似法令。因此，在产品设计阶段，设计人员就应该预先考虑这六种有害物质在所设计产品中的可能存在形式。它们有些是存在于与所设计产品相关的配件中，比如说日光灯管中含有汞等；有些则会在制造过程中引入，如铜管焊接使用的焊料中含铅等。因此，设计人员在产品设计过程中应与物料采购等相关人员保持信息反馈，以使所设计的产品不含有害物质。

（2）尽量使用铝材和钢材，并尽可能减少材料的种类和不使用稀有金属及合金。通过使用来源丰富的铝材和钢材可以保证产品报废后可回收。通过减少材料的种类和不使用稀有金属可以减少产品对稀有自然资源的使用，进而可以减轻所设计产品对自然资源的依赖，降低其环境负担。

（3）不使用破坏臭氧、产生温室效应的物质，如 R12 制冷剂。

2) 生产阶段的产品设计环境因素

针对产品的生产制造阶段，通过对图 2-4 所示的材料、资源、能源消耗等生产阶段环境因素的考虑，可对应形成如下的一些设计原则：

（1）产品零件的外形结构尽量简单，且与原材料外形结构符合。产品组成零件的生产加工将产生大量的边料、切屑等被除去的材料，如果零件结构简单且与用于加工它的原料毛胚接近，则可以降低边角料的损耗，提高原材料的利用率，并显著减少零件的加工时间，节约能源。

（2）产品外观色彩尽量按照材料本色设计。改变产品外观色彩，需要使用电镀、喷涂等工艺，这不仅会耗费大量水、电等资源，而且会用到对人有害的油漆等着色剂和涂料，而将产品按材料本色设计就可避免这些问题。

3) 使用阶段的产品设计环境因素

产品生产完毕进入使用阶段，在其运送到用户手中和用户使用的过程中会消耗大量的能源和材料。与之对应，在产品设计阶段，通过对图 2-4 所示的包装、储运、耗能等产品使用阶段环境因素的考虑，对应可以形成如下的设计原则：

（1）不使用不可回收的一次性包装材料。

（2）不使用一次性配件，如电池等。

（3）产品的最大功率、容积等与能源、资源消耗相关的功能、结构属性不要设计过高，满足用户的要求即可。

4) 废弃阶段的产品设计环境因素

在产品生命周期的最后阶段，报废产品的回收是保证产品不破坏环境的关键。为了保证产品报废后可回收、重用，在产品设计中，通过对图 2-4 所示的可拆卸、可回收等废弃阶段环境因素的考虑，可以对应形成如下的设计原则：

（1）所设计产品的结构应易于拆卸，采用易于接合和分离的连接结构。

（2）将固定零部件设计为标准化的，并且使用的规格相同。

（3）把固定部件设计在同一平面中。

（4）产品及其零部件尽可能使用同一种材料。

（5）使用易回收材料，如铁、铜、铝、热塑性塑料等，少用不可回收材料，如热固性塑料、合金等。

（6）在产品零部件上标明其材料。

在实际产品设计过程中，以上所给出的设计原则可以保证所设计的产品在生产和使用过程中资源、能源消耗少，生产、使用安全，无毒无害，在产品达到寿命周期报废时其零部件和材料能够以最高的附加值回收并重用。这就基本消除了人类工业生产对自然环境的破坏，有助于解决日益严重的全球环境问题。

2.4.4　产品设计的审美因素

产品设计的目标是设计出可满足人的需求，为其提供服务的有力工具。随着人类社会的发展和进步，20 世纪以来，科学技术的快速发展在导致产品极大丰富的同时，也使人们的素质不断提高。与之对应，人们在从其生理和物质需求出发，注重产品功能的同时，也从情感需求上对产品提出了更高的要求，即产品在功能完善、操作便利的同时，还应该外形美观、色彩动人，能够给人以美的感受。这一切都是由人追求情感愉悦的心态和心理需求所决定的。因为，美是一种可唤起人的心灵和精神，并给人以感观愉悦的特质。这就导致了产品的审美也成为产品设计所必须考虑的重要因素。产品设计中，考虑审美因素就是要使所设计的产品在为用户提供服务的同时，可以给其用户带来美的感受，得到用户的喜爱。

1. 美感的组成

伴随人对产品的审美需求这一观念的普及和被广泛认同，目前，产品的审美属性和特征已成为现代产品设计所考虑的一个重要因素。这就直接引发了对产品审美的研究。通过对产品审美属性和特征的深入研究，人们发现，虽然在实际中人对于产品的审美由于受社会风俗、文化传统等的影响以及个人自身素质和生活环境的差异而存在着明显的差异，但作为人的一种心理活动，产品的美感从心理学角度来说都是由以下多种感观的全部或部分所组成的。

1）归属感

这一感观来源于人在生产、生活和文化等方面所形成的某种默契或共识。因为人存在社交的心理需求，人在与外部客观世界和他人交往，获得对客观世界的认识及他人的友谊、喜爱、尊重、给予他人爱的过程中，会因对外部客观世界和他人在认知、年龄、性别、种族、职业、文化程度等方面的一致性而相互欣赏、产生共鸣，进而可以在得到他人认同的基础上获得社会归属感，并由此而感到愉悦。与之对应，当产品具有与其用户吻合的社会、文化等属性时，比如产品上的民族图案或标志等，就会使用户感到产品与他具有一致性，使用户得到归属感。

2）新奇感

这一感观来源于人求新、求奇、求变的心理需求。因为人对新生事物存在认知欲望，并会在与新事物的接触和认知过程中感到愉悦。与之对应，如果某产品具有以往产品所没有的属性，比如全新的功能、独特的外形等，则该产品会在其用户发现这些属性时给用户带来新奇感。

3）特色感

这一感观来源于人追求自尊、实现自我的心理需求。因为人在其生产、生活和社会交往中，存在展现自身优势特点、实现自我价值的愿望和要求，并且会在其自身优势特点和自我价值被认同的时候感到愉悦。与之对应，如果某产品基于其功能、外形和结构可以让其用户更好地展现他的自身优势和特点，比如高跟鞋、超短裙等，则该产品会在突出其用户优势特点的同时，给用户带来特色感。

4）适用感

相对于上述人的感观，适用感来源于人追求简单、实用的心理需求。它是人针对其需求满足的方式和过程而形成的。因为，人喜欢用代价小、简单方便及适合自身特点的方式方法来实现其目标并会为此而感到满足和愉悦。与之对应，如果某产品能够因其功能和结构而使其用户得到实惠和方便，比如易拉罐，则该产品就会给用户带来适用感。实际中，人的适用感主要体现为满足感、耐用感、便利感、安全感等。实际之中，用户针对产品使用安全方便、物美价廉、寿命长就可以对应形成上述各感观。

根据上述对构成美感的人的各种感观的分析，实际中产品的美感就是人针对产品的外观形态、功能、结构、实现技术等特征属性所对应形成的一系列上述感观的综合，它是产品自身的外形、色彩等外部形态特征和产品的功能、原理、实现方法等内部技术特征共同作用于人的感官而综合形成的，其中既包含着人的情感，也隐含着人的理性。与之对应，为了保证产品具有美感，真正满足用户的审美需求，实际产品设计中，显然应该分别从与情感对应的产品外观形态和与理性对应的产品实现技术入手，综合考虑确定产品的审美特征。这样才能保证所设计的产品内外兼修，不仅可以满足用户的使用需求，而且可以给用户带来视觉和感观上的愉悦，满足用户的审美需求。如果仅仅为了美观而过分注重产品的外观形态，则会使产品虽美但却华而不实，不能简单有效地帮助用户解决实际问题。这样，产品就无法被用户接纳和认可。反之，如果仅从实用出发过分注重产品的实现技术，则会使产品虽然简单实用，但却教条、呆板，无法得到用户的真正喜爱，必然在竞争中处于劣势。

2. 从理性的审美角度出发应考虑的审美因素

针对人在情感上追求美的本性以及人的美感形成机理和心理特征，对于产品设计的审美显然应该针对人的审美需求从人的审美理性和审美情感出发，首先在技术上保证产品具备功能美，符合人的理性审美需求，即保证所设计产品功能全面、结构合理、技术优良，可以为人所用。其次，进一步从美学角度出发保证产品的外观美，即产品外形优雅、色彩迷人、材质优良，给人带来视觉上美的感受，在为人所用的同时可以为人所赏，满足人情感上的审美需求。

根据上面的分析，产品设计从理性的审美角度出发主要考虑如下的审美因素。

1）产品功能

毋庸置疑，功能是产品存在的前提，但并不是产品具有功能就可以给其用户带来美感。由于实际中用户的需求往往具有多样性和层次性，例如对于汽车，用户除了需要其具有运输功能外，还需要其乘坐舒适，便于操作和维修保养，节能等。因此，产品功能也必须对应具有一定的层次性和多样性，这样才能全面满足用户的需求。与之对应，产品设计从理性审美角度考虑产品功能就是为了从全面满足用户实际需求的角度保证产品功能的优良和完善，即产品不仅主体功能突出，而且还应该从便于用户使用、维修保养等方面具备相关的辅助功能。比如汽车坐椅的减震功能、电冰箱等家用电器的可移动功能等。这些也是在产品设计阶段就应该给予充分考虑的问题。

2）产品工作原理和实现技术

产品的工作原理和实现技术本身就是产品设计的核心因素，它直接决定着产品功能的实现方式及优劣。但由于实际中产品的工作原理和实现技术存在多样性问题，并不是原理、技术可行，就可以给产品带来美感。例如，技术含量过高的产品在落后地区是无法使用的。因此，产品设计中从理性审美角度考虑产品的工作原理和实现技术，就是要保证产品的工作原理和实现技术对于其用户是可行的，也就是在产品设计中，设计者应该针对不同用户制定不同的可行技术方案。这一点也是由用户所处的自然和社会环境及其自身素质的差异所造成的。实际产品设计中，设计人员应该十分了解产品的最终用户，并保证产品的工作原理和实现技术与其最终用户的资质和生活环境相符，不超出用户的使用能力范畴。

3）产品结构

产品结构就是产品内部的组织构成，即产品各零部件等组成部分的排列配合方式。实际中，产品结构与其工作原理之间存在对应关系，它在取决于产品工作原理的同时也体现着产品的工作原理。例如飞机、火箭、汽车、船舶等高速行驶的工业产品，就具有按照低阻力的流线体进行组织排列的总体结构。产品设计中从审美角度考虑产品结构，就是要保证所设计的产品不仅在结构上与其功能、原理匹配一致，而且能够以符合人心理和生理特点的方式实现产品功能，展现产品的工作原理。具体来讲，在实际的产品设计中就是在保证产品结构符合产品功能和工作原理的同时进一步使产品具有如下的一些特点：

- 稳定性：产品结构牢固、不易损坏；
- 可靠性：产品结构可保证产品在当前技术条件下长期稳定工作；
- 可维护性：产品的结构一致性好，便于安装、拆卸和维修保养；
- 人性化：产品结构符合人机工学原理，便于使用和操作。

4）产品制造工艺

产品零部件的加工和表面处理方法通称为产品的制造工艺，它从技术上决定了产品的实现途径。实际中，任何产品要获得全面的功能和美的外观形态，必须通过相应的工艺措施来保证。实际中，产品制造工艺是产品功能完善、形态美观的重要保证。因此，在产品设计过程中就应该充分考虑产品的制造工艺，这样才能保证针对用户需求所设计出的产品可以按照设计人员的设想高质量地被生产出来。如果在产品设计中，仅仅从用户需求和设计自身出发而不考虑产品的制造工艺，就会造成设计与制造的脱节，无论设计的构思多么巧妙，也不能面向最终用户被生产出来，并转换为真正的产品为用户所用。因此，在产品设计中从理性审美角度考虑产品的制造工艺就是要做到：

（1）所设计产品的零部件结构合理，可以根据用户的需求被准确地加工和制造。

（2）关注产品制造技术的最新发展，积极主动地通过所设计产品的材料、外观等属性应用并展现最新的精密加工技术等先进产品制造工艺，在为产品带来先进性的同时，使产品更加具有时代的美感。

3. 针对产品外观形态应考虑的审美因素

根据上面对产品设计理性审美因素的分析，可以看出产品功能是产品设计理性审美的核心和纽带。在实际产品设计中，依据上面所分析的产品设计理性审美因素，显然可以保证所设计的产品功能完善、技术优良、使用方便。但是仅有这些特征还不足以使产品全面满足人的审美需求。因为，这只做到了使产品可以为人所用，满足人的理性审美需求。为了使产品还可以为人所赏，满足人的情感审美需求，产品设计在考虑上述理性审美因素的基础上，还应该依据产品的功能、结构和实现技术进一步从产品的外观形态上考虑产品的审美问题。根据人的审美心理特征可知，产品的外观形态是决定人审美情感的核心元素。实际中，产品的外观形态不仅可以从整体上反映产品的功能和技术特点，界定产品的主题格调，而且也影响着用户对于产品的直观感受，决定着用户对于该产品会形成什么样的整体印象。

当前形势下，由于科学技术的发展，许多产品在内在功能上相差甚微，因此，产品的外观形态就成了它在市场竞争中取胜的一个重要筹码。一件外观形态落伍、笨拙、缺乏表现力的产品在市场中是没有竞争力的。因此，产品设计在考虑上述理性审美因素的同时，还应该根据人在情感上的审美需求和审美心理特征，进一步从美学角度针对产品的外观形态考虑如下"形、色、质"三大审美因素。

1）形——产品外形

产品外形对应于产品的整体外部轮廓和空间形状，它是产品作为有用物而存在的方式并从具像的角度体现着产品设计的最终结果。而"态"则是蕴涵在产品外形中的可被人所感知的产品功能、原理等产品的本质属性和特征，它在实际中体现为人依据自身知识经验从产品外形中所获得的对于产品功能等本质特征属性的认知。我国古代关于"形者神之质，神者形之用"的论述就是对产品形态关系最好的诠释，它明确指出了产品的形和态与产品审美相辅相成的辩证关系。例如，图2-5所示轿车的整体流线型外形可以给人以"流畅、

图2-5 轿车外观形态

运动、速度、先进"的感观，基于这些感观，用户在感受轿车外形之美的同时，不仅可以容易形成对轿车乘坐舒适、安全快捷功能的认知，而且还可以从中深切地感受到工业化时代高速发展的现代科技所形成的标准化、规模化、自动化的技术特点和精神风貌。这就进一步具体化、形象化了用户从轿车外观所获得的美感，使用户在体会轿车外形之美的同时，可以直观地感受到其功能之美、技术之美，在强化轿车美感的同时，深化了用户对该轿车的印象。

　　根据产品"形"、"态"之间的辨证关系，产品设计将产品外形作为审美因素的目标就是要使产品不仅外形美观，而且基于外形可以表现产品内在的功能等属性，使用户可以直观地从产品外形获得对于产品的正确认识。

　　为了使产品通过其外形可以给用户带来美感，在产品设计中，针对产品外形应该遵循如下的形式美学基本法则：

　　① 统一与变化。统一与变化是形式美法则的最高体现。"统一"体现为各个事物的共性和整体联系，"变化"体现了各个事物个性的千差万别。显然，统一与变化是客观事物本身所具有的属性。"统一"可以给人形成单纯、整齐、利落的感观，增强外形的条理性及和谐的美感。"变化"则可以带来新奇和刺激的感观，打破单调与乏味，增强外形的个性，突出其特点。统一虽然可以增强外形的条理及和谐的美感，但只有统一而无变化的外形又会产生单调、呆板的效果。统一与变化原则体现在产品外形设计中就是将产品外形安排成既有秩序又有变化的整体。比如，轿车整体流线形的外观就体现了外形的统一，而其前扰流板的流线形薄片状外观则体现了统一中的变化，在通过统一的流线形外观给人以运动感的同时，基于这一变化可以进一步形成灵巧的感观。

　　② 对比与调和。"对比"强调事物间的差异、变化，突出事物间相互对立的因素，使个性愈加鲜明；"调和"则强调了事物间的共性，通过突出事物间的共同因素以达到协调的效果。对比与调和在自然界和人类社会中广泛存在着。有对比，才有不同事物个别的形象；有调和，才形成了对某种事物的共同认知。在产品外形设计中，对比可使形体活泼、生动、个性鲜明，它是取得变化的一种重要手段；调和则可以使产品外形在整体上产生秩序、形成一致性。只有对比，没有调和，就会产生杂乱、动荡的感觉；只有调和，没有对比，则显得呆板。

　　③ 对称与均衡。对称来源于自然界物体的属性。自然界中，对称现象随处可见，如人类形体就是左右对称的，植物的花瓣则是回转对称的。对称能产生庄重、严肃、大方、安全的感觉，人从中可获取较好的视觉平衡，形成一种美的秩序感，给人以静态、条理之美感。在工业产品中，针对具有动态功能的产品如汽车，钟表等，通过对称的外形可增加人心理上的稳定感，使产品在通过运动实现其功能的同时给人以静态的美感。

　　④ 节奏与韵律。节奏和韵律来源于音乐术语，指声音的有组织、有节奏的和谐运动。对于产品外形设计，节奏和韵律则指外形按照一定的规则变化的秩序性，它体现为通过点、线、面、体的综合运用，以及对它们所进行的规则和不规则的疏密、聚散的排列而创造出来的产品外形在组合方式上的反复、对称、渐变等变化方式。

　　⑤ 呼应与重点。在产品设计中，运用相同的线或近似的形、体、色、质等不同造型要素，以取得产品各部分之间相互照应的一致性的艺术手法称为呼应。呼应的主题和对象则是重点。在产品的不同部位或结构上采用相同色彩、形状或材质就能起到相互呼应的作

用。比如,利用一致的颜色或材料可以将产品的不同部分贯穿或统一起来。产品设计在运用呼应法则保证产品一致性时要有重点,即应该有明确的产品特征属性作为呼应的主题,这样才不会打乱产品特征属性之间的主从关系,不仅可以产生相互呼应的效果,而且还可以产生和谐统一的美感。

⑥ 比例与尺度。任何一件受人喜爱的工业产品,都具有良好的比例和正确的尺度,这是构成产品形式美的最基本也是最重要的手段之一。在产品造型中,比例是指产品形体自身各部分之间的大小比例关系及产品造型主体与其他某个对比物体(如环境等)之间长、宽、高方面的比例关系。尺度是设计对象的整体或局部与人的生理尺寸或人的某种特定标准间的计量关系,它在实际中常常不表现为具体的量化指标,而通过人的主观感觉和印象来把握。实际中,无论什么产品,要获得良好的造型效果,则必须使其形体、线条、色彩等一切造型要素都具有良好的比例关系并具有与其用户相符的尺度。常用的比率有等差比例、黄金分割比例、调和数比例、等比数比例、费波纳齐数比例和贝尔数比例等。而上述比例中,费波纳齐数比例具有更大的实用价值。费波纳齐数比例的前两项数之和等于第三项,如 1,2,3,5,8,13,21,…,其比值与最经典的美学比例"黄金分割"近似,故与运用黄金分割比例开展产品造型设计的效果有近似之处。

在实际产品设计中,基于上述的美学法则可以保证所设计的产品具有美观的外形,从视觉上带给人美的感受。

产品设计在依据上述美学法则保证产品外形美观的同时,为了保证所设计产品的外形美观、形神兼备,使用户可以通过产品外形实现对产品功能等内部属性特征的准确认知,显然还应该从产品的"形"、"态"两方面综合进行考虑确定其外形。不能将产品的外形设计看做单纯的造型艺术。因为造型艺术仅追求纯感性美,它可以是自然存在的,也可以是艺术家依据其感悟凭空产生的,所以不受现实约束。为了使产品能够在基于其外形使用户获得美感的同时向用户准确传达产品的功能属性等特征,产品外形设计显然不能仅从造型艺术追求纯感性美的角度出发,它需要以对产品功能、技术等特征属性的理性认知为基础,以满足用户审美需求和使用需求为目标,以引导用户的感观认识和形象思维为手段来设计产品的外形,而不能像艺术创作那样天马行空地任意发挥不受限制。因此,对于产品外形的设计,在借鉴上述美学原则的同时还应该根据产品"形"、"态"之间审美的辨证关系,进一步从"态"的角度出发考虑并遵循如下的原则:

① 产品的整体外形应体现并符合产品功能。功能是产品存在的根本。因此,产品的整体外形应该与其功能相符合。这样就可以在体现产品功能的同时,给用户以产品内外一致、吻合的印象,引发人的归属感和适用感,进而可以使用户比较方便地获得对产品功能的直观认识,并容易识别产品的优势和特点。

② 产品的外形应尽量突出其功能优势和特点。产品外形在体现产品功能的同时如果能够进一步反映出产品自身功能的优势和特点,则可以在给用户以归属感和适用感的同时,进一步引发其新奇感、特色感。例如,通过旋钮周边侧面凹凸纹槽的多少、粗细这种视觉形态来传达旋钮是精细微调旋钮还是粗调旋钮;利用容器开口的大小来暗示其盛放容量的多少等。

③ 产品外形应与其使用环境相和谐。产品外形与其使用环境相和谐可以使产品与其使用环境相统一,给人带来归属感,容易被人接受。例如,办公场所的桌椅采用直线造型

设计成简洁、明快的式样就可给人以"严谨、认真"的感观，符合人工作状态的心理特征；而家用的桌椅则应该多采用曲线造型以形成"温馨、可爱"的感观，符合人回家后的心理特征。

④ 产品外形应该符合用户特点和操作使用要求。产品外形符合用户特点和操作要求，可以使产品在带给人归属感的同时，使产品具有特色感，可以激起人心灵上的共鸣，符合人追求自尊、实现自我的心理需求。例如，将女性用的水杯设计成瘦高、纤细的外形就是出于对这一原则的考虑。

产品外形归根结底是由点、线、面三元素构成的。产品设计中，为了使产品在外形上可以体现自身功能和优势特点的同时，与其使用环境相和谐，符合用户特点并便于用户使用，设计者在依据上述美学原则基于点、线、面三元素构建产品外形的同时，还应该对点、线、面三元素自身以及它们组成的图形所隐含的语义有所认识和了解，这样才能保证准确运用产品的外形展现产品的功能等特征属性，使产品形神兼备。

① 点的语义。点的设置可引人注意，紧缩空间。实际中，点常被用来表示"强调"和"节奏"两种含义。孤立的点可以产生强调的效果。点的有序排列可以形成节奏，使视觉产生连续和扩散的感觉。在有序排列的点中，点的放置距离越大越容易产生分离的效果；点的放置距离越小，越容易产生凝聚的效果；点的放置距离越远，越容易产生疏远、轻盈的效果。实际中，点的不同排列方式可以给人产生如下的视觉感观：

- 沿着单方向较近距离放置的点可以形成连续的感观，在视觉上形成线的感觉；
- 沿着两个方向或三个方向较近距离放置的点，可以产生面或体的感观；
- 空间中居中的一点可以引起视觉的集中，造成注意的感觉；
- 一大、一小靠近的点，可以产生由小向大移动、渐变的感觉。

由大到小渐变排列的点可以产生如图 2-6 所示的由强到弱的运动感以及空间深远感。扭曲感能加强空间的变化，起到加深和扩大空间的效果。

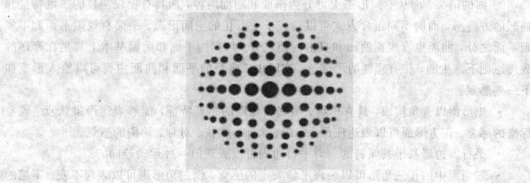

图 2-6　点的排列所形成的运动感和空间感

② 线的语义。线从形态上分为直线（水平线、垂直线、斜线和折线等）和曲线（包括弧线、螺旋线、抛物线、双曲线以及自由曲线等）两类。实际中，线在视觉上主要可以给人带来如下的感观：

- 直线能够表达冷漠、严肃、紧张、明确而锐利的感觉，体现刚直有力的男性性格特征。
- 曲线能表达优雅、优美、轻松、柔和、富有旋律的感觉，体现柔弱婉约的女性性格特征。

• 水平线能表达平稳、安静、广阔无垠的感觉，使人联想到地平线，产生横向扩展的感觉。

• 垂直线可以显示出一种上升与下落的感观并对应可以表达严肃、高耸、直接、明确、生长、希望的感觉；

• 倾斜直线的动势造成了不安定、倾倒的感观，从而可引发动荡的感觉。向外倾斜的线可引导视线向深远的空间发展；向内倾斜的线则可以引导视线的交汇点集中，产生集中聚集的感觉。

• 几何曲线中的圆、椭圆能表达饱满、有弹性、严谨、明快和现代的感觉；螺旋线可以产生动态和连续变化的感觉；自由曲线根据曲线的变化幅度和变化频率可以形成流动、跳跃、振动、疯狂的感觉。例如，图2-7所示的波浪线可以形成流动感、韵律感。幅度均匀变化迅速的曲线可以形成振动、跳跃的感觉，而快速、不规则变化的曲线则可以带来不安定和疯狂的感觉。自由曲线能营造热烈、自由、亲切的气氛；自由曲线接近自然形态，具有生活气息，有利于营造朴实、自然、环保的气氛；流畅的曲线有放有收、张弛适度、柔中带刚，适合于现代设计所追求的律动及简约效果。

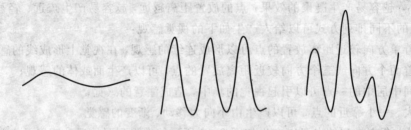

图2-7 线的形状及其感观对比

③ 面的语义。面从空间形态上可分为平面和曲面两种，面具有比较明显的二维特征和强烈的方向感，面的不同组合方式可以构成千变万化的空间形态。平面有规则平面和不规则平面之分，曲面也有规则曲面和自由曲面之分。规则的平面和曲面基本上都是在严谨的数理原则下产生的，带有理性的严谨感。实际中，典型的平面和曲面主要可以给人形成如下一些感观：

• 矩形面以直角构成，具有单纯、明确和规则的感观特征，能够表达严肃认真、规范标准的感觉。正方形面可以表达庄严、宁静、典雅、明快、对称、均衡的感觉。

• 平行四边形基于其倾斜的一对平行边则可以表现出一种运动趋向。

• 三角形中的正三角形可以表现平稳安定的感觉，倒三角形则可以表现不安、不稳的感觉。

• 圆形面具有饱满、统一的视觉效果，能表现旋转、滚动、圆满、和谐、柔美的感觉，有利于营造完满、活泼的气氛。

• 相对于规则平面和曲面，不规则的自由曲面则带有明显的动态性和突变性特点，它更自然，也更具生活气息，可以表现自由、开放、潇洒、随意、自如的感观，其形状中所具有的不定性和偶然性可以表现出自然的魅力和人情味。实际中，通过自由曲面可以给产品外形创造出拟人化的效果，给人以真实的感观。

2）色——产品色彩

产品外观形态中，"色"对应于产品的外部色彩。由于实际中人对色彩的感觉最强烈、最直接，印象也最深刻，因此产品的色彩是产品视觉审美的核心因素，它深刻地影响着人们的视觉感受和情绪状态。基于这一点，对于产品色彩这一产品的核心审美因素，产品设计在遵循上面的美学原则考虑产品色彩的同时，也要考虑到色彩所能够表达的语义。色彩是由红、黄、蓝三原色组成的，色相明度和纯度的变化也可以对人的生理、心理产生不同的影响。色彩的语义感观如表 2-1 所示。

表 2-1　色彩的语义感观

色彩类型	色彩的语义
红色	乐观、动力、活跃、兴奋、性感、热情、刺激、激进、强大、积极、危险
浅粉色	爱情、浪漫、温柔、微妙、甜蜜、友好、柔和、忠诚、怜悯
紫色	灵性、王权、神秘、智慧、改革、独立、启迪、尊重、财富、女性化
褐色	有益健康、现实、国家、欢迎、温暖、稳定、秋天、丰收
金黄色	欢庆、活力、乐观、幸福、理想、夏天、希望、想象力、阳光、豁达、青春
蓝色	真实、康复、宁静、稳定、和平、协调、智慧、信任、信心、保护、安全
深灰蓝	尊严、信赖、力量、权威、保守、可信、传统、从容、自信、平静
淡紫色	魅力、怀旧、微妙、花、甜蜜、时尚
紫红色	火热、世俗、激动、辉煌、有趣、积极、女性的
浅褐色	朴实、经典、中立、温暖、柔软、温和、忧郁
黄绿色	刻薄、水果味、有些酸、嫉妒
棕色	稳定、雄性、可靠、舒适、持久、简朴、友好
浅蓝色	和平、宁静、平静、凉爽、洁净、柔软、纯洁、理解
中性灰	中性、团体、经典、经验丰富的、酷、永恒、安宁
白色	纯洁、纯真、朴素、神圣、明快、柔弱、虚无
青色	情绪恢复、愉快、富有、保护、独特、奢侈
绿色	天然、羡慕、康复、肥沃、好运、希望、稳定、成功、慷慨
黑色	崇高、严肃、刚健、坚实、粗莽、沉默、黑暗、罪恶、恐怖、绝望、死亡

从表 2-1 中可以看出，色彩所表达的语义是十分丰富的，并且一种色彩可以表达多种不同甚至完全相反的语义，体现出相对性、时代性的特点。比如黑色即可以表现"崇高"又可以表现"罪恶"这两个完全对立的概念，其原因就在于人对于色彩的感受会受到自身所处时代、社会、文化及生活方式和风俗习惯的影响，并且会伴随时代发展体现出追求时代潮流的倾向。因此，在不同时代的不同国家和地区，由于民族、文化和社会传统等的差异，相

同的颜色可以给人以不同的感观和情绪，具有不同的象征。例如，红色在中国可以象征好运并且与白色在一起时可以表示喜悦，而在印度，红色则象征纯洁；蓝色在中国可以表达不朽的含义，而在印度教则象征丰收、幸福。因此，设计者在产品的外观形态设计中，针对产品的色彩应该充分考虑色彩语义的这种时代性和相对性特征。

实际中，针对产品的外观形态，依据表 2-1 中的色彩语义，可以使产品的色彩服从于产品的主题，从而可以使产品基于其外观形态更好地展现自身的功能属性等内部特征，使产品更具感染力和生命力。

3）质——产品的材质

产品外观形态中，"质"对应于产品的材质。实际中，产品的材质是产品客观形象的直观体现。产品正是基于其自身的材质给人形成其客观存在方式的直观印象的。由于产品原材料在理化属性和加工方法上存在差异，所以不同的产品材质可以带给人不同的心理感观，留下不同的印象。例如，石头等产品常用原材料给人所形成的心理感受如下：

- 石头——古朴、沉稳、庄重、神秘
- 木材——自然、温馨、健康、典雅
- 金属——工业、力量、沉重、精确
- 玻璃——整齐、光洁、锋利、艳丽

实际中，产品基于其材质给人所带来的不同心理感受而综合形成了自身的质感，它在体现产品现实存在状态的同时，也是产品材质美感的源泉。由于在实际中，产品的质感最终取决于自身材料的色泽、纹理等表面特征，其形成机理是通过材料的色泽纹理等表面特征给人以视觉和触觉的直观感受，进而引发对应的心理联想及象征意义。因此，人对于产品材质所形成的美感来源于人对产品自身材料的熟悉和了解。由于不同质感的材料能给人以不同的心理感受，例如，玻璃、钢材可以使产品表达出科技气息和工业化色彩，木材、竹材则可以带给产品以自然、古朴、人情的意味，等等。因此，产品设计在选择产品材料时不仅要考虑材料强度和耐磨性等物理量，而且应该将材料与人的情感关系作为重要评价尺度来考虑产品的选材。设计师应当熟悉不同材料的理化性能特征，了解不同材料对于产品所形成的质感，并科学合理地加以选用，保证产品在形、色、质上协调统一，符合产品自身的功能属性特征，满足设计审美的要求和目标。不能一味保守地仅仅使用传统自然材料，也不能过分偏激地拒绝使用传统材料，而应该综合运用传统自然材料和人造材料来实现产品设计的目标。一般意义上，传统自然材料的材质虽朴实无华比较简单，却富于细节，它们的亲和力要优于新兴人造材料。新兴的人造材料虽然大多质地均匀、细腻，但却缺少天然的细节和变化。产品设计通过对传统自然材料和新型人工材料的综合运用，可以增加产品的感性、浪漫成分，使产品与人的互动性更强，进而可以使所设计的产品通过选材这种最简单的方式而充满艺术性。例如，通过将产品把手部位的材料表面改变成人指纹的细线状突起纹路，就可以在外形色彩不变的情况下给产品带来便于抓握的感觉，在提高了手抓握敏感度、增加把持物体摩擦力的同时，向其用户暗示产品的操作部位和操作方法。

综上所述，实际产品设计中，针对人在情感上的审美需求，依据上述的理性审美因素和情感审美因素，在从功能、形态等角度分别考虑产品审美的基础上，通过进一步的综合可以保证所设计的产品在符合用户实际需求的同时兼具优良的美学特征，为用户提供服务并得到用户的真正喜爱。

2.5　产品设计理论与技术的内涵及其体系

作为人类设计思想和方法的结晶，产品的设计理论与技术并不是一个崭新的课题。自从人类以制造工具使自己区别于其他动物开始，人类也就开始了产品设计，对应也就逐渐萌生了对产品设计理论和方法的研究。自上世纪中叶以来，随着经济全球化趋势下市场竞争的日益激烈，用户需求的个性化和多样化导致了产品的复杂程度越来越高，涉及的科学和技术领域越来越广泛，产品的创新空间空前扩大。与之对应，产品设计理论与技术也早已超脱了传统设计理论的范畴，并针对不同问题和领域形成了众多不同的设计理论和方法。比如，优化设计、计算机辅助设计、可靠性设计、极限应力设计、动力学设计、摩擦学设计、绿色设计以及全生命周期设计等，名目繁多，难以穷举。虽然目前对于产品设计形成了众多不同的设计理论和方法，但产品设计理论与技术归根结底是人类用于实施、改进、创新产品设计的方法。它们从根本上都是以人类的设计思维和行为规律为基础，以知识为依托，通过运用一定的科学方法及技术手段而形成的。从人类设计产品的本质以及人类设计思维的基本过程出发，产品设计理论的发展演变伴随人类产品价值观的变化，依次主要受到如下设计思想的影响。

1. 功能思想

自 1947 年，美国工程师迈尔斯创立了价值工程以来，其所提出的功能分析思想成为产品设计理论的一个重要飞跃。从此，功能首次脱离了产品的结构和外在表现形式成为产品存在的本质以及产品设计的核心。产品设计不再拘泥于结构而开始首先从产品功能着手。产品的结构只是功能的不同表现形式，人们可以使用不同的原料、结构和外形来实现同一种功能。这就彻底改变了按照构件及零件分类的传统设计方法，有助于设计师开拓思路，迅速获得多种产品设计可能解，并最终形成功能作为产品竞争力的首要因素的共识。与之对应，功能分析也成为大多数产品设计理论和方法的基本组成部分。如创新问题解决理论(TRIZ)的物质场分析模型；有害、有益功能，主要功能、辅助功能等概念；以及公理化设计中的功能域到结构域的映射等概念。而诸如动力学设计等其他的一些设计理论，也是在研究产品功能的不同实现途径时所对应形成的理论和方法。

2. 顾客需求驱动思想

伴随人类社会的发展，在日趋激烈的市场竞争作用下，人们逐渐意识到产品的优劣评价应该以能否满足顾客的使用要求、是否使顾客满意为最终的标准。由于顾客的需求具有多样化、个性化和动态化的特点，而且顾客满意是一个相对的概念，这就给产品设计带来了新的挑战，并导致了顾客需求驱动的产品设计思想的诞生。顾客驱动的产品设计思想要求一切以顾客的需求为设计目标，如果产品未能按顾客要求发挥作用，即使制造质量实现了零缺陷也不是理想的产品。人类工业生产正是在这一思想驱动下实现了高速的发展。产品设计在不断丰富产品以全面满足用户和市场需求为目标的同时，也使人类的科技水平得到了极大的提高。

3. 顾客需求质量思想

顾客需求质量思想是在顾客需求驱动思想的基础上进一步发展形成的产品设计思想。由于质量是保证产品基于其功能满足用户需求的前提和必要条件，因此，在产品品种相对丰富的条件下，对于功能相同的产品，其质量的优劣就是它能否满足用户需求并在竞争中占据优势的关键。随着科学技术的高速发展以及经济的全球化，日益增长并多元化的用户和社会需求使产品的类型、规格及性能迅速变化，产品寿命周期越来越短。人们对产品质量要求的含义也在不断变化，不仅要满足功能要求，而且对产品的安全性、可靠性、合理的寿命、方便使用和维护保养也提出了更高的要求，并且产品还要符合有关标准、法律和生态环境等非物质功能的要求等。在此情况下，产品设计不再仅仅是一个单纯的技术问题，需要产品设计人员从多种角度更全面地进行认识。与之对应，就形成顾客需求质量的设计思想，即产品设计在以满足用户需求为目标的基础上还应该进一步以可方便、稳定、高效、持久地满足用户需求为目标。在这一设计思想作用下对应形成了质量功能展开、基于客户关系管理的顾客需求数据挖掘技术、人机工程学、面向大规模定制的设计、模块化设计、可靠性设计、稳健设计和产品外观造型设计等设计理论和方法，并使人类的工业生产进入了以全面满足用户需要为最高目标的时代。

4. 并行设计思想

20世纪80年代以来，伴随人类社会和经济的发展，特别是信息技术和计算机的应用普及，人类在基于功能思想和顾客需求质量思想开展产品设计，使产品性能不断完善并获得极大丰富的同时，产品涉及的领域愈来愈广，复杂程度及技术水平愈来愈高。这就使得产品之间的功能差异越来越模糊，产品功能已经不再是决定产品竞争力的唯一要素，如何及时快速地开发出满足市场需求的产品成为决定制造企业产品竞争力的核心要素。这就要求产品设计人员应该针对不断变化的用户和市场需求在产品设计一开始就将产品的设计、制造与销售紧密联系起来进行综合考虑。与之对应，就形成了并行工程的设计思想和理论。这就导致了产品设计理论在功能思想、顾客需求质量思想的基础上进一步开始向并行设计思想的转变，也就是在产品的设计阶段就应该综合考虑产品生命周期后续的制造、维修、回收和报废等阶段的问题。并行设计思想的出现首次使产品开发过程从传统的设计、制造串行方式转变为并行交互方式，通过对后续制造等阶段的考虑，在实现设计、制造过程的信息集成的基础上，可以实现产品设计、制造一次完成，避免和减少产品开发过程中的返工现象，缩短产品开发周期。产品设计的并行设计思想彻底改变了传统产品设计的组织方式和串行开展的产品开发过程，在充分利用计算机技术和信息技术成果的基础上，从产品设计信息流管理与集成的角度，面向产品全生命周期把产品设计理论推向一个新的层次，并直接导致了计算机辅助设计、制造、装配和工艺设计等 CAX 技术及面向制造、装配的设计等 DFX 技术以及产品数据管理（PDM）等技术的发展和应用。在并行设计思想的作用下，伴随产品设计的信息化，人类的工业生产进入了以计算机集成制造为特点的信息化和自动化时代。

5. 可持续思想

20世纪90年代以来，能源危机、温室效应等环境问题的日益严峻使环保问题得到了全球的共同重视。伴随全球环境意识的增强，通过对产品开发使用过程中相关环境问题的深入分析和研究，人类逐渐认识并形成了产品环保性由产品设计所决定的一致共识。与之对应在产品设计领域就形成了面向产品全生命周期以社会、经济和环境的和谐发展为目标的可持续设计思想。在该思想影响作用下，人类首次将自然环境作为评价产品设计优劣的重要依据，并对应形成了绿色产品的概念以及绿色设计理论和方法。绿色产品概念及绿色设计理论的诞生标志着人类工业生产的环境保护措施实现了从被动消除到主动预防的转变，工业生产开始走上了人类社会与自然协调发展的轨道。

纵观产品设计的发展历史，在上述设计思想的作用下，产品设计的发展经历了从直觉设计到经验设计，从半理论半经验的传统设计再到以理论指导为主、经验为辅的现代产品设计阶段的发展演变。与之对应，伴随人类设计思想的发展以及产品设计应用领域的不断拓展和丰富，也形成了众多不同的产品设计理论和方法。其中既包含指导产品设计进程及逻辑规律的设计方法学等基本设计理论，也包含用来提高设计效率和设计质量的各种单项技术，如 CAD 技术、有限元分析、可靠性设计等，同时还包含有利于提高产品市场竞争优势的商品化设计、工业造型技术、市场预测与分析技术等。可以设想，产品的设计理论与技术也必将伴随着人类社会的不断进步而处于不断的发展之中。

就现阶段来看，产品设计理论与技术可以归结为在思维科学、信息科学、统计学、系统工程和计算机技术等学科支持下，从人类设计思维的基本过程出发，研究不同领域产品的设计规律、技术和实施方法的工程技术的总称。它是涵盖了人文、理化等多学科的综合技术，体现为如表 2-2 所示的体系结构。

表 2-2　产品设计理论与技术的体系结构

领域设计技术		工业设计、机电设计、机床设计、汽车设计等
实施技术	设计模式	并行设计、绿色设计、CAD、智能设计、优化设计、协同设计、创新设计
	典型方法	防断裂设计、疲劳设计、耐腐蚀设计、减摩和耐磨损设计、耐环境设计、模糊设计、有限元法
设计支持理论及工具		数据库技术、标准化、计算机技术、数据建模与仿真、计算机图形学
设计方法论		设计方法学、决策理论、创新问题理论、可行性设计、可靠性设计、变形设计、模块化设计、面向对象设计、健壮设计、维修性设计、价值工程、质量功能配制、并行工程、逆向工程、人机工程学、功能设计、反求设计、模糊设计
设计认知理论		公理设计、通用设计原理，创新问题解决理论，设计过程、需求驱动理论，信息流理论，知识流理论
学科理论基础		运动学、材料学、力学、思维科学、信息科学、系统工程、自动化

值得一提的是，产品设计理论与技术的体系结构的划分只是相对的，而不是绝对的。设计认知理论、设计方法论等不同层次的理论与技术之间并不存在截然的界限，例如变载荷及随机干涉下零件的疲劳设计。

针对目前所形成的产品设计理论与技术，在基于上述设计思想理解产品设计理论与技术的发展演变规律的同时，还应该从如下几个方面对产品设计理论与技术建立基本的认知观念，以便能够准确把握现代产品设计理论和技术的内涵：

（1）产品设计理论与技术是设计人员在产品设计过程中所遵循的思维、行为规律和所使用的方法，它涵盖了从需求出发寻求对应设计解（产品）的产品设计全过程。

（2）产品设计理论与技术是多学科交叉融合的产物。这也是由于产品设计所覆盖的行业和应用领域伴随人类社会和经济的发展不断拓展而导致的。例如，优化设计是数学规划方法与计算机编程的有机结合；计算机辅助设计则可以看做是数学建模、计算机软件和硬件技术以及工程图学等的有机结合；模糊优化设计是模糊方法与优化技术的结合，等等。

（3）产品设计理论与技术中隐含着人类进行产品设计的思维、行为规律，通过对产品设计理论与技术的归纳、分析和研究，可以揭示人类的设计思维和行为规律，并进一步发展计算机辅助设计技术，实现产品设计的智能化和自动化，保证产品设计的优质、高效开展。

（4）研究产品设计理论的最终目的是为了适应当今经济全球化时代条件下日趋激烈的市场竞争所导致的产品快速创新的需求。

2.6　产品设计类型

自上世纪末以来，随着人类科学技术的发展，产品更新换代不断加快，市场寿命显著缩短，与之对应，产品的设计开发也经历了从"技术推动"到"需求拉动"再到"技术推动与需求拉动相结合"的发展演变。伴随产品设计的发展演变，根据设计任务的不同，对应形成了开发性设计、适应性设计、变型设计三种类型的产品设计。

2.6.1　开发性设计

开发性设计又称创新设计，顾名思义，它是指应用创新构思或新的理论与技术来实现产品及其工作原理和功能结构创新的设计。它指对给定的任务提出全新的、具有创造性的解决方案，即运用成熟的科学技术，从工作原理和结构上设计出过去没有的新型产品。对于所设计的产品来讲，开发性设计中一般都包含有全新的产品概念或基于新理论与技术的现有产品概念的创新解决和实现方案。这也是开发性设计最显著的特征。因此，实际中，开发性设计往往与新产品的发明创造以及已有产品的升级换代紧密关联。比如，从电子晶体管、激光打印机的发明到 Windows 操作系统的开发都可认为属于开发性设计。另一方面，从设计的出发点考虑，实际中为赶超先进或适应国家政策要求以及避开市场热点开发有特色的冷门产品所开展的产品设计也都属于开发性设计。由于开发性设计涉及产品工作原理和结构的创新，所以实际中开发性设计必然涵盖了起始于概念设计的产品设计全过程，是三种类型产品设计中涉及面最广、工作量最饱满，对设计人员要求最高，难度也最大的一种。

通过以上对开发性设计的分析可以看出，开发性设计是一种从最高层次上进行产品创新的设计，其所形成的产品创新可以是功能上的、技术上的，也可以是原理和结构上的。创新是开发性设计最本质的特征。针对某类产品所开展的开发性设计将导致该类产品的质变，为该类产品带来以往没有的功能、结构等全新特征。实际中，新产品的发明创造及原有产品的升级和更新换代都源于开发性设计。针对不同时期、不同领域人类生产、生活的特点和实际情况，开发性设计主要从如下几方面实现产品的创新。

1. 产品概念创新

对于开发性设计来讲，产品概念创新是最高层次的设计创新，它往往对应于人类新型生产、生活方式及其对应工具的发现、发明和创造。例如，电话、电视、飞机等产品就是开发性设计中产品概念创新的典范。其所导致的发明创造不仅可以形成前所未有的可以更好满足人类生产生活需求的全新产品，而且也是对其时代背景条件下人类生活观和价值观的一次全面更新和提高。它要求设计人员对于其时代背景条件下人们对新型生产、生活方式的需求及对应的生活观和价值观有准确的把握，并具备运用当前技术或开发新技术来满足这一需求的能力和决心。

2. 功能、原理创新

对于开发性设计来讲，功能、原理的创新往往对应于新技术的发明、创造和应用，其所导致的发明创造虽然不会像产品概念创新那样形成前所未有的全新产品类型，但是却可以从本质上提高、改变并拓展现有产品的功能，使其可以更好、更全面地满足人们的生产、生活需求，拓展生产、生活的空间。例如，无线电话、液晶电视、微波炉等产品就是开发性设计中产品功能、原理创新的典范。功能、原理创新需要设计人员具有创新思维，不被现有设计的构思和原理所局限，积极探索采用最新技术、方法或通过对现有技术方法的全新组合来实现产品工作原理的更新和优化，使产品的功能得到显著提高和完善。

3. 结构方案创新

相对于产品概念创新和功能、原理创新，结构方案创新则主要从产品实现角度对产品的实现结构、材料等物理元素进行创新设计。其主要目标是为了使所设计的产品在结构和组成上更加合理，不仅可以保证自身工作原理的准确实现，而且可以从更节约、更安全、更稳定、更可靠的角度保证工作原理实现自身的功能。例如，古罗马建筑的穹顶结构就是对古希腊石、木梁柱建筑结构的结构方案创新。无论产品的功能多么强大，技术多么先进，能够按照用户需求长期、稳定运行是其存在的根本保证，否则该产品是无法被用户所真正认可和接受的。因此，在开发性设计中，对于产品的实现结构，设计人员应该从所设计产品的功能、原理、使用、维护等角度综合考虑开展对应的设计工作，不仅重视所设计产品结构的技术价值，而且重视其社会价值。

值得提出的是，上述的产品创新对于开发性设计来说并不是相互独立的。实际中，开发性设计对于产品所形成的创新往往是上述各种创新的综合，不会也不应只仅仅局限于某一方面。因此，在实际的设计中，设计人员也应该综合考虑上述的创新领域，并将它们作为目标开展自己的设计工作。

2.6.2　适应性设计

适应性设计也称改良设计，它是设计工作中最为普遍和常见的。适应性设计是保持产品工作原理和方案不变，通过变更局部和增设部件来增加或加强产品辅助功能的设计。例如，在内燃机上加上增压器以增大输出功率，加上节油器以节省燃料，在把手上增加凹槽以利于抓握等。相对于开发性设计，适应性设计主要是在原有设计基础上对产品在局部功能、结构上实现创新，从而使产品可以更全面、更方便地服务于用户。相对于创新性设计所带来的产品功能、原理的本质提高和改变，适应性设计则主要使产品功能以及工作原理进一步提高和完善。其出发点是为全面满足用户的需求，因为用户在实际中总是希望产品能够适应他们的生产、生活方式及其所处时代的社会风俗和文化潮流。为适应用户的这一观念，就需要对产品不断进行设计完善和改良，这也是适应性设计占据设计工作主导地位的最主要原因。根据适应性设计的特点，实际中，为增添、完善产品功能，更新、改进产品外观形态等所开展的设计工作都属于此种类型。相对于开发性设计，适应性设计虽然也可以产生全新的设计结果，但它是在原有产品设计基础上开展的，不需要做大量的重新构建工作，不会脱离原有产品，不会使产品发生本质的改变。

根据适应性设计的特点可以看出，适应性设计的出发点是为了让产品更加完善，使产品在具备用户所需功能的同时从生理和心理角度更加符合用户的生产、生活要求和习惯。具体来说，就是在原有设计方案的基础上，从用户的生产、生活方式、习惯和社会风格潮流角度考虑如下的一些因素：

（1）产品的工作效率、安全性、可靠性、稳定性。产品设计中通过对工作效率、安全性、可靠性、稳定性的考虑可以发现产品在功能和结构上可以进一步完善，进而可以开展对应的设计工作，通过增加器件等手段使产品的性能得到改善和提高，更加适应其用户的使用要求。

（2）产品操作的便捷性和舒适性。产品设计中通过对便捷性和舒适性的考虑可以从产品人机关系的角度发现产品功能和使用方式上所存在的不足，进而可以依据人机工程学开展对应的设计工作，改善人机之间的关系，使所设计的产品不仅在性能上得到改善和提高，而且更适于使用。例如，通过在座椅上增加滚轮，便可以满足用户在家里坐着移动的需求，从而可以使座椅更加舒适、便捷，符合家用的需求。

2.6.3 变型设计

变型设计又称改型设计，顾名思义，它是在产品工作原理、基本功能定义不变的情况下，通过对现有产品局部结构形式和尺寸的变异和修改来满足不同工作性能需求，改善产品性能的一种设计类型。这种修改一般不破坏原设计的基本原理和基本结构特征，是一种参数的修改或结构的局部调整或两者兼而有之，其目的是快速、高质量、低成本地开发新产品以满足不断变化的市场的要求。例如，可根据产品的材料变化而更改变型，因为对于强度大的材料可以使用较小的结构满足性能要求。与之类似，也可根据功率大小对产品进行设计变型。根据变型设计的特点，变型设计显然是在原有产品设计的基础上开展的，其所产生的是一个和原设计相似的新产品。它可以在不改变产品功能和工作原理的前提下，通过产品结构及相关工艺的变更，提高产品性能，使产品可以更好地满足用户的需求。由于变型设计不涉及产品的工作原理和主体结构，即原有产品功能不变，而是通过改变产品的某些参数，如尺寸、形态、材料、操控方式等使产品性能得到改善提升。因此，变型设计在实际中的应用范围很广，常常被用于系列产品及相关产品的设计中。依据变型设计的特点，对于变型设计主要考虑如下一些因素：

（1）产品外观形态。变型设计通过对产品外观形态的考虑可以提高产品的环境适应性，使产品在形态、色彩等方面符合其所处的生产、生活环境特点或与其所处时代的社会和文化潮流相吻合，这样就可以保证产品从外在表现形式上更加符合其用户的生产、生活习惯，进而可以满足用户要求产品与其生产、生活方式和社会风格、潮流相一致的心理需求。

　　(2) 产品材料。变形设计通过对材料的考虑可以使设计者在现有产品生产工艺和材料的基础上发现更加优良的新材料，进而通过材料的更新，不仅可以在外观上给产品带来全新的面貌，而且还可以使产品的性能也得到显著改善和提高。

　　(3) 产品的性能参数。产品设计中，通过对当前产品性能参数，如功率、承重、速度等的分析可以发现产品在某些方面有进一步提高和改善的空间，进而通过对应设计参数的修改可以在不改变产品原理结构的前提下使产品性能得到提升，更好满足用户需求。

　　根据上述三种类型产品设计的特点可以看出：适应性设计和变型设计都是在原有产品设计的基础上所开展的产品再设计，其本质是对原先所设计产品在功能和结构上的进一步拓展和完善，它们只会给产品带来量变。开发性设计可以引发产品的质变，它直接对应于产品的创新和升级换代，是上述三种类型产品设计中工作量最大、涉及面最广、难度也最大的一种类型，在它的设计工作中可以涵盖其他两种类型的产品设计。目前，在设计者日常的设计工作中，适应性设计和变型设计是最为普遍的，大约占 70% 左右。出现这样情况的原因并非由于设计师的创造力不足，而是市场需求的反映。因为实际中，用户总是希望产品能够适应他们目前的生产、生活方式和社会风格、潮流。为适应用户的这种观念，设计师就必须选择适应性设计、变型设计以确保产品符合用户的心理需求，具有良好的商业利润。

2.7　产品设计过程

2.7.1　产品设计的三个阶段

　　产品设计实际是设计人员根据产品的功能要求，确定工作装置的结构和参数，最后进行结构细节化的一个逐步求精的过程。从所处理设计任务演进的角度，产品设计过程可以划分为概念设计、方案设计、详细设计三个阶段。

　　概念设计阶段的目标是确定产品的基本功能结构，进行产品功能的分解以及功能和子功能的结构设计。该阶段的中心任务是确定设计目标并进行可行性分析，明确设计任务及其对应的关键设计参数及约束条件，为后续设计的开展建立评价和决策的依据。该阶段的设计工作起始于对市场需求的分析和识别，具体主要明确如下的一些问题：

　　(1) 市场需求的分析、识别和预测及其对应产品开发的价值和必要性；

　　(2) 相关产品的国内外现状及发展趋势；

　　(3) 在现有条件下，对应产品开发的可能性及其实现措施；

　　(4) 预期达到的最低目标和最高目标，包括技术水平、经济、社会效益等；

　　(5) 实现目标所需要解决的设计、工艺等方面的关键问题；

　　(6) 预算投资费用及进度、期限。

　　从概念设计的内容来看，它是直接面向市场和用户开展的，通过对用户需求的分析来确定产品设计的任务和目标。因此，概念设计对产品设计的成败至关重要。优秀的设计人员应该具有敏锐的预感能力，在动态发展变化的竞争形势中，及时准确地分析出市场和社会的最新需要，并及时地提出可以满足这一需求的产品概念及对应的设计目标。需求在实际中表现为两种类型：一种为显式需求，即人们都知道的需求，如吃的好、健康等；另一种是隐式需求，即人们还没有意识到但客观存在的需求，例如产品使用起来更安全、更方便、更节约等。在概念设计阶段，设计人员的任务不仅仅是不断提出新的产品概念并制定目标来改进、提高和满足人们的显式需求，更重要的是要去发现那些可以满足人们隐式需求的产品。为了实现这一目标，在概念设计阶段，设计人员应该面向所研究的领域积极主动地从如下角度开展思索：

（1）现有产品在功能、性能质量、数量等方面是否存在有问题和不足，是否真正全面满足了用户的需求（普遍性问题和难点性问题）；

（2）现有产品的生产、销售情况和使用状况，以及对应所可能存在的问题和改善的空间；

（3）竞争对手在技术、经济方面的优缺点。

通过对以上问题的思索，不仅可以发现现有产品对于显式社会需求的不足，而且可以进一步发现隐含的社会需求，进而针对所发现的需求，通过对技术、经济、社会各方面条件的详细分析和开发可能性的综合研究，可以明确设计目标，确定设计任务，为后续设计活动的开展奠定基础。

在概念设计阶段所确定的产品设计目标的基础上，方案设计阶段的工作就是针对所制定的产品设计目标，设计确定对应产品的零部件总体结构和基本组成以及主要的功能和性能参数。因为设计者在概念设计阶段所识别的社会需求最终都需要以产品的功能来加以满足和实现，但是对应一种功能却可能存在着多种不同的可行实现方案，所以需要加以鉴别和优选，以便所设计的产品可以更好地满足用户的需求。因此，方案阶段的工作就是在功能分析的基础上，通过创新构思、优化筛选，取得较理想的产品功能实现原理和方案。对于机械产品来说，机械运动示意图（机械运动方案图）和机械运动简图的设计就是方案设计阶段的主要内容。产品功能实现原理和方案的好坏直接决定着所设计产品的性能和成本，对产品的竞争力影响甚重。以机械产品为例，方案设计阶段主要完成如下任务：

（1）确定产品功能实现原理。依据概念设计阶段所确定的关键性能参数，通过对产品功能的分析，求解对应的可行功能实现原理，并通过进一步的评价得到最佳功能原理实现方案。

（2）确定机械运动方案。针对所确定的功能原理实现方案，设计确定对应的机械运动方案，完成机构运动简图设计，为后续的结构设计打下基础。

针对方案设计阶段所确定的产品功能实现原理方案，详细设计阶段则主要实现功能原理方案的具体化、可制造化，具体就是完成从表述产品功能原理的机械运动简图向产品及其零部件结构图的转化，这就是详细设计阶段的主要任务。主要工作包括完成产品总体设计、部件和零件设计，完成全部生产图纸，并编制设计说明书等有关技术文件。具体的设计步骤一般是：由总装草图分拆成部件、零件图，经审核无误后，再由零、部件图绘制出总装图；最后还要编制技术文件，如设计说明书，标准件、外购件明细表，备件、专用工具明细表等。在此阶段中，零部件的结构形状、装配关系、材料选择、尺寸大小、加工要求、表面处理、总体布置等设计的合理与否，对产品的技术性能和经济指标都有着直接的影响。为此，在详细设计阶段设计人员应注意以下几个问题：

（1）零部件设计必须满足其功能要求，并保证功能的合理分配以及零部件结构符合功能需求。

（2）零件尽可能标准化、通用化、组合化，并从便于制造加工和降低成本考虑，力求零件结构形状简单，加工面少，材料利用率高，报废后可以回收重用。

（3）总体结构和零部件结构还应满足人机工程、造型美学、包装和运输等方面的要求。

通过上面对产品设计过程各阶段的分析可以看出，产品设计过程各阶段的设计工作在逻辑上是顺序关联的，因此，各阶段的设计工作在时序上应该依次顺序开展。但是由于产品设计过程的动态性，在实际的产品设计过程中，上述各阶段的设计工作并不一定是完全按照时序依次开展的，各阶段的设计工作之间往往存在着循环和反复，与之对应，产品设计过程在实际中也是逐步递进开展的。

2.7.2　产品设计过程模型

自从人类开始制造工具使自己区别于其他生物以来，设计作为人类提高自身能力、改善自身生存环境的有利武器也一直处于不断的发展之中，特别是本世纪以来伴随人类工业生产的高速发展以及信息技术的普及，更是给产品设计带来了巨大的变革。与之对应，人们对于产品设计及其实施开展过程的分析和认知也一直是研究的重点，通过对产品设计过程的分析研究，主要形成了设计过程的三类认知模型。

1. 产品设计过程阶段模型

设计过程阶段模型描述达到设计目标的设计过程中的设计活动。该模型采用系统的和条理化的方法对设计过程进行分析。一般将产品设计过程描述为"需求分析、概念设计、初步设计、详细设计"几个阶段。

其中，需求分析阶段通过对用户或市场需求的分析建立设计对象，明确产品的设计开发方向和具体要求。需求分析的前提是市场调查、竞争对手的调查以及产品设计制造技术进展的情况调查等。在对市场、竞争对手调查的基础上通过对企业需求、用户需求和技术需求三大方面的进一步分析来确定新产品的设计开发方向和具体要求。

针对需求分析阶所确立的产品需求，概念设计阶段则对应设计产生满足需求的产品功能以及实现功能的工作原理方案。产品概念设计过程是对需求分析的进一步细化和具体化，主要是产品的功能规划和描述，产品的形态构成和色彩描述，以及用材、结构和工艺描述。完整的产品概念设计应包括产品市场定位、产品功能定位、产品形态描述以及产品的选材、结构和工艺方案，甚至营销和服务的策划均可纳入产品概念设计。产品概念设计应该在出图前形成对产品的全面构想，为所设计的产品形成比较明确的最终设计目标。

针对概念设计阶段所确定的产品功能及实现原理，初步设计阶段则从产品实现的角度出发进一步考虑确定产品的总体结构，包括产品的结构布局、零部件的基本构成及主要形状以及它们之间的装配关系。相对于产品设计的需求分析和概念设计阶段，产品设计的初步设计阶段是由原理方案向形状结构转变的关键阶段，它不仅定义并明确了概念设计阶段所确定的产品功能原理方案的具体实现措施，而且从产品实现的角度定义了产品的物质构成、零部件数量、结构形状、材料等重要产品特征。该阶段是从抽象的产品概念向具体的可制造的产品物理实体转变的关键阶段，是针对所设计的产品进一步开展工程图绘制、确定产品最终实现结构方案的前提和有利保证。

针对初步设计阶段所确定的产品总体结构和实现方案，详细设计阶段完成所设计的产品零部件的结构设计，通过计算和校核相关性能参数来设计确定产品零部件的具体结构、尺寸和公差，并基于设计结果完成对应工程图的绘制，为产品制造提供依据。图 2-8 显示了 Pahl 和 Beitz 提出的设计过程阶段模型。

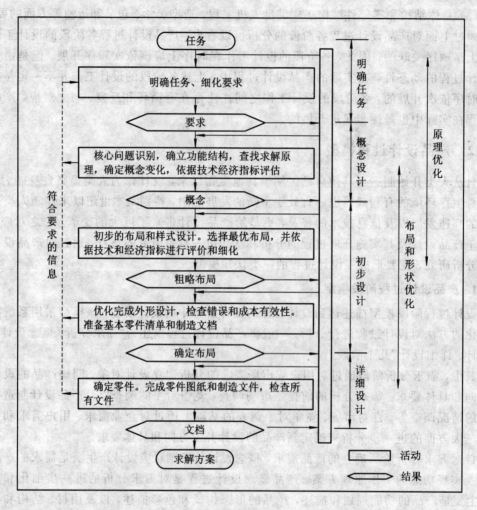

图 2-8 Pahl 和 Beitz 提出的设计过程阶段模型

2. 设计过程描述模型

设计过程描述模型认为在设计实践中设计过程不是一个严格的自顶向下的过程，这一点是它与设计过程阶段模型的本质区别。设计过程描述模型认为在设计过程中，设计人员经常在概念设计阶段的设计活动和详细设计阶段的设计活动间转换。基于这一认知观点，Ullman 给出了设计过程描述模型的实例 TEA(Task Episode Accumulation)模型。TEA 模型通过"设计状态"和"设计操作"两个基本元素描述产品设计过程。其中，设计状态记录当前设计的所有信息，设计操作则是改变当前设计状态的一些基本信息处理方法。针对产品设计的实际情况，TEA 模型对应所定义的基本设计操作主要包括：选择\SELECT、创建\CREATE、比较\COMPARE、模拟仿真\SIMULATE、计算\CALCULATE、接受\ACCEPT、否决\REJECT、暂停\SUSPEND、修补\PATCH 和优化精选\REFINE。从

TEA 模型所定义的设计操作可以看出它们对应于产品设计过程中设计人员为完成设计任务所开展的设计活动。根据 TEA 模型的内容，该模型主要从处理产品设计信息的设计活动角度描述产品设计过程。TEA 模型对于产品设计过程具有如下的一些观点：

(1) 设计是在原有设计概念不断精炼和完善的基础上展开的。

(2) 考虑设计选项时不超出当前设计活动的范围。

(3) 设计过程的控制是本地化的。

Nagy 在 TEA 模型的基础上进一步发展了设计过程描述模型。图 2-9 显示了 Nagy 提出的设计过程描述模型。

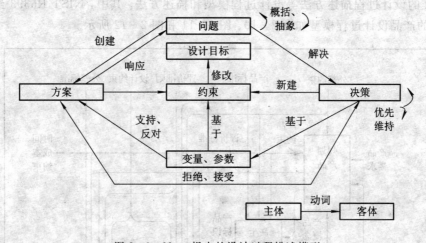

图 2-9　Nagy 提出的设计过程描述模型

3. 设计过程信息模型

上世纪中叶以来，伴随人类工业生产的快速发展以及自动化程度不断提高，特别是以计算机为代表的信息技术、网络技术的普及和广泛应用，产品设计的面貌发生了翻天覆地的变化，目前，产品的设计过程已经可以完全基于计算机开展。与之对应，人们开始注重从信息处理演化转变的角度看待产品设计过程，并对应形成了如下一些产品设计过程的认识观点。

Bras 认为设计过程的研究属于决策支持问题的范畴。

Serrano 和 Thornton 提出设计过程是约束满足过程。伴随设计过程的开展，约束不断被产生、删除和修改。Ullman 则基于 Serrano 和 Thornton 所提出的观点，进一步将约束分为引入约束(INTRODUCED)、给定约束(GIVEN)和导出约束(DERIVED)三类。其中，引入约束是设计者在设计中根据领域知识引入的约束；给定约束来自于设计过程外部，是由行业标准、产品规范和需求等形成的；导出约束是设计决策所引起的约束。

Tomiyama 提出产品设计过程是一个原理解决过程，并在通用设计理论的基础上指出设计是功能空间到属性空间的映射。

在基于信息观看待产品设计过程的基础上，众多学者和研究机构也分别从不同角度提出了不同的产品设计过程信息模型。其中，Blessing 论述了基于计算机的设计过程模型，设计过程矩阵是其设计过程模型的核心元素。在 Blessing 所提出的设计过程矩阵中，列元素来源于设计过程描述模型，如产生(GENERATE)、评价(EVALUATE)、选择

(SELECT)等；而行元素则基于设计过程阶段模型，包括问题、需求、功能、工作原理等。在他所提出的模型的基础上形成了基于过程的方法并用于实现计算机支持的工程设计。

Gorti 提出面向对象的设计过程描述模型，通过 GOAL、PLAN、DECISION、CONTEXT 和SPECIFICATION 五类信息对象描述产品设计过程。Pavkovic 则采用面向对象理论方法提出了基于设计计划的产品设计过程建模方法。

在上述学者研究工作的基础上，Gorti 等学者以及 WFMC（Workflow Management Coalition）和NIST（National Institute of Standards and Technology）等研究机构也都开展了关于设计过程描述方法的研究，并分别提出了面向对象的设计过程描述模型、基于 XML 标准的设计过程描述方法等设计过程模型和描述方法。其中，NIST R5393 给出的基于 IDEF 的产品设计过程模型如图 2-10、图 2-11 和图 2-12 所示。

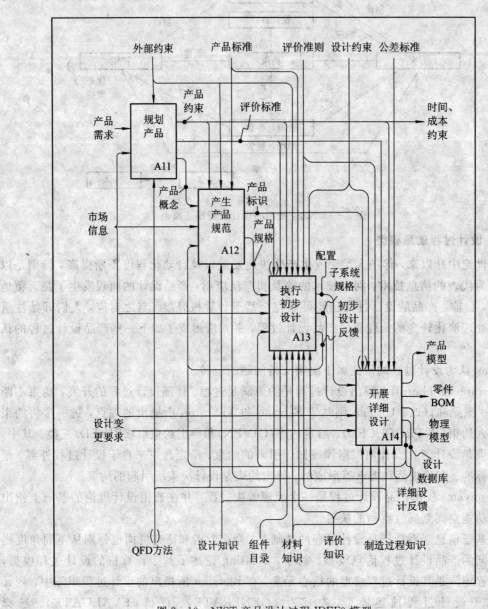

图 2-10　NIST 产品设计过程 IDEF0 模型

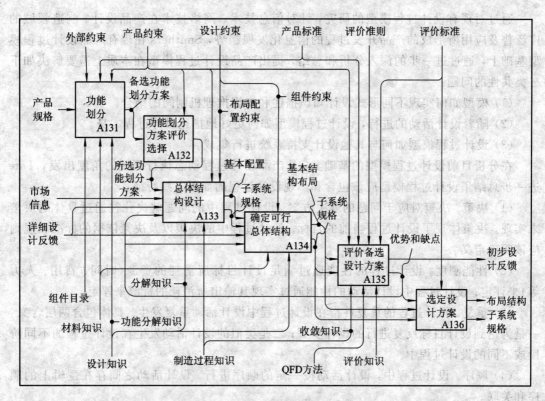

图 2-11　产品初步设计（Perform Preliminary Design）IDEF0 模型

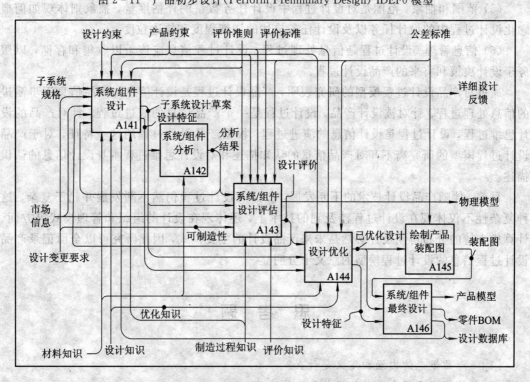

图 2-12　产品详细设计（Produce Detailed Design）IDEF0 模型

通过对现有设计过程模型的研究，针对信息技术、网络技术在产品设计、制造领域的广泛普及应用所形成的产品开发过程的信息化发展趋势，Smithers 在现有产品设计过程模型基础上，通过进一步的深入分析和总结，提出产品设计过程模型在本质上需要解决如下三类共性的问题：

(1) 模型如何实现不同形式设计知识描述和知识推理机制间的结合。

(2) 随着设计活动的进行，设计过程模型如何更好地描述设计过程本身。

(3) 设计过程模型如何与其他设计支持系统进行集成。

在分析目前设计过程模型的基础上，从产品设计过程动态执行开展的角度出发，Tate 进一步总结了设计过程模型应该包含和体现设计过程的如下一些特征：

(1) 决策。决策对应于问题的解决方案。设计过程中的问题解决往往通过具体的决策来实现。决策体现了设计过程当前的目标。设计过程中的决策以及决策依据的标准和规则应该明确定义。

(2) 性能测度。设计过程的性能通过满足设计目标所消耗的资源(时间、费用、人力等)来评定；设计过程中设计活动的性能通过实现其输出所消耗的资源来评定。

(3) 重复。设计过程的重复性指在设计过程中设计活动重复发生。具体包含两层含义：一是为达到设计目标反复进行的设计步骤；二是类似的设计活动发生在设计过程的不同阶段或不同的设计过程中。

(4) 顺序。设计过程中，设计活动按一定的顺序进行。设计活动之间存在逻辑上的顺序和关联。

(5) 范围和抽象。范围是对设计过程中设计任务数量的评估度量，抽象则体现如何概念化设计过程中的设计任务以及设计任务描述的详细程度和描述粒度。

(6) 信息管理。设计过程是信息处理过程。设计过程信息应该予以收集和存储，以服务于设计决策和将来的产品设计过程。

通过对产品设计过程模型的研究表明，产品设计过程是设计信息与产品信息逐步演进的信息处理过程。针对被设计产品，设计过程是一个产品信息的演进过程。针对产品的设计思维过程，设计过程是设计信息的演进过程。根据产品设计过程的这一特征，对于产品设计过程模型的研究离不开对产品信息的认知描述和对设计思维过程本身设计信息的认识描述。

目前，伴随产品设计技术的不断发展，产品的设计过程仍然不断发展并趋于复杂。这种复杂性不仅体现在设计过程涉及到的技术上，还体现在设计的组织和管理模式等方面。计算机支持的分布协同设计必然是未来产品设计的主要模式，因此研究可以全面记录产品设计过程信息的设计过程模型的意义十分明显。

思 考 题

[1] 产品概念的内涵和定义是什么？

[2] 简述产品概念检验的目的和主要内容。

[3] 从产品全生命周期的角度简述产品的构成。

[4]　从技术和经济的可行性以及环保角度出发，产品设计主要存在哪些设计目标？

[5]　针对产品设计过程自身的特点，简述产品设计的各种相关因素。

[6]　简述产品设计理论与技术的体系结构。

[7]　产品设计类型有哪些？各有什么特点？

[8]　产品设计的三个阶段及其主要任务是什么？

第 3 章　现代设计方法学

3.1　概　　述

3.1.1　设计方法学的涵义

设计方法学(Design Methodology)是一门正在发展和形成的新兴学科，它的定义、研究对象和范畴等目前尚无确切的、大家公认的认识，但近年来它的发展极快，广泛受到各国及有关学者的关注。

设计方法学诞生于 19 世纪后期，最早涉及设计方法学研究的学者应该是德国的 F. Reuleaux，1875 年他在《理论运动学》一书中第一次提出了"进程规划"的模型，即对很多机械技术现象中本质上统一的东西进行抽象，在此基础上形成一套综合的步骤。这是最早对程式化设计的探讨，因而有人称他为设计方法学的奠基人。但是，设计方法学得到较大发展却是在第二次世界大战之后。20 世纪 40 年代，Kutzbach 等人相继在程式化设计的发展、设计评价原则、功能原理及设计中的应用等方面开展了一些工作，初步发展了设计方法学研究。

20 世纪 60 年代以来，由于各国经济的高速发展，特别是竞争的加剧，一些工业发达国家往往采取措施加强设计工作，开展设计方法学研究，使得设计方法学在这一时期取得了飞速发展。许多国家的专家、学者在设计方法学方面或出版专著，或从事专题研究，如设计目录的制订、有关设计和经济性问题、设计方法研究、产品功能结构及其算法化、设计方法学与计算机辅助设计等，并开始探讨设计方法学研究的内涵。慕尼黑大学的 Rodenacker 是联邦德国(也是世界上)第一个被任命为从事设计方法学研究的教授，因而有人称他为"设计方法之父"。由于经济文化背景的不同，不同学者的研究各有自己的特点和侧重面，德国学者和工程技术人员比较着重研究设计的进程、步骤和规律，进行系统化的逻辑分析，并将成熟的设计模式、解法等编成规范和资料供设计人员参考，如德国工程师协会制定的有关设计方法学的技术准则 VDI2222 等。英美学派偏重分析创造性开发和计算机在设计中的应用。美国在二战末期成立了"工业设计委员会"，到 1972 年改为"设计委员会"。1985 年 9 月美国国家科学基金会提出了《设计理论和设计方法研究的目标和优化的项目》的报告，该报告拟定了设计理论与方法学的五个重要研究领域：设计中的定量方法和系统方法；方案设计(概念设计)和创新；智能系统和以知识为基础的系统；信息、综合和管理；设计学的人类学问题。日本则充分利用国内电子和计算机优势，在创造工程学、自动设计、价值工程方面做了不少工作。前苏联和东欧等国家也在宏观设计的基础上提出了"新设计方法"。不少国家在高等学校中开设了有关设计方法学的课程,多方面、多层次开展培训工作,推进设计方法学的研究和应用,有效地提高了产品的设计质量及其竞争能力。

20 世纪 70 年代末,欧洲出现了由瑞士 V. Hubka 博士、丹麦 M. M. Andeasen 博士及加拿大 W. E. Eder 教授组成的欧洲设计研究组织 WDK。此后,它发起组织了一系列国际工程设计会议 ICED(International Conference on Engineering Design),参加人员和范围逐渐扩大,目前每隔一年召开一次。它还组织出版了有关设计方法学的 WDK 丛书,除各次会议论文集以外,还包括有关设计方法学的基本理论、名词术语、专家评论和有选择的专著。此外,WDK 还建立了一批国际性的专题研究小组,如机械零件的程式化设计研究小组,他们定期开展活动。从此,设计方法学研究明显地从各国自行开展发展为国际性的活动,各学派充分交流,互相取长补短,将设计方法学研究及应用推向新的高潮,吸引了全世界学者的注意。

1980 年前后我国不断引进国外设计方法学的研究成果,开始了对设计方法学的学习与研究。1981 年中国机械工程学会机械设计学会首次派代表参加了 ICED 81 罗马会议,此后即在国内宣传,并于 1983 年 5 月在杭州召开了全国设计方法学讨论会,探讨开展设计方法学研究活动,并成立了设计方法学研究组。有的高校选派人员出国,进行设计方法学研究,此后陆续成立了一些关于设计方法学研究的全国性和地区性学会,他们与有关单位合作,组织各种类型的讲习班、培训班,翻译出版了一批专著,开展国内外的学术交流。不少高校已开设了设计方法学课程,编写了自己的教材。不少专业期刊开辟了设计方法学专栏。1994 年浙江大学和中国机械工程学会联合主办,联邦德国施普林格出版社和柏林工业大学协办,浙江大学出版社承办,出版了国内设计领域第一本国际合作的科技刊物——《工程设计》,它主要反映和交流两国在技术系统设计理论、方法和技术方面的研究及其在工业界的应用,促进工业界更多了解和应用现代设计的研究成果,同时促进设计学术界更多了解工业界的设计经验、现状和需要解决的问题。有的技术人员在自己的工作中开始了设计方法学的应用,初步取得一些成果。和其他国家一样,设计方法学研究在我国也正在蓬勃开展。

由前述知,国内外对设计本质及方法的研究已初步进入实用阶段,出版了一些有代表性的专著,召开了五次有关的国际学术会议,但是有关这门学科的名称并未得到统一,如科学设计(Science Design)、工程设计(Engineering Design)、设计方法学(Design Methodology)、工程设计原理(Principles of Engineering Design)、设计综合(Design Synthesis)、设计学、机械研究方法论等。其名称相近,内容大同小异,但共同特点都是总结设计规律,启发创造性,采用现代化的先进技术和理论方法,使设计过程自动化、合理化,其目的是设计出更多质高价廉的工程技术产品,以满足人民的需求和适应日趋尖锐的市场竞争形势的需要。

关于什么是设计方法学,不同学者有不同看法,目前比较完整和有一定代表性的是瑞士 V. Hubka 博士提出的一些观点。他认为:设计方法学是研究解决设计问题的进程的一般理论,包括一般设计战略及用于设计工作各个具体部分的战术方法,他还提出了它的主要领域及大致结构,包括进程模式、进程规划、进程风格、方法、方法学行动规划、工作方法、工作原则等。

值得注意的是,这门学科具有强烈的社会背景,并受社会制度、哲学思想及工业技术现状所制约，若生硬照搬，必难适应我国国情，难以为现实工程技术人员所接受，而应博采众家之长，结合我国实际，在现实的基础上向前推进，探索出提高设计质量、提高设计速度、缩短产品换代周期、增强市场竞争能力的系统理论与方法，形成软件支撑，将现实工业设计水平提高一步，使传统的设计概念得到扩展与深化。

3.1.2　设计方法学的研究对象

设计方法学是在深入研究设计过程的本质的基础上，以系统的观点研究设计的一般进程，安排和解决具体设计问题的方法的科学。

设计方法学的具体研究对象有：

（1）设计对象。设计对象是一个能实现一定技术过程的技术系统。对于一定的生产或生活需要来说，能满足这个需要的技术过程不是惟一的，能实现某个一定的技术过程的技术系统也不是惟一的。影响技术过程和技术系统的因素很多，要全面系统地考虑，研究确定最优技术系统，即设计对象。

（2）设计进程。设定技术过程及划定技术系统的边界，确定技术系统的总功能，包括物质功能和精神功能。总功能可分解为不同层次的分功能。分功能继续分解到不宜再分时，就构成功能元。功能元求解即寻求实现某功能元的多种实体结构，即功能载体。利用形态学矩阵来组合分功能解，可得若干个整体方案，从中寻求最优整体方案。

（3）设计评价。先根据一定的准则和方法对各方案作出评价，然后按正确的原则和步骤进行决策，逐步求得最优方案。

（4）设计思维。设计是一种创新，设计思维应是创造性思维。创造性思维有其本身的特点和规律，并可通过一定的创造技法来激发人们的创造性思维。

（5）设计工具。把分散在不同学科领域的大量设计信息集中起来，按设计方法学的系统程式分类列表，建立各种设计信息库，通过计算机等先进设备方便快速地调用这些信息供参考。

（6）现代设计理论与方法的应用。把成批涌现且不断发展的各种现代设计理论与方法应用到设计进程中来，使设计方法学更臻完善。

3.1.3　现代设计方法学的研究内容

设计方法学是研究产品设计规律、设计程序及设计中的思维和工作方法的一门综合性学科。设计方法学以系统工程的观点分析设计的战略进程和设计方法与手段，在总结设计规律、启发创造性的基础上促进研究现代设计理论、科学方法、先进手段和工具在设计中的综合运用，对开发新产品、改造旧产品和提高产品的市场竞争力有积极的作用。

设计方法学研究的内容包括以下几方面：

（1）分析设计过程及各设计阶段的任务，寻求符合科学规律的设计程序。将设计过程分为设计规划（明确设计任务）、方案设计、技术设计和施工设计四个阶段，明确各阶段的主要工作任务和目标，在此基础上建立产品开发的进程模式，探讨产品全生命周期的优化设计及一体化开发策略。

（2）研究解决设计问题的逻辑步骤和应遵循的工作原则。以系统工程分析、综合、评价、决策的解题步骤贯穿于设计各阶段，使问题逐步深入扩展，多方案求优。

（3）强调产品设计中设计人员创新能力的重要性，分析创新思维规律，研究并促进各种创新技法在设计中的运用。

（4）分析各种现代设计理论和方法，如系统工程、创造工程、价值工程、优化工程、相似工程、人机工程、工业美学等在设计中的应用，实现产品的科学合理设计，提高产品的竞争能力。

（5）深入分析各种类型设计如开发型设计、扩展型设计、变参数设计、反求设计等的特点，以便按规律更有针对性地进行设计。

（6）研究设计信息库的建立。用系统工程方法编制设计目录——设计信息库。把设计过程中所需的大量信息规律地加以分类、排列、储存，便于设计者查找和调用，便于计算机辅助设计的应用。

（7）研究产品的计算机辅助设计。运用先进理论，建立知识库系统，利用智能化手段使设计自动化逐步实现。

3.2 技术系统及其确定

3.2.1 技术系统

设计的目的是满足一定的需求。例如，为得到某种复杂形状的金属零件，可通过编程在加工中心上对坯料进行加工。坯料是作业对象，加工中心是技术系统，所完成的加工过程是技术过程。设计是对作业对象完成某种技术过程，产品就是人造技术系统。

作业对象一般可分三大类：物料、能量和信息。例如，加工过程中的坯料为物料，发电过程中的电量为能量，控制过程中的电子信号为信息，等等。只有在技术过程中转换了状态、满足了需求的物料才是作业对象。

满足一定需求的技术过程不是惟一的，因而相对应的技术系统也是不同的。例如，某种形状的金属零件可以用切削、铸造、锻造、轧制、激光成形等不同的技术过程来完成，相对应的技术系统有切削机床、精密铸机、精密锻机、冷轧机、激光成形机等。

技术过程的确定对设计技术系统是非常重要的。确定技术过程的一般步骤如下：

（1）根据信息集约和调研预测的资料，分析确定作业对象及其主要转换要求。

（2）分析比较传统的和现代的理论和实践，确定主要转换实现的工作原理。

（3）明确实现技术过程的环境和约束条件。环境是与技术系统发生联系的外界的总和，约束条件包括经济条件、生产条件、技术条件、社会条件等。

（4）确定主要技术过程和其他辅助过程。

（5）根据高效、经济、可靠、美观、使用方便等原则，初步划定技术系统的边界，即工作范围。

技术过程是在人—技术系统—环境这个系统中完成的。划定技术系统与人这一方的边界，主要确定哪些功能由人完成，哪些功能由技术系统完成。而划定技术系统与环境这一方的边界，主要确定环境对技术系统有哪些干扰，技术系统对环境有哪些影响。这样划定了技术系统的两方边界，就确定了技术系统应实现的功能。

技术系统所具有的功能是完成技术过程的根本特性。从功能的角度分析，技术系统应具有下列能完成不同分功能的单元：

(1) 作业单元，完成转换工作。

(2) 动力单元，完成能量的转换、传递与分配。

(3) 控制单元，接收、处理和输出控制信息。

(4) 检测单元，检测技术系统各种功能的完成情况，反馈给控制单元。

(5) 结构单元，实现系统各部分的连接与支承。

图 3-1 为技术系统的框图，除了设计任务所期望的物料、能量和信号的转变外，还不可避免地存在不期望发生的伴生输入和伴生输出，如振动、温度、噪声、灰尘、边角料等。

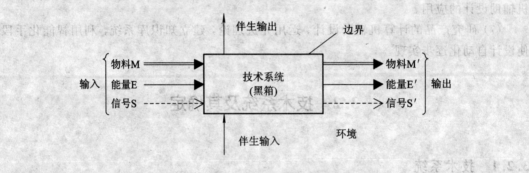

图 3-1 技术系统框图

3.2.2 信息集约

信息集约由企业各部门共同完成，分工如下：

(1) 情报部门：产品的技术资料及发展趋势，专利情报，行业技术经济情报等。

(2) 开发部门：性能试验，新材料、新工艺、新技术，产品性能、规格、造型，各种标准法规，设计方法等。

(3) 制造部门：生产能力，工时，制造工艺，设备，技术数据等。

(4) 营销部门：国家产业、政策，产品生命周期分析，市场调查，需求预测，经营销售分析；材料和外购件的价格与供应情况，质量与供货能力；老产品用户意见分析，事故与维修情况分析等。

(5) 公关部门：产品和企业的社会形象，同行的竞争与联合等。

(6) 社会部门：产品与环境污染、节能、资源、动力供应等的关系，产品进入和退出社会、报废消失、升级换代等的效应等。

3.2.3 调研预测

调研预测一般从市场、技术、社会环境及企业内部四个方面进行。

1. 市场调研

市场调研的主要内容包括：

(1) 用户对象，如市场面、用户分类、购买力、采购特点等。

(2) 用户需求，如品种规格、数量、质量、价格、交货期、心理与生理特点等。

（3）产品的市场位置，如质量、品种、规格统计对比，新老产品情况，市场满足率，产品生命周期等。

（4）同行或竞争对手分析、销售情况与方法、市场占有率等。

（5）外购件供应，如原材料、元器件供应质量、价格、期限等。

2. 技术调研

技术调研的主要内容包括：

（1）现有产品的水平、特点、系列、结构、造型、使用情况、存在问题和解决方案等。

（2）有关的新材料、新工艺、新技术的发展水平、动态与趋势。

（3）适用的相关科技成果。

（4）相关标准、法规、专利、情报等。

3. 社会环境调研

社会环境调研的主要内容包括：

（1）国家的计划与政策。

（2）产品使用环境。

（3）用户的社会心理与需求。

4. 企业内部调研

企业内部调研的主要内容包括：

（1）开发能力，如各级管理人员的素质与管理方法，已开发产品的水平与经验教训，技术人员的开发能力，开发的组织管理方法与经验教训，掌握情报资料的能力和手段，情报、试验、研究、设计人员的素质与数量。

（2）生产能力，如制造工艺水平与经验，以及动力、设备能力、生产协作能力。

（3）供应能力，如开辟资源与供货条件的能力，选择材料、外购件和协作单位的能力，信息收集能力，存储与运输手段等。

（4）营销能力，如宣传和开辟市场的能力与经验、联系与服务用户的能力、信息收集能力、存储与运输能力等。

3.2.4　可行性报告

在信息集约、调研预测的基础上，由企业内所有业务部门参加的并行设计组和用户共同进行可行性分析，提出可行性报告。

可行性报告一般包括下列内容：

（1）产品开发的必要性和可能性。

（2）该产品目前国内外现状及水平。

（3）确定产品的技术规格、性能参数和约束条件。

（4）提出该产品的技术关键和解决途径。

（5）预期达到的技术、经济、社会效益。

（6）预算投资费用及项目进度、期限。

作为可行性报告附件的设计要求表中应列出尽可能定量的设计要求的设计参数，包括保证产品基本功能的要求与参数，以及希望达到的附加要求与参数。

拟定设计要求表(设计任务书)的原则是详细而明确，先进而合理。所谓详细，就是针对具体设计项目应尽可能列出全部设计要求，特别不要遗漏重要的设计要求；所谓明确，就是对设计要求尽可能定量化；所谓先进，就是与国内外同类产品相比，在产品功能、技术性能、经济指标等方面都有先进性；所谓合理，就是设计要求适度，实事求是。

产品设计要求是设计、制造、试验和鉴定的依据。一项成功的产品设计，应该满足许多方面的要求，要在技术性能、经济指标、整体造型、使用维护等方面都能做到统筹兼顾、协调一致。产品设计中通用的主要要求有：产品功能要求、适应性要求、性能要求、生产能力要求、制造工艺要求、可靠性要求、使用寿命要求、降低成本要求、人机工程要求、安全性要求、包装运输要求等。所有这些要求都是对整机而言的，在设计时，应针对不同产品加以具体化、定量化。

3.3　系统化设计

3.3.1　功能分析

功能是对技术系统中输入和输出的转换所作的抽象化描述。功能还可表述为：功能＝条件×属性。其含义是在不同的条件下利用不同的属性，同一物体可实现不同的功能。只有用抽象的概念来表述系统的功能，才能深入识别需求的本质，辨明主题，发散思维，启发创新。例如，把"车床加工零件"抽象为"把多余材料从毛坯上分离出去"，再抽象为"获得合格表面"，思维就从"车削"发散到"强力磨削"、"激光加工"再到"成形挤压"、"冷轧"。为避免设计人员知识经验不足和过早地进入具体方案，应从技术系统的功能出发进行功能原理设计，将总功能逐步分解为比较简单的分功能，一直分解到能直接找到解法的功能元，形成功能树。

例如，快速成形设备的功能树如图3-2所示。

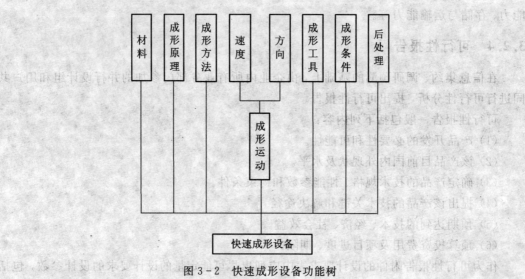

图3-2　快速成形设备功能树

3.3.2　功能元求解

功能元的求解过程是指选择实用的科技工作原理，构思实现工作原理的技术结构，即功能载体。

国外学者认为："一切机械系统都是以能够满足某一确定目标和功能的物理现象为基础的，一切设计任务都可以说是物理信息同结构措施相结合的产物。"德国的 R·柯勒教授把实现的功能或功能元的解定义为"原理解法"，并且指出原理解法是物理作用及作用件的函数：

$$原理解法 = f(物理作用，作用件)$$

1. 选择工作原理

设计人员在选择工作原理时，思维发散是关键。机械设备的设计不应局限于机械学的范围，电子学、磁学、光学、热学、仿生学等科技工作原理都应在考虑之列。例如，应用磁学、电子学工作原理的磁力轴承代替应用摩擦学、流体力学工作原理的液压轴承；应用电子学、信息学工作原理的带编码器的伺服电机代替应用电工学、机械学工作原理的带交流电动机的齿轮轴系；应用光学工作原理的激光器代替应用机械学工作原理的切削机床对高硬度材料的加工；应用电子学工作原理的电子计时表代替应用机械学工作原理的机械计时表，等等。先进的科学技术的应用能设计出新一代的创新产品。

选择先进的工作原理时，必须分析工作条件是常规的还是非常规的，功能载体在不同的工作条件下表现出来的特性是一般的显特性还是某种内在的潜特性。例如，普通钢材在超低温的冷脆性使强度大大降低，而在超高压下的高塑性使硬度大大降低；用激光加工印制板小孔代替机械加工，要保证小孔的表面粗糙度以便于装配元件，必须经过实验决定是否可行。

2. 构思功能载体

构思完成某个功能元的功能载体，一般采取以下方法：

(1) 检索。在各种设计目录、信息库、手册等设计工具中进行检索，寻求最优功能载体。

(2) 集成。把不同的特性、功能、技法等综合集成，产生创新功能载体。例如，耐拉纤维和耐高温陶瓷有机综合成为高强度陶瓷；具有收音、计时、记忆、报警等多种功能的收音机；能折叠、爬楼、坐息、载重的手拉行李车。至于集自动加工、装配、检测、调整、运输、储存、管理等功能于一身的计算机集成制造系统(CIMS)，更是机电一体化综合集成的技术高峰。

(3) 缩放。由于材料、集成电路及其工艺等的发展，机器人已可缩小到从血管进入心脏完成手术，这只是缩小的微机械的一例。相反的例子有放大到数百平方米的电视屏幕。

(4) 变换。电动机的部分矽钢片变换为永磁材料，产生了响应特性大大提高的控制电动机。弹簧质量系统变换为压电晶体，电阻丝变换为半导体，使传感器和应变片的性能大大提高。相反，利用永磁材料的特性，用大惯量转子变换小惯量转子，大大提高了伺服电动机的特性，是逆向变换的成功实例。

3.3.3　方案综合

功能原理方案综合常用形态学矩阵。矩阵的行数 n 为功能元数，矩阵列数为实现一个功能元的不同功能载体数中最多的载体数 m，见表 3-1。

表 3 − 1　功能原理方案的形态学矩阵

功能元	功 能 载 体						
a	a_1	a_2	$\cdots$	a_k			
b	b_1	b_2	$\cdots$	b_k	$\cdots$	b_l	
$\vdots$	$\vdots$	$\vdots$		$\vdots$		$\vdots$	
n	n_1	n_2	$\cdots$	n_k	$\cdots$	n_l	$\cdots$　n_m

$n \times m$ 的形态学矩阵名义上有 $n \times m$ 个解即 $n \times m$ 个方案，实际有 $a_k \times b_l \times \cdots \times n_m$ 个方案，方案数太大难以寻优，一般先按以下方法淘汰大部分一般方案：

（1）各功能元的解必须相容，不相容者淘汰。

（2）淘汰与国家政策、民族习性有矛盾的，经济效益差的解。

（3）优先选择主要功能元的技术先进的解。

寻求组合方案时，注意防止按常规走老路的倾向，重视创新的先进技术的应用。经过筛选淘汰组合成少数方案供评价决策，最后得 1~2 个可行的功能原理方案作为技术设计方案。

3.3.4　设计工具

1. 设计目录

设计目录提供与设计进程有关的信息，如物理效应、作用原理、构形方法等，一般由分类、主体、检索三部分组成。根据内容不同，设计目录可分三种。

（1）对象目录：提供有关物理、几何、材料、工艺等设计对象的知识和信息，设计时按目录选用。表 3 − 2 是给定构件数的约束运动机构的对象目录。图 3 − 3 是根据表 3 − 2 中所选机构设计的几种铆机方案。

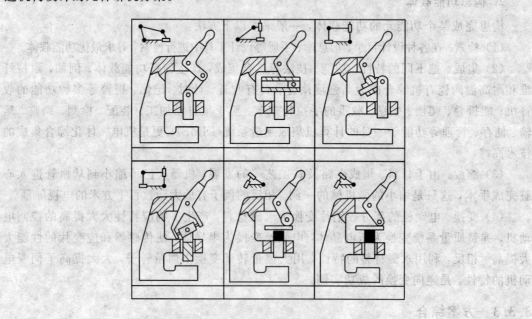

图 3 − 3　铆机方案

表 3 - 2　对象目录：最多有 4 个构件的约束运动机构(摘录)

运动副数	转动副数和位置	连架运动副	运动学符号(原理图)	编号	转动/平移	转动/转动	平移/平移	杠杆原理	曲杆原理	楔形原理	按给定的距离—时间规划或点的轨迹实现给定运动	构件数	连杆机构的结构耗费
1	2	3		No	1	2		4	5	6	7	8	9
4	4	转动副 转动副		1	—	•		•	•	—	通过点的数量(最大9)可以近似实现给定运动	4	小
	3 （相邻或相对）	转动副 转动副		2	•					•			中等
		转动副 转动副		3		•				•			中等
	2 （相邻或相对）	转动副 转动副		4		•				•			大
		转动副 转动副		5	—				•	•			大
		转动副 转动副		6	—			有条件	•	有条件			大
4	2 相对	转动副 转动副		7	•	•		•	有条件	•	通过点的数量(最大9)可以近似实现给定运动	4	大
3	2	转动副 转动副		8		•				有条件	一般可准确实现给定运动	3	中等
	1	转动副 转动副		9	•	•		•	•	•			小

注：符号—表示否；·表示是；○ 表示转动副；▽ 表示移动副；◎ 表示双动副。

(2)作业目录：提供各种单项设计工作步骤和工作过程及其使用条件和判断准则等，如构形规则、解法选用、特性计算等。表 3 - 3 为构形方案选择的作业目录。

(3)解法目录：列有特定功能、任务，或附带一定的边界条件，如各种产生某种功能的效应、载体、外形及制造方法等。表 3 - 4 为功能"力的产生"的解法目录。

表 3 - 3　作业目录：构形方案作业方法

分类部分和提取设计方面	待改变的参数 No	结构设计方面	1 数量增加，减少	2 改变形状或类型	3 改变拓扑关系或质量	4 尺寸增大，缩小
轮廓面	1		1.1 边界线	1.2 棱线面 渐开线面	1.3 外表面 内表面	1.4 小　大
零件	2		2.1 轮廓面	2.2 面组合	2.3 实心体 内心体	2.4 面之间的距离 角度位置
无件连接	3		3.1 零件的连接	3.2 零件组合	3.3 连接拓扑关系（例如：成对翻转） a b	3.4 零件尺寸 相对位置
工作材料	4		4.1 每个零件，每个相连接的零件用同一种材料或多种材料	4.2 改变材料，例如，把铁改为钢，把钢改为人造材料	4.3 倒角调质处理	4.4 量（质量、体积、重量）增大，缩小

表 3 - 4 解法目录:功能"力的产生"的解法目录

分类部分			主体部分			检索部分											
力的类型	物理定律	特性效应	公式	图例	No	力效应的物质条件	产生力的强度量或场量	能支持的输入的必要性	力的作功能力、大小	可产生力的大小	特征值	结构参数	全固体配置	力效应的几何条件	力效应的持续时间	力效应的运动条件	典型示例(应用或出现)
1	2	3	1	2		1	2	3	4	5	6	7	8	9	10	11	12
重力	万有引力定律 $F=G\dfrac{m_1 m_2}{r^2}$	地心引力	$F=G\dfrac{m E_m}{r^2}$	(图例)	1	2个质量载体	重力场	无	有	中等	—	$r,\ m$	是	在重力场内的位置	在作用于静态系统时,任意	—	卫星
		重量	$F=mg$	(图例)	2	质量载荷	重力场	无	有	中等	$\sqrt[3]{m/\rho}$	m	是	高度差	在作用于静态系统时,任意	—	天平
		浮力	$F=\rho g V$	(图例)	3	固体十周围液体	重力场	无	有	中等	$\sqrt[3]{V}$	$V,\ \rho$	否	浸没深度	在作用于静态系统时,任意	—	船舶
惯性力	牛顿定律 $F=\dfrac{dma}{dt}$	轨道加速	$F=ma$	(图例)	4	载荷为固体或液体	速度	有(摩擦)	只能直接在相关对系统的物体上作功	大	$\sqrt[3]{m/a}$	m	是	—	有限	相对于参考系统加速	加速度测量仪
		离心力	$F=m\omega^2 r$	(图例)	5		速度	有(摩擦)		大	r	$m,\ r$	是	对旋转中心的距离 r	任意	旋转	离心机
		科氏力	$F=2m\omega r$	(图例)	6		速度	有(摩擦)		大	r	m		—	由行程限定	在旋转系统中的径向速度	涡流电流摆动试验
		射束力(滞止压力)	$F=mv(1-\cos\alpha)$,α 为偏转角	(图例)	7	固体和液体	质量流(速度)	有	有	大	—	$m,\ a$	否	在射束范围内的转体位置	在作用于静态物时	固体一液体的相对速度	液体静压轴承

2. 知识库

(1) 数据库：各种物理效应、功能载体、技术参数等都可以数据库的形式存入计算机供检索查询。

(2) 设计词典：按某种设计要求编词典。如功能-载体词典把常用的功能编为词典条目关键词（是一个动词），再加限制性形容词。图 3-4 表示词条"伸缩"。

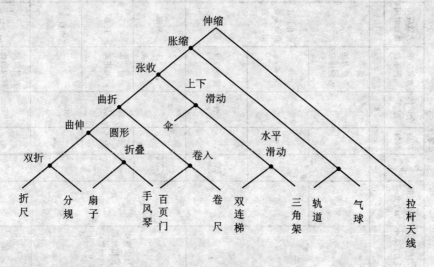

图 3-4 "伸缩"词条

(3) 手册：各种设计手册如《机械工程手册》等，也属知识库的范畴，使用广泛。

3.4 评价决策

设计进程的每一个阶段都是相对独立的一个问题的解决过程，都存在多解，都需要评价和决策。评价过程是对各方案的价值进行比较和评定，而决策是根据目标选定最佳方案，做出行动的决定。

3.4.1 评价目标树

评价的依据是评价目标（评价准则），评价目标制定得合理与否是保证评价的科学性的关键。评价目标一般包括三方面的内容：

① 技术评价目标，即评价方案在技术上的可行性和先进性，包括工作性能指标、可靠性、使用维护性等。

② 经济评价目标，即评价方案的经济效益，包括成本、利润、实施方案的措施费用以及投资回收期等。

③ 社会评价目标，即评价方案实施后对社会带来的效益和影响，包括是否符合国家科技发展的政策和规划，是否有益于改善环境（环境污染、噪声等），是否有利于资源开发和新能源的利用等。

评价目标来源于设计所要达到的目的，它可以从设计任务书或要求的明细表中获取。

评价标准分为定性和定量两种指标。例如美观程度只能定性描述，属于定性指标，而成本、重量、产量等可以用数值表示，称为定量指标。在评价标准中，有时定量和定性指标是可以相互转化的。

工业产品设计要求有单项的，也有多项的，因此，评价指标可以是单个的，也可以是多个的。

由于实际的评价标准(评价目标)不止一个，其重要程度亦不相同，因此需建立评价目标系统。所谓评价目标系统，就是依据系统论观点，把评价目标看成系统。评价目标系统常用评价目标树来表达。评价目标树就是依据系统可以分解的原则，把总评价目标分解为一级、二级等子目标，形成倒置的树状。图 3-5 为评价目标树的示意图。图中，Z 为总目标，Z_1、Z_2 为一级子目标；Z_{11}、Z_{12} 为 Z_1 的子目标，也就是 Z 的二级子目标；Z_{111}、Z_{112} 是 Z_{11} 的子目标，也是 Z 的三级子目标。最后一级的子目标即为总目标的各具体评价目标(评价标准)。

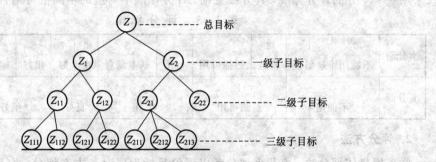

图 3-5　评价目标树

建立评价目标树的目的是将产品的总体目标具体化，使之便于定性或定量评价。定量评价时应根据各目标的重要程度设置加权系数(重要性系数)，如图 3-6 所示。

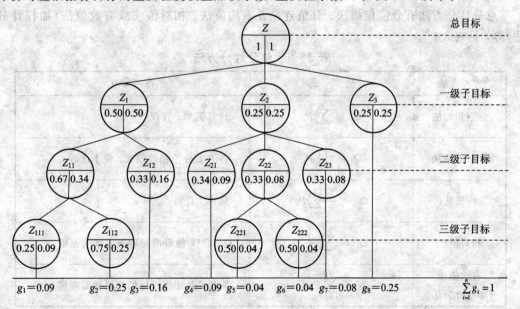

图 3-6　目标树与评价系数

图中目标名称 Z_{11} 下面的数字，左边的 0.67 表示同属上一级目标 Z_1 的两个子目标 Z_{11} 和 Z_{12} 中 Z_{11} 的重要性系数，这样的同级子目标的重要性系数之和等于 1，如 Z_{11} 和 Z_{12} 的重要性系

数 $0.67+0.33=1$。右边的数字表示该子目标在整个目标树中所具有的重要程度，它等于该目标以上各级子目标重要性系数的乘积，如 Z_{112} 的重要性系数 $0.25 \approx 1 \times 0.5 \times 0.67 \times 0.75$。

3.4.2 评分法

评分法根据规定的标准用分值作为衡量方案优劣的尺度，对方案进行定量评价。如有多个评价目标，则先分别对各目标评分，再经处理求得方案的总分。

1. 评分标准

如表 3-5 所示，有 $0 \sim 5$ 分的五分制和 $0 \sim 10$ 分的十分制两种评分标准。不同设计阶段可以采用不同的评分标准，特别是在方案设计阶段，由于具体化程度较低，有些特征尚不清楚，通常建议采用 $0 \sim 5$ 分的五分制评分标准。在评价对象较具体、特征较明显时，建议采用 $0 \sim 10$ 分的评分标准，其分级更细。评分标准中对应的中间值可用直线插入法求得。

表 3-5　评分标准

十分制	0 不能用	1 缺陷多	2 较差	3 勉强可用	4 可用	5 基本满意	6 良	7 好	8 很好	9 超目标	10 理想
五分制	0 不能用		1 勉强可用		2 可用		3 良好		4 很好		5 理想

2. 评分方法

常采用集体评分法，由几个评分者以评价目标为序对各方案评分，取平均值或去除最大、最小值后的平均值作为分值，以减少个人主观因素对评分的影响。

3. 总分计分方法

总分计分方法有分值相加法、分值连乘法、均值法、相对值法或有效值法（加权计分法）等，见表 3-6。

表 3-6　总分计分方法

方　法	公　式	特　点
分值相加法	$Q_1 = \sum\limits_{i=1}^{n} P_i$	计算简单、直观
分值连乘法	$Q_2 = \prod\limits_{i=1}^{n} P_i$	各方案分值相差较大，便于比较
均值法	$Q_3 = \dfrac{1}{n} \sum\limits_{i=1}^{n} P_i$	简单、直观
相对值法	$Q_4 = \sum\limits_{i=1}^{n} \dfrac{P_i}{nQ_0}$	$Q_4 \leqslant 1$，能看出与理想方案的差距
有效值法（加权计分法）	$N = \sum\limits_{i=1}^{n} P_i g_i$	考虑了各评价目标的相对重要程度

表中：Q_0 为理想方案分值；n 为评价目标数；P_i 为第 i 个评价目标的得分；g_i 为第 i 个评价目标的加权系数；Q 为方案总分值；N 为有效值。

例　A、B、C 三种电池的主要性能目标见表 3-7，试评价决策出较好的电池。

表 3-7　电池的评价目标值

评价目标	理想值	优等值	及格值	加权系数	实际值		
					A	B	C
成本/元	1.6	2	3.2	0.2	2.4	2.2	1.6
电压/V	9.1	8.9	8.6	0.3	9	8.6	8.9
寿命/h	120	100	85	0.5	100	110	90

解　评价目标树见图 3-7。

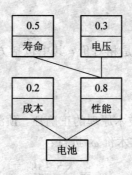

图 3-7　电池的评价目标树

由图 3-8 的评分线图求出各方案的相应分值列于表 3-8。

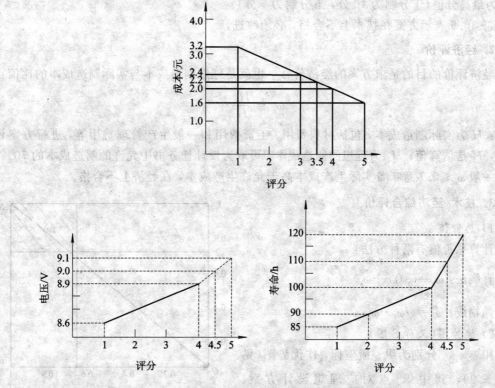

图 3-8　电池的评分线图

表 3 - 8 电池评分结果

电池	评分值			总分
	成本	电压	寿命	
A	3	4.5	4	11.5
B	3.5	1	4.5	9
C	5	4	2	11

评价结果：电池 A 的总分最高，为最优方案，但是成本也较高，因此，应采取降低成本的措施。

3.4.3 技术-经济评价法

技术-经济评价法的评价依据是相对价，其中包括方案的技术价和经济价。该法被定为德国工程师协会规范 VDI22225。

1. 技术评价

通过技术分析验证所采用的技术原理的正确性，预测设计方案的性能，并确定详细设计细节。技术评价通过求方案的技术价 ω_t 进行：

$$\omega_t = \sum_{i=1}^{n} \frac{P_i g_i}{P_{max}}$$

式中：P_i 为第 i 个技术评价指标的评分值；g_i 为第 i 个技术评价指标的加权系数，$\sum g_i = 1$；P_{max} 为最高分值（十分制为 10 分，五分制为 5 分）。

$\omega_t < 0.6$ 表示方案在技术上不合格，必须改进。

2. 经济评价

经济评价的目的是求方案的经济价 ω_e，也就是理想制造成本与实际制造成本的比值：

$$\omega_e = \frac{H_1}{H}$$

式中：H 为实际制造成本，包括材料费用、工资费用和一般生产管理费用等，进行方案评价时，H 是估算值；H_1 为理想的制造成本，可取为设计任务书中允许的制造成本的 70%。

一般 $\omega_e \leqslant 0.7$ 意味着实际生产成本高于允许生产成本，在经济上不合格。

3. 技术-经济综合评价

1）总价值 ω_o

计算总价值有两种方法：

直线法：$\omega_o = \frac{1}{2}(\omega_t + \omega_e)$

抛物线：$\omega_o = \sqrt{\omega_t \cdot \omega_e}$

2）优势图（又称 S 图）

用 ω_e、ω_t 分别为纵、横坐标，作优势图（见图 3 - 9），其中 $S^\triangle$ 点对应理想设计方案，$\omega_e = \omega_t = 1$，$OS^\triangle$ 连线称为开发线，方案越靠近

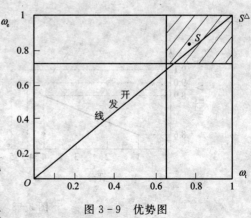

图 3 - 9 优势图

开发线，说明方案的技术、经济的综合性能越好。图中阴影区称为许用区，只有在许用区中的 S 点对应的方案才是适用的。

例　高速专用磨床的主轴前支承有三排深沟球轴承、三瓦液体动压轴承和球面液体静压轴承三种方案。已知各方案的技术指标 P_{1i}、P_{2i}、P_{3i} 及加权系数 g_i，以及各方案的生产成本 H_i 及理想成本 H_1，试评价决策出较好方案。

解　图 3-10 示出用目标树表示的技术评价目标及加权系数，三种轴承的技术评价结果如表 3-9 所示，经济评价如表 3-10 所示。

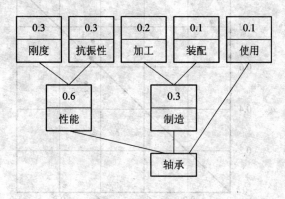

图 3-10　技术评价目标树

表 3-9　轴承方案的技术评价

评价目标 \ 方案	加权系数	滚动		动压		静压	
		P_{1i}	$P_{1i}g_i$	P_{2i}	$P_{2i}g_i$	P_{3i}	$P_{3i}g_i$
1. 刚度	0.3	4	1.2	3.5	1.05	3	0.9
2. 抗振性	0.3	2	0.6	3	0.9	4	1.2
3. 加工	0.2	4	0.8	3	0.6	2.5	0.5
4. 装配	0.1	4	0.4	3	0.3	2.5	0.25
5. 使用	0.1	2	0.2	3.5	0.35	4.5	0.45
$P_{max}=5$		$\sum P_{1i}g_i = 3.2$		$\sum P_{2i}g_i = 3.2$		$\sum P_{3i}g_i = 3.3$	
$\omega_t = \sum \dfrac{P_{1i}g_i}{P_{max}}$		$\omega_{t1}=0.64$		$\omega_{t2}=0.64$		$\omega_{t3}=0.66$	

表 3-10　轴承方案的经济评价

评价目标 \ 方案	滚动	动压	静压
生产成本 $H_i/\%$	140	160	180
理想成本 $H_1/\%$		100	
经济价 $\omega_e = H_1/H_i$	$\omega_{e1}=0.714$	$\omega_{e2}=0.625$	$\omega_{e3}=0.555$

三个方案的相对价 ω 分别为：

$$\omega_1 = \sqrt{\omega_{t1}\omega_{e1}} = \sqrt{0.64 \times 0.714} = 0.676$$

$$\omega_2 = \sqrt{\omega_{t2}\omega_{e2}} = \sqrt{0.64 \times 0.625} = 0.632$$

$$\omega_3 = \sqrt{\omega_{t3}\omega_{e3}} = \sqrt{0.66 \times 0.555} = 0.605$$

优势图如图 3-11 所示。

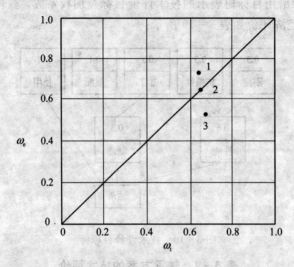

图 3-11 优势图

评价决策准备采用滚动轴承方案，要求进一步提高技术水平。

3.4.4 模糊评价法

根据评价目标 X_i 及其加权系数 g_i 建立评价目标集 $X = \{X_1, X_2, \cdots, X_n\}$ 和加权系数集 $G = \{g_1, g_2, \cdots, g_n\}$。根据评价标准 P_i 建立评价集 $P = \{P_1, P_2, \cdots, P_n\}$。求出各方案评价目标对于不同评价标准的隶属度，建立各方案的模糊评价矩阵。按一定模型合成模糊矩阵，求出考虑加权的综合模糊评价，折算为按百分比表示的隶属度。用最大隶属度原则评价方案优劣顺序，决策采用何种方案。下面举例说明。

例 对建立某计算机管理系统的三个方案进行评价决策。投资控制在 30 万元以内，15 万元为中，低于 5 万元为优。要求性能完善、建成周期短。方案和评价目标情况见表 3-11。评价目标树见图 3-12。

表 3-11 计算机管理系统的经济评价

评价目标 / 方案	投资(1)	性能(2)	周期(3)
Ⅰ购买专用软件	28	优	短
Ⅱ购买通用软件	12	中	中
Ⅲ自行开发	6	差	长

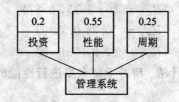

图 3-12 计算机管理系统的评价目标树

解 评价目标集 $X=\{$投资，性能，周期$\}$

评价集 $P=\{$优，中，差$\}$

加权系数集 $G=\{0.2, 0.55, 0.25\}$

对投资求隶属度：先用隶属函数求隶属度，在模糊数学的十几种隶属函数中，选直线隶属函数，求隶属度如图 3-13 所示。

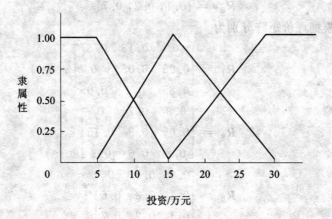

图 3-13 对投资求隶属度

隶属度函数式为

$$\text{优：} \mu(c)=\begin{cases} 1 & (0<c\leqslant5) \\ \dfrac{15-c}{15-5} & (5<c<15) \\ 0 & (15\leqslant c) \end{cases}$$

$$\text{中：} \mu(c)=\begin{cases} 0 & (c\leqslant5) \\ \dfrac{c-5}{15-5} & (5<c<15) \\ 1 & (c=15) \\ \dfrac{30-c}{30-15} & (15<c<30) \\ 0 & (c\geqslant30) \end{cases}$$

$$\text{差：} \mu(c)=\begin{cases} 0 & (c\leqslant15) \\ \dfrac{c-15}{30-15} & (15<c<30) \\ 1 & (30\leqslant c) \end{cases}$$

三个方案对投资评价集的隶属度 R 分别为

$$R_{\text{I}1} = \{0, 0.13, 0.87\}$$
$$R_{\text{II}1} = \{0.3, 0.7, 0\}$$
$$R_{\text{III}1} = \{0.9, 0.1, 0\}$$

对性能求隶属度，可用统计法。请若干位专家进行性能的优、中、差评价，三方案的统计比例分别为

$$R_{\text{I}2} = \{0.95, 0.05, 0\}$$
$$R_{\text{II}2} = \{0.05, 0.8, 0.15\}$$
$$R_{\text{III}2} = \{0.1, 0.3, 0.6\}$$

对周期求隶属度，同样用统计法求得：

$$R_{\text{I}3} = \{0.85, 0.1, 0.05\}$$
$$R_{\text{II}3} = \{0.2, 0.6, 0.2\}$$
$$R_{\text{III}3} = \{0.1, 0.2, 0.7\}$$

三个方案的模糊评价矩阵分别为

$$\boldsymbol{R}_{\text{I}} = \begin{bmatrix} 0 & 0.13 & 0.87 \\ 0.95 & 0.05 & 0 \\ 0.85 & 0.1 & 0.05 \end{bmatrix}$$

$$\boldsymbol{R}_{\text{II}} = \begin{bmatrix} 0.3 & 0.7 & 0 \\ 0.05 & 0.8 & 0.15 \\ 0.2 & 0.6 & 0.2 \end{bmatrix}$$

$$\boldsymbol{R}_{\text{III}} = \begin{bmatrix} 0.9 & 0.1 & 0 \\ 0.1 & 0.3 & 0.6 \\ 0.1 & 0.2 & 0.7 \end{bmatrix}$$

考虑加权的综合模糊评价，可用取小取大法 $M(\wedge, \vee)$：$g \wedge r = \min(g, r)$；$g \vee r = \max(g, r)$。

综合模糊评价：

$$Z = G \cdot R = [Z_1, Z_2, \cdots, Z_j, \cdots, Z_m]$$
$$Z_j = (g_1 \wedge r_{1j}) \vee (g_2 \wedge r_{2j}) \vee \cdots \vee (g_n \wedge r_{nj}) \qquad (j = 1, 2, \cdots, m)$$

按 $M(\wedge, \vee)$ 法求各方案的综合模糊评价如下：

$$Z_{\text{I}} = GR_{\text{I}} = (0.55, 0.13, 0.2)$$
$$Z_{\text{II}} = GR_{\text{II}} = (0.2, 0.55, 0.2)$$
$$Z_{\text{III}} = GR_{\text{III}} = (0.2, 0.3, 0.55)$$

经归一化处理，各 Z 值折算为按百分比表示的隶属度：

$$Z_{\text{I}} = \left(\frac{0.55}{0.55 + 0.13 + 0.2}, \frac{0.13}{0.55 + 0.13 + 0.2}, \frac{0.2}{0.55 + 0.13 + 0.2} \right)$$
$$= (0.625, 0.148, 0.227)$$

同理得：

$$Z_{\text{II}} = (0.21, 0.58, 0.21)$$
$$Z_{\text{III}} = (0.19, 0.286, 0.524)$$

按最大隶属度评价决策方案优劣顺序为：Ⅰ，Ⅱ，Ⅲ。

$M(\wedge，\vee)$法突出了加权系数和隶属度中主要因素的影响，但会丢失部分信息。在评价目标较多、加权系数绝对值小的情况，可用乘加运算法 $M(\cdot +)：z_j = \sum_{i=1}^{n} g_i r_{ij}(j = 1，2，\cdots，m)$。

现用 $M(\cdot +)$ 法求各方案的综合模糊评价如下：

$$\left.\begin{array}{l} 0.2 \times 0 + 0.55 \times 0.95 + 0.25 \times 0.85 = 0.735 \\ 0.2 \times 0.13 + 0.55 \times 0.05 + 0.25 \times 0.1 = 0.0785 \\ 0.2 \times 0.87 + 0.55 \times 0 + 0.25 \times 0.05 = 0.1865 \end{array}\right\} = \frac{[0.735，0.0785，0.1865]}{0.735 + 0.0785 + 0.1865}$$

$$= [0.735，0.0785，0.1865]$$

$$\left.\begin{array}{l} 0.2 \times 0.3 + 0.55 \times 0.05 + 0.25 \times 0.2 = 0.1375 \\ 0.2 \times 0.7 + 0.55 \times 0.8 + 0.25 \times 0.6 = 0.73 \\ 0.2 \times 0 + 0.55 \times 0.15 + 0.25 \times 0.2 = 0.1325 \end{array}\right\} = [0.1375，0.73，0.1325]$$

$$\left.\begin{array}{l} 0.2 \times 0.9 + 0.55 \times 0.05 + 0.1 \times 0.1 = 0.26 \\ 0.2 \times 0.1 + 0.55 \times 0.3 + 0.25 \times 0.2 = 0.235 \\ 0.2 \times 0 + 0.55 \times 0.6 + 0.25 \times 0.7 = 0.505 \end{array}\right\} = [0.26，0.235，0.505]$$

得

$$Z_{\text{I}} = [0.735，0.0785，0.1865]$$
$$Z_{\text{II}} = [0.1375，0.73，0.1325]$$
$$Z_{\text{III}} = [0.26，0.235，0.505]$$

按最大隶属度评价决策方案优劣的顺序仍为 I，II，III。

思　考　题

[1]　设计方法学的涵义是什么？

[2]　设计方法学的研究对象和研究内容包括哪些方面？

[3]　可行性报告一般包括哪些内容？

[4]　构思完成某个功能元的功能载体时，可以采用的方法有哪些？

[5]　设计目录是什么？一般包括哪些组成部分？设计目录可分为哪些种类？

[6]　如何建立评价目标树？

[7]　评分法、技术-经济评价法、模糊评价法的区别是什么？

第4章 价值工程

4.1 概　述

在第二次世界大战期间，美国政府为了刺激军工生产，对军工产品给予成本补贴，以至企业对生产成本不重视，成本不断增加。随着军工企业的急剧发展，出现了原材料供应紧张的问题。战后军品生产转为民品生产，政府补贴取消，成本高的矛盾开始暴露，从而导致物资供应紧张，原材料价格不断上涨。资本主义企业为了在激烈的竞争中生存，不得不在采购、技术、原材料代用方面想办法，力图用更低的成本生产出性能良好的产品，使自己在竞争中处于优势地位。这就是价值工程在美国产生的社会背景。

1947 年，美国通用电气公司为了解决材料短缺问题，派设计工程师麦尔斯(L. D. Miles)担任采购工作。在一次采购供应奇缺、价格飞涨的石棉板的过程中，他考虑到为什么要用石棉板？他的功能是什么？是否可以用其他材料替代？经调查研究，了解到在给公司产品上涂料时，为了防止发生火灾，要求工作场地必须铺垫石棉板。麦尔斯根据该功能，经过在市场上调研找到了一种价格便宜、市场供应充足的不燃纸来替代石棉板，使成本降低了许多，成功地解决了资源短缺问题。他进一步发现这种材料代用分析方法在所有的产品设计中都可以应用，并不局限于材料供应困难必须代用的情况。由此受到启发，他开始从功能的角度分析产品，并总结出一套在保证同样功能的前提下降低成本的比较完整的科学方法，当时称之为价值分析(Value Analysis，VA)，以后不断发展和完善，形成了目前所称的价值工程(Value Engineering，VE)。

麦尔斯从分析功能、满足功能入手，找出不必要的工作环节，努力降低成本，取得了很好的效果。通用电气公司在开发价值工程技术上花了 80 万美元，在 17 年里就节约了 2 亿美元以上。1954 年美国海军舰船局首先采用 VE 技术，1956 年正式签订合同，第一年就节约了 3500 万美元。据统计，在 1964～1972 年间，美国国防部由于推行价值分析，节约金额超过 10 亿美元。1955 年 VE 传到日本，1960 年日本企业开始把价值工程和工业工程(Indstral Ingineering，IE)、质量管理(Quality Control，QC)三者结合起来应用。开始时，在重型电动机、汽车等行业推广，到 20 世纪 70 年代，VE 又推广到钢铁、造船、机械等产业部门，都取得了显著的成果。

我国自 1979 年开始推广应用 VE 技术以来，已在很多企业都收到了巨大的经济效益和社会效益。以工业较发达的上海为例，机电、轻纺、电讯、仪表等系统都已在不同范围内组织、介绍、学习和应用 VE 技术，仅 1983 年一年就节约了 1100 余万元。辽宁省、江苏省同样也分别节约了 1000 余万元及 800 多万元。

价值工程不但用于材料的采购、代用品的研发，而且还用于产品的研究和设计、零部件的生产和改进，后来又发展到改进工作方法、作业程序、管理体系等领域。总之，凡是有功能要求和需要付出代价的地方都可以用这种方法进行分析。

4.2　价值工程的工作程序

价值工程是一项有步骤的活动，它解决问题有完整的步骤和严密的组织。价值工程实质上是分析问题、发现问题和解决问题的过程。具体说就是：分析产品在功能上和成本上存在的问题，提出切实可行的方案来解决这些问题，从而提高产品的价值。价值工程的程序构成了一个完整的系统，各程序步骤具有很强的逻辑性。价值工程的工作程序见表 4-1。

表 4-1　VE 的工作程序

阶段	VE 工作程序	VE 提问	VE 活动	所使用的技术
初始	确定对象	它是什么？	定义对象，收集数据	ABC 法、用户评分法、费用比重法、因素分析法
信息	功能评价功能分析	它是干什么用的？它的成本是多少？它的价值是多少？	功能定义，功能分析，约束分析，数据收集价值计量	双词功能描述、FAST 图、价值计量技术
革新	方案创造	有无其他方法实现这个功能？	思索/设想	头脑风暴法、特尔菲法、特性列举法、形态综合法。
评估	方案评估	新方案的价值是什么？	方案预筛选，优选方案，试验分析，确定可行性	Pareto 投票法、Q 分类法
实施	方案实施	新方案能满足功能要求吗？	总结研究结果，汇编报告，提出建议书	数据缩减法、报告书写法

价值工程的实施一般可分下述 7 个步骤：

(1) 选择 VE 对象；

(2) 收集情报；

(3) 分析功能；

(4) 改进设想和方案；

(5) 分析与评价方案；

(6) 试验与审定方案；

(7) 检查实施情况并评价活动成果。

前 3 个步骤为分析问题、发现问题阶段，后 4 个步骤为解决问题阶段。

为了正确回答和解决 VE 提出的 7 个问题，麦尔斯归纳了 13 条指导原则：

（1）避免一般化、概念化。

（2）收集一切可用的费用数据。

（3）使用可靠的情报资料。

（4）打破现有的框框，进行创新和提高。

（5）发挥真正的独创性。

（6）找出障碍，克服障碍。

（7）向有关专家请教，扩大专业知识。

（8）对于重要的公差要换成加工费用来认真考虑。

（9）尽量利用专业化工厂生产的产品。

（10）利用和购买专业化工厂的生产技术。

（11）采用专门的生产工艺。

（12）尽量采用标准件。

（13）以"我是否也如此花自己的钱"作为判断标准。

4.3 价值工程的基本概念

价值工程是一门技术和经济有机结合的专门学科，也是一种科学的企业管理方法，它服从经济第一的价值观念。价值工程中的价值指经济效益，是一种衡量和评价事物有效程度的尺度。从企业的角度来看，如果生产的产品没有任何用途，那么这种产品就失去了意义。以用户的角度来看，若具有同样用途的两种产品，一种产品的价格较高，另一种产品的价格较低，则后者的价值就较大。这里的价值是个人、集体和组织选择手段、方案和目的的依据，是成本对功能的关系，可用下式表达：

$$V = \frac{F}{C}$$

式中：V（value）表示价值；F（function）表示功能；C（cost）表示成本。

从以上公式可看出：价值与功能成正比，价值与成本成反比；功能越高，成本越低，价值就越大。通过价值与功能和费用的公式，可以找到提高产品价值的途径如下。

（1）在费用不变的情况下提高功能：$\dfrac{F\uparrow}{C\rightarrow}=V\uparrow$；

（2）在功能不变的前提下减少成本，提高价值：$\dfrac{F\rightarrow}{C\downarrow}=V\uparrow$；

（3）既提高功能又降低成本，大幅度地提高价值：$\dfrac{F\uparrow}{C\downarrow}=V\uparrow\uparrow$；

（4）成本略有提高，但功能有大幅提高，使产品价值提高：$\dfrac{F\uparrow\uparrow}{C\uparrow}=V\uparrow$；

（5）功能略有降低，但费用大幅降低，使产品价值提高：$\dfrac{F\downarrow}{C\downarrow\downarrow}=V\uparrow$。

以上五条途径都可以提高价值，企业可根据生产技术条件和经营管理水平及用户对产品功能的要求而决定选择哪一种途径。

　　从以上的价值分析中我们得出价值与功能的关系。其代表性定义为：价值工程是以最低的寿命周期成本可靠地实现产品的必要功能，对产品的功能、成本进行分析的有组织的活动。这个定义主要强调价值工程的四个主要特点：着眼于寿命周期成本最低；可靠实现必要功能；着重于功能分析；强调有组织的活动。

　　寿命周期成本是指从用户对某种产品或服务提出需求开始，到用户满足需要为止所愿支付的总费用。例如用户购买一台洗衣机，不但需要支付洗衣机研制、设计和制造、推销等阶段所构成的生产成本 C_1，而且还需支付使用、维护、日常耗电及报废处理等阶段所构成的产品使用成本 C_2。产品寿命周期成本就等于生产成本和使用成本之和，即 $C = C_1 + C_2$。

　　一般情况下，生产成本随产品功能水平的提高而上升，使用成本则随着产品功能水平的提高而下降，如图 4-1 所示。寿命周期费用则随着产品功能水平的变化而呈开口向上的抛物线形变化，显然寿命周期成本具有一个最小值 C_{min}，在这一点上，产品 F 达到适当水平 F_0 而使生产成本与使用成本之和（即寿命周期成本）最小。

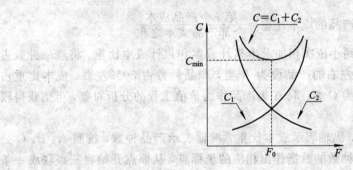

图 4-1　产品寿命周期成本与产品功能的关系

　　价值工程的目的就是通过科学的分析，使产品具有一个适当的功能水平，从而确保产品的寿命周期成本最低。在图 4-1 中，F_0 与 C_{min} 是理想状态。在实际工作中无论是产品还是设计方案都很难达到这种状态。因此在做价值分析时往往一次找不到最低的寿命周期成本价值，可反复应用 VE，确定最终的 F 与 C 的最佳匹配点，使产品满足用户要求。

　　从价值工程的观点来看，功能不足和功能过剩对产品的市场竞争能力都是不利的。功能不足不能满足用户的要求，即质量低的产品是没有市场的。而功能超过了用户需要，费用和价格必然提高，显然也不受用户欢迎。因此，可靠地实现产品的必要功能是十分重要的。可靠实现当然是指使产品的性能满足用户的要求，并要求安全、易操作和易保养，产品在使用时无故障，一旦出现故障也易于修理。总之，可靠实现必要功能就是在满足安全、可靠等相关条件的前提下，实现用户所要求的功能。

　　功能分析是价值工程的核心问题。功能分析包括功能定义、功能整理和功能评价。通过对功能定义，可以了解用户对产品的要求；通过功能整理，能够明确各功能之间的关系；通过功能评价，可以评选出最佳方案。经过上述步骤，在应用价值工程进行功能分析时就能分清产品的基本功能和辅助功能，找出必要功能和不必要功能，并明确各功能之间的关系，找出解决办法，达到降低成本的效果。

　　价值工程是一项有组织的活动，它通过各相关领域的协作，依靠集体智慧开展活动。价值工程是技术和经济相结合的创新活动，需运用各种相关学科的知识和方法，因此必须把有关的人员组织起来集体攻关，才能找出解决问题的最佳方案。

4.4 价值工程的技术方法

4.4.1 选择分析对象的常用方法

1. ABC 分析法

ABC 分析法又称不均匀分布定律法,是意大利经济学家帕莱特(Pareto)在研究人口收入规律时总结出来的。其原理是:按局部成本在总成本中所占的比重从高到低进行对象的选择。此方法可以用于价值工程改进对象的选择上。具体做法如下:

(1) 将企业生产的全部产品按成本的大小排序,即要求从大到小依次排列并计算出每个产品的成本比重:

$$第\,i\,个产品的成本比重 = \frac{第\,i\,个产品成本}{全部产品成本之和}$$

(2) 将各种产品成本由大到小依次相加求出累计成本和累计成本比重。将产品种数占 10%~20%、成本比重占 70% 左右的产品设为 A 类,产品种数占 30% 左右、成本比重占 20% 左右的产品为 B 类,其余为 C 类。取 A 类产品作为价值工程的分析对象,可望获得较大的经济效果。

(3) 建立平面直角坐标系,纵轴表示成本比重,横轴表示产品种数,按照 A、B、C 三类的累计成本比重和累计产品种数的数据作出相应的坐标点,从原点开始将三点联成一条曲线,即通常所称的帕莱特曲线,如图 4-2 所示。

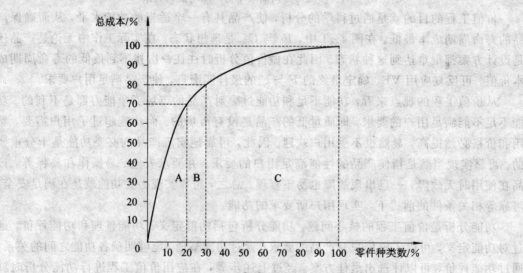

图 4-2 ABC 分析法的帕莱特曲线

这种方法可以用于产品的选择,也可以用于一种产品的零部件的选择。

2. 百分比法

百分比法适用于多品种企业,它通过分析所有产品的两个或两个以上的技术-经济指标各自所占有的百分比而发现问题,确定价值工程对象。技术-经济指标主要指成本占总成本的百分比,利润占总利润的百分比等。例如某厂生产 6 种产品,它们的成本和利润的百分比数据见表 4 - 2。

表 4 - 2　某厂产品成本和利润的百分比数据

产品名称 项目	A	B	C	D	E	F	合计
成本/万元	85	10	5	25	8	7	140
占全部成本/%	60.7	7.1	3.6	17.9	5.7	5	100
利润/万元	28	4	2	3	5	4	46
占总利润/%	60.9	8.7	4.3	6.5	10.9	8.7	100

分析上表,可看到 D 产品成本占全部产品成本的 17.9%,而利润只占全部利润的 6.5%,所以 D 产品应作为价值工程的重点分析对象。

3. 经验分析法

在信息不足的情况下,可采用经验分析法选择价值工程对象,其方法是根据价值工程活动参加者的经验进行价值分析对象的选择。这种方法的优点是简便易行,集思广益,考虑问题从各种不同的角度出发,比较全面;缺点是缺乏定量的依据,而且参加者的水平和态度对选择结果起决定性作用。为了消除和克服缺点,可挑选经验丰富、熟悉业务的人参加,通过集体研究后共同确定。

4. 产品生命期的分析法

价值工程的分析对象与产品的生命期(Life Cycle)有一定的关系。产品的生命期不是产品的使用寿命,而是指新产品设计研制成功以后,经投产到被淘汰停产为止的这一段时间。如图 4 - 3 所示,生命期一般可分为四个阶段。

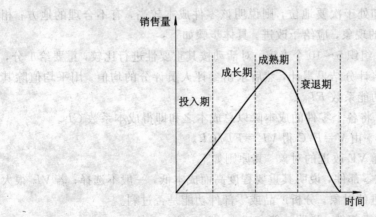

图 4 - 3　产品生命期曲线图

(1) 投入期:新产品研制成功投产后,初步投放市场开始销售的阶段。

(2) 成长期:指新产品受到用户欢迎,开始大量进入市场的阶段。

（3）成熟期：指新产品在市场上销售量最大的阶段。

（4）衰退期：指产品开始陈旧，逐渐淘汰直到停产为止的时期。

产品的生命期对产品的成本、新产品开发费用的回收、企业的收益或亏损影响都较大。图 4-4 所示为生命期和企业损益的关系。

图 4-4 中，a 为新产品研制费用，ab 段为初期产品亏损期，此时产品属试销阶段，产品销路尚未打开。bc 为研制费用回收期，随着产品逐渐进入市场，产品的研制费用可逐渐回收，这段时间希望尽可能短为好。超过 c 点即 oc 以上（十）为企业收益趋势，此时由于产品在市场上销售量上升，因而可为企业带来收益。ab 以下（一）为企业亏损趋势。对产品生命期的各个阶段中产品的产量、成本及销售额等的预测和分析是制定新产品发展计划时必须考虑的问题。

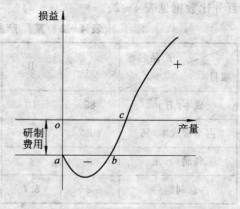

图 4-4 生命期和企业损益的关系

处于投入期的新产品是价值工程的对象。在新产品设计过程中应大力进行价值分析活动，使产品具有尽可能低的成本和较大的价值，使产品一投入市场就有好销路，从而在市场上站住脚，取得信誉和利润。

处于成熟期的产品，如果企业决定再增加少量投资，提高它的功能，降低成本和销售价，则也应选为价值分析的对象。对于销售量已经下降处于衰退期的产品，如果还有可能针对购买力低的用户打开销路，也应选作价值分析的对象。

4.4.2 VE 改进对象的分析方法

1. 强制确定法（Forced Decision Method，又叫 01 法）

在一个产品或一个零部件中，成本应与零件的功能重要性相匹配。如果零件成本较高，而功能在零部件中却处于次要地位，则说明该零件成本较高，有不合理的地方；相反则说明功能可能有多余的现象，应给予改进。具体步骤如下：

（1）确定功能系数。组织 5～10 个专家，对活动按其重要性进行比较，重要给 1 分，否则给 0 分。逐次比较后将计分结果累计，然后求出参评人员评分的均值。用平均值除其总分的和，即为此活动的功能系数 FI_i。

（2）确定成本系数。将各个零件的成本除以总成本之和即得成本系数 CI_i。

（3）求价值系数 VI_i。由 $V=F/C$ 得 $VI_i=FI_i/CI_i$。

（4）根据 VI_i 值选择 VE 改进的对象。其原则如下：

① $VI_i>1$ 的产品或零部件，说明其重要程度高而成本低，一般不选择；若 VI_i 很大则应选择该零件为 VE 改进的对象，分析产品或零部件功能是否过剩。

② $VI_i=1$ 的产品或零部件，说明功能和成本相当，是合适的。

③ $VI_i<1$ 说明成本对于所实现功能来说偏高，应降低成本，该零件可作为 VE 改进的对象。

强制法从功能和成本两方面考虑问题，所以比较全面而且简单易行，可是强制确定法只注意了价值系数本身对 1 的偏离程度，而忽视了价值系数和成本系数间可能有很大差别的情况，不容易反映功能差异很大或很小的部件间的关系。

2. 最合适区域法（Optimum Value Zone Method）

最合适区域法也是一种国际通用的选择价值工程改进对象的方法。其步骤与强制决定法基本相同，在根据价值系数确定价值工程改进对象时提出了一个"最合适区域"，从价值系数的角度选取改进对象。具体步骤如下：

（1）确定功能系数 FI_i。

（2）确定成本系数 CI_i。

（3）求价值系数 $VI_i = FI_i/CI_i$，并画出功能系数-成本系数坐标图。X 轴代表成本系数 CI，Y 轴代表功能系数 FI。

（4）在图上确定最合适区域。

（5）对落在最合适区域以外的零部件进行分析改进。

最合适区域的具体作图方法如下：

以 CI 为 X 轴、FI 为 Y 轴作坐标图，与 X 轴或 Y 轴成 $45°$ 夹角的直线即为价值系数 $VI=1$ 的标准线，再以 $Y_1 = \sqrt{X_i^2 - 2s}$、$Y_2 = \sqrt{X_i^2 + 2s}$ 作两条曲线，这两条曲线所包络的部分为最合适区域，如图 4-5 所示。

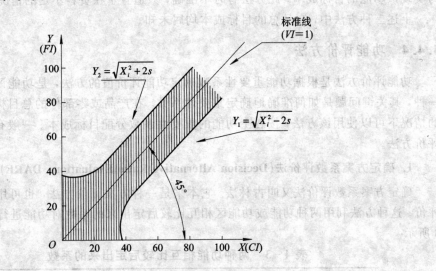

图 4-5　最合适区域法

构成最合适区域的两条曲线是这样确定的，做任意一点 $Q(X_i, Y_i)$ 至标准线 $VI=1$ 的垂线 QP，Q 点到标准线的距离 R 与 OP（即点 P 到坐标中心 O 的距离）长度 L 的乘积是一个给定的常数 s：$R_1L_1 = R_2L_2 = s$，L 大则 R 相应要小，L 小则 R 要大，这样两条曲线能满足最合适区域的需要。这两条曲线方程式分别为 $Y_1 = \sqrt{X_i^2 - 2s}$ 和 $Y_2 = \sqrt{X_i^2 + 2s}$。

很明显，若给定的 s 较大，则两条曲线与标准线的距离就大，阴影部分的面积也较大，VE 选定改进的对象将少一些。相反，若给定 s 较小，则曲线更加逼近标准线，VE 选定改进的对象就多。至于 s 取何值，将视选择对象的人而定。在应用时可以通过实验，代入不同的 s 值直到获得满意结果为止。

4.4.3　VE 成本评价价值的计算方法

1. 理论价值计算法

根据工程计算公式和某些费用标准（如材料价格）等加以适当变换，求出功能和成本的关系式。这种计算方法一般只适用于可以利用公式进行定量计算的情况。例如传递力矩已知，则根据材料力学公式、各种材料的大小尺寸和用量而计算出材料的费用。

2. 实际价值调查法

实际价值调查法广泛调查企业内外完成同样功能的产品的实际资料，收集相应的功能数据及成本资料，从中选出功能实现程度相同但成本却最低的产品。

实际调查法的优点在于最低成本线的确定是根据实际价值标准确定的，有实际的技术条件保证使之实现，因而比较可靠。但是它的不足之处是目标成本中可能含有不必要功能之类的不合理因素，所以要注意对实际价值标准进行必要的修正。

3. 经验估算法

这种方法是由一些有经验的人对实现某项功能提出几种初步设想方案，并估算出各种方案的成本。按每人所估算的成本取平均数作为方案的成本。在各个方案中选取最低值作为实现该功能的目标成本。此方法有时不准确，只适宜在资料不足的情况下使用。

上述三种方法中，产品总的目标成本均属未知。

4.4.4　功能评价方法

功能评价方法是根据功能重要性系数确定功能评价值的方法，是功能评价评分法中的一种，其关键问题是如何准确地确定重要性系数。在产品或零部件的总目标成本已经确定的情况下可以使用该方法，按各个功能的重要性系数分配目标成本。一般有以下几种功能评价方法。

1. 确定方案系数评价法（Decision Alternative Ratio Evaluation，DARE）

确定方案系数评价法又叫古林法。它本来是一种方案评价方法，也可用于对功能进行评价。这种方法利用两种功能或功能区相互比较后定出来的系数对功能进行评价，如表 4 - 3 所示。

表 4 - 3　两种功能相互比较后定出来的系数

功能	暂定重要性系数	修正后重要性系数	功能重要性系数
F_1	2.0	30.0	0.54
F_2	2.0	15.0	0.27
F_3	3.0	7.5	0.13
F_4	2.5	2.5	0.04
F_5		1.0	0.02
合计		56.0	1.00

表 4 - 3 中，功能 F_1、F_2、F_3、F_4、F_5 为评价目标。暂定重要性系数一栏是功能两两相比后所得的比值。例如评价 F_1 是 F_2 的 2 倍，F_2 是 F_3 的 2 倍，F_3 是 F_4 的 3 倍，F_4 是 F_5 的 2.5 倍等。它们修正的方法是将最下面的功能 F_5 定为 1，再自下而上地逐个相乘，得到修正后的重要性系数：

$$F_4 = 2.5 \times 1 = 2.5, \ F_3 = 3.0 \times 2.5 = 7.5, \ F_2 = 2.0 \times 7.5 = 15, \ F_1 = 15 \times 2.0 = 30$$

将 F_1、F_2、F_3、F_4、F_5 取和得 56.0，以其作为分母，各功能修正之后重要性系数为分子，相除后即得各功能的重要性系数。

2. 功能成本法

功能成本法的具体做法是通过上位功能的桥梁，对所有功能进行评分。首先按照功能系统图的各功能区分别评分，如图 4 - 6 所示。

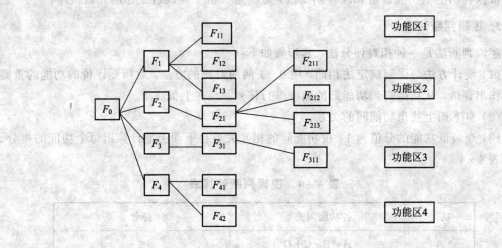

图 4 - 6　功能系统图的各功能区

产品功能 F_0 有四个直接下位功能 F_1、F_2、F_3、F_4。它们又各自与其下位功能组成四个不同的功能区（1，2，3，4），有几个功能区就评几次分。一组对象都有同一个上位功能，对下位功能的评分就是比较它们对其上位功能贡献的大小。因此，虽然评分的次数多，但容易准确地进行比较，给出定量的分值，而且简单明快，便于表达评分者的见解。其计算方法如下：如果 $\overline{f}$ 表示功能定量分值，f_i 表示各零部件的评分值，则

$$\overline{F}_1 = \frac{F_1}{F_1 + F_2 + F_3 + F_4}, \ \overline{F}_2 = \frac{F_2}{F_1 + F_2 + F_3 + F_4}$$

$$\overline{F}_3 = \frac{F_3}{F_1 + F_2 + F_3 + F_4}, \ \overline{F}_4 = \frac{F_4}{F_1 + F_2 + F_3 + F_4}$$

$$\overline{F}_{11} = \frac{F_{11}}{F_{11} + F_{12} + F_{13}}, \ \overline{F}_{12} = \frac{F_{12}}{F_{11} + F_{12} + F_{13}}, \ \overline{F}_{13} = \frac{F_{13}}{F_{11} + F_{12} + F_{13}}$$

最后，各基础功能的评分分别为

$$\overline{F}_{ij} = \overline{F}_i \cdot \overline{F}_{ij}, \ \overline{F}_{ijk} = \overline{F}_i \cdot \overline{F}_{ij} \cdot \overline{F}_{ijk}$$

在功能评分后，下一步就要对功能价值进行评估。

由以上计算公式所得各功能评分值即各功能间的比例关系。要评估功能价值首先要将这些比例关系化为金额的形式，这就需要用到产品的目标成本。产品的目标成本可由市场

价格预测确定，或由企业的经营方针来确定。

按照各功能所占比例大小可分别求出各功能的目标成本，其公式为 $FC_i = TC \times FI_i$。其中 FC_i 为功能的目标成本，FI_i 为功能系数，TC 为产品的目标成本，且

$$FI_i = \frac{F_i}{\sum_{j=1}^{n} F_j}$$

其中 F_i 为 i 功能的得分。功能价值和改善期望值可按以下计算公式求得：

$$V_i = \frac{FC_i}{C_j}, \; E_i = C_i - FC_i$$

其中 V_i 为 i 功能的功能价值；C_i 为 i 功能的目标成本；E_i 为 i 功能的改善期望值。

根据各功能的功能价值和改善期望值，可确定价值工程改进工作的先后次序。

3. 逻辑判断法

逻辑判断法是一种相对评分法，其步骤如下：

（1）统计方法与强制确定法相同，用 0～1 两两对比的方法，对所要评价的功能的重要程度作出评价，从功能高到功能低的顺序进行排列，高在上低在下。

（2）自下而上找出功能间的关系。

（3）令最低功能的分值为 1，按功能间的相互关系自下而上地计算出每个功能的得分。例见表 4-4。

表 4-4　逻辑判断计算表

功能	各功能间关系	得分
A	$A = B + C + D$	9
B	$B = C + D + E + F + G$	6
C	$C = D$	1.5
D	$E < D < 2E$	1.5
E	$E = F$	1
F	$F = G$	1
G		1

4.4.5　创造改进方案的方法

改进方案的方法很多，不拘形式，以能够发挥人的主观能动性和创造能力为目的。VE 的创新工作常需要依靠整个群体相互启发，共同努力。常用的创造改进方案的方法有以下几种。

1. 头脑风暴法(Brain Storming Method, BS)

头脑风暴法是美国的奥斯本(A. F. Osbon)首创，通过开会的方式创造广告创意，会议

人数以 5～10 人为宜，由熟悉设计对象、善于启发归纳的人主持。会议规则为：① 不批评别人的言论；② 鼓励自由奔放地提意见；③ 希望提出的意见越多越好；④ 可以改善和结合别人意见并提出方案。为了能激发灵感，会议时间不易过长，约一小时左右。采用这种方法所提出的方案比同样多的人单独提出的多 70% 左右。

2. 哥顿法

这是由美国人哥顿（W. J. Gordon）提出的。这种方法与 BS 法的相同之处在于都是以会议的形式进行，由来自各职能部门、熟悉业务并有经验的人员参加。其与 BS 法的区别在于会议只解决一个问题，除会议主持人外，谁也不知道会议要解决什么问题。主持人事先将问题适当抽象化，用"抽象的阶梯"的方法，一步一步地启发参会者思考问题。要求参会者无约束地提出解决问题的方案。主持人逐一审查研究后在适当时机才摆出最终要解决的问题，继续讨论，最后达成一致的意见。例如研制一种新型割草机，主持人开始只提出一个抽象概念，即"用什么办法可以把一种东西断开。"待参会者提出用剪断、切断、扯断、割断等不同方法以后，主持人再宣布断开的东西是草，让大家研究割草机方案。割草机的功能是割草，本质上是草的"物料分离"。通过扩散思维，分离草的办法有拉、割、剪、抽等，剪草用双刀或多刀的相对移动进行剪切，效率高；抽草是一种有新意的方案，启发于杂技演员用绳子抽断纸张，这说明软韧的绳子只要有足够速度，利用冲击力也能分离物体。

3. 特性列举法

这种方法是将产品的特性逐项列举出来，然后根据这些特性提出改进方案。

4. 德尔菲法

德尔菲（Delphi）法是美国咨询机构兰德公司率先提出的：组织者将方案分解为若干内容，以信函形式寄给有关专家；待专家将方案寄回后，组织者将其整理、归纳，提出若干建议和方案，再寄给专家们分析，提出意见。如此反复进行几次以后，形成比较集中的几个方案。这种方法的主要特点是：① 匿名性；② 反复修改性；③ 预测结果的统计性。如果认为书面提出方案时间过长，也可以将专家请到一起，采取"背对背"的形式提出方案，反复进行几次后形成比较集中的方案。

4.5　提高产品性能的原则和措施

产品的性能是从产品的功能方面考虑的，它是 VE 分析的核心内容。要提高产品的性能，首先要明确产品的功能是什么，即明确功能定义。其次，要明确产品各功能之间的关系，即进行功能整理。最后要对产品的功能进行评价，选出最佳方案，即实施功能评价。经过上述分析能够明确产品的基本功能和辅助功能，找出必要功能和不必要功能，清楚地了解各功能之间的关系，从而能够找到提高产品性能的方法，而且也能够找到降低产品成本的有效途径。

4.5.1　产品功能的定义

所谓功能，是指产品或零部件在整体中所起的作用。功能定义就是对 VE 活动对象及构造要素的功能给出明确的表述，使之与别的事物区别开来；也就是指一种产品或一项作业所提供的用途和效果。例如，电冰箱的作用是冷藏食品，手机用于通话等。

给功能定义，就是抛开对象，打破框框，创造一个新的对象概念，抛开已有产品模式的束缚，必要时使用可以测定的名词和抽象化的动词来表达功能。例如，对老虎钳丝杆的功能，如果定义为"螺旋加压"就易使人只想到螺钉和螺母，限制了思路。如果定义为"机械加压"，则可以使人想到"斜面加压"、"弹簧加压"等形式。如果进一步抽象为"形成压力"，就会更加扩展思路而想到使用液压、气压和电磁所形成的压力，从而设想创造出与现有结构不同的新机器。又如在给传递力矩下定义时，定义为"传递力矩（kg·m）"，这就可以使功能由定性的描述转化为定量描述，从而便于对功能和使用方案进行评价。

4.5.2　功能整理

功能整理就是对定义的功能进行系统的分析、整理，明确功能之间的关系，分清功能类别，找出必要功能和不必要功能，区分功能过剩和不足，分别进行处理；然后确定功能的上下关系，作出产品的功能关系图。具体方法和步骤如下：

（1）分析产品的基本功能和辅助功能。基本功能是进行产品生产的依据，它是满足用户要求的必要功能，不能随意改动，同时它也是用户购买产品的重要原因。如果产品失去了基本功能，也就失去了存在的意义。辅助功能是辅助基本功能的功能，起着帮助实现基本功能的作用。区分基本功能和辅助功能的方法是：

① 将产品的基本功能排列在左端，这是产品的上位功能。通过回答下面三个问题来判别其是否为基本功能：

- 它的作用是否必不可少？
- 它的作用是否是它的主要目的？
- 如果它的作用改变时，它的制造工艺和零部件是否全部改变？

如果以上三个问题的回答是肯定的，则这个功能即基本功能，反之则不是。

② 辅助功能的判别方法是回答以下两个问题：

- 它是否对基本功能起辅助作用？
- 它的作用是次要的吗？

如果回答是肯定的，则其为辅助功能。

（2）明确功能之间的上下位或并列关系。在一个系统中，功能的上下关系就是指功能之间的从属关系：上位功能是目的，下位功能是手段。每个上位功能都有其赖以保证实现的下位功能，每个下位功能都有以其作为目的的上位功能。例如洗衣机的目的就是洗净衣服，实现这一目的的手段是提供动力，要提供动力必须启动电机。提供动力和启动电机两个功能之间的关系就是目的和手段的关系，也就是上位功能和下位功能的关系。例如判断一个功能的目的是什么，则可以找到它的上位功能；而涉及怎样实现这个目的时，就可以找到它的下位功能。

（3）排列功能系统图。在弄清功能之间的关系以后，就可以着手排列功能系统图。所谓功能系统图，就是按照上位功能的位置在左、下位功能的位置在右的顺序自左向右地排列形成功能系统图，如图4-7所示。

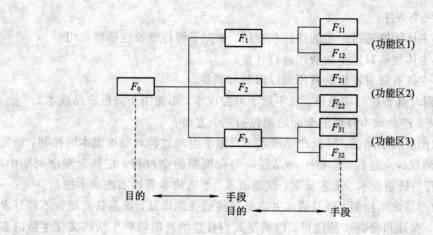

图 4-7 功能系统图

功能系统图在价值工程活动中的作用很大，通过它可以剖析整个产品的功能结构。将其和产品零部件结构进行对比，可以发现各个零部件和其功能的对应关系。往往一个功能是由几个零部件来完成的，而一个零件有时又可以在几个功能中起作用。从功能系统图中能够找到提高产品性能的方法。

在研究改进方案时，可以利用功能系统图逐个功能按次序进行研究，从而发现问题并给予改进。

4.5.3 功能评价

通过功能的系统分析，准确地掌握了用户的功能要求，剔除了不必要的功能，然后需要根据功能系统图对各功能进行定量评价，以确定高价值的重点改进对象。

功能评价是在功能分析的基础上，应用一定的科学方法，进一步求出实现某种功能的最低成本，并以此作为功能评价的基准，亦称功能评价值；通过将最低成本与实现该功能的现实成本相比较，求得两者的比值，即为功能价值。功能评价值与功能价值的差值为成本改善期望值，也是成本降低的幅度。其计算公式为

$$V = \frac{F}{C}$$

$$功能改善期望值 = C - F$$

此时功能评价值 F 常常作为功能成本降低的奋斗目标，亦称准成本。对于功能评价的具体方法前面已经讲过，此处不再重述。

4.6 降低产品成本的原则和途径

劳动生产率的高低、原材料消耗的多少、机器设备的使用效率、废品率的高低，都会在成本中反映出来。降低产品成本是价值工程活动的核心环节。在降低产品成本时应遵循如下原则：

（1）可控原则。产品成本主体应对成本降低的结果承担责任。一般情况下，可控产品

成本应具有以下三个条件：

① 产品成本主体能够通过一定的途径和方法，事先了解将要发生哪些费用。

② 产品成本主体能够对发生的费用进行计量。

③ 产品成本主体有权对发生的费用加以限制和调整。

一项成本不同时具备这三项条件，就不属于可控成本，不能用于降低产品成本。

（2）全面原则。产品成本降低的全面原则包括三个方面：

① 全过程的产品成本降低。降低产品成本不只限于生产过程对制造成本的控制，而是贯穿于产品成本形成的全过程，即整个产品经济寿命周期的全过程。在整个寿命周期中，要对设计成本、开发研制成本、工艺成本、试制成本、制造成本等均实施成本控制。

② 全方位的产品成本控制。产品成本并非是单纯地强调降低，而是首先要在不断开发新产品的基础上，保证和提高产品质量，以满足人们日益增长的物质生活和文化生活的需要，绝不能片面追求成本的降低而忽视产品的品种和质量。

③ 全员的产品成本控制。每个人的活动都要支出一定的费用，都应承担成本责任，每个人的工作效率和工作质量直接影响成本水平，降低产品成本的目标只有成为全体职工的奋斗目标，才有可能实现。因此，必须建立严格的分级归口控制责任制，企业要将成本计划中所规定的各项指标，按性质和内容进行层层分解，逐级落实到各车间、班组和职能科室，实行分级归口控制。

（3）例外管理原则。例外管理原则是指降低产品成本控制主体不必逐项过问发生在控制标准以内的成本，而集中精力降低不正常的产品、不符合常规的产品，查明原因并采取措施加以解决。

降低产品成本的途径有：

（1）生产成本的事前控制。生产成本的事前控制主要包括制定各项标准，如设计目标成本、费用预算等，制定材料的用量标准、价格标准、工时用量标准等，编制费用预算等都属于事前控制。

（2）生产成本的执行控制。产品生产成本的执行控制主要包括材料的用量控制、工时控制、材料价格控制以及制造费用的控制。

（3）产品成本的事后控制。产品成本事后控制是指根据用户反馈的信息，对产品性能、质量作出合理的调整，追求最合理的产品成本，在企业中树立良好的形象。

4.7　成　本　估　算

价值工程活动结束后，要以经济效果对产品成本进行估计和评价。

产品经济指标的提高，包括材料利用率、功能消耗、劳动生产量、设备利用率、利润等指标的改善。其主要参数有：

（1）成本降低量 $= \dfrac{\text{改进前单位成本} - \text{改进后单位成本}}{\text{改进前单位成本}}$；

（2）全年净节约额 $=$（改进前单位成本 $-$ 改进后单位成本）$\times$ 年产量

$\qquad\qquad -$ 价值工程活动经费；

(3) 节约倍数 $= \dfrac{\text{全年净节约额}}{\text{价值工程活动经费}}$；

(4) 原材料利用率 $= \dfrac{\text{产品产量}}{\text{产品原材料消耗数量}}$。

思 考 题

[1]　简述价值工程实施的步骤和指导原则。

[2]　价值工程的基本概念是什么？提高产品价值的途径有哪些？

[3]　简述 ABC 分析法（不均匀分布定律法）的步骤。

[4]　百分比法、经验分析法、产品生命期分析法的应用场合是什么？

[5]　简述强制确定法的具体步骤。

[6]　简述最合适区域法的具体步骤。

[7]　VE 成本评价价值的计算方法主要有哪些？

[8]　功能评价方法主要有哪些？

[9]　创造改进方案的方法主要有哪些？

[10]　简述提高产品性能的原则和措施。

[11]　降低产品成本的原则和途径有哪些？

第 5 章　人—机—环境的系统观与系统化设计

5.1　人—机—环境的系统观

系统是由相互作用、相互依存的要素组成的、具有特定功能的有机整体。整体系统又可分为子系统，子系统是整体系统的组成部分，整体系统与子系统之间既有相对性也有统一性。

人—机—环境系统是由相互作用、相互依存的人和机器两个子系统在一定的环境条件下构成的，且能完成特定目标的一个整体系统，有时也简称为人机系统。其中，人是指机器的操作者或使用者；机器的含义是广义的，是人所操纵或使用的各种机器、设备、工具等的总称。

人—机—环境系统通过人的感觉器官和运动器官与机器的相互作用、相互依存来完成某一特定的生产过程，例如人骑自行车、人驾驶汽车、人操纵机器、人控制自动化生产、人使用计算机等。

5.1.1　人—机—环境大系统的组成与运行

在设计和分析人—机—环境系统的过程中，一般把操作者作为人—机—环境系统中的一个"环节"来研究。人与外界直接发生联系主要通过三个子系统，即感觉系统、神经系统、运动系统。人在人机系统中的作用如图 5-1 所示。人在操作过程中，机器通过显示器将信

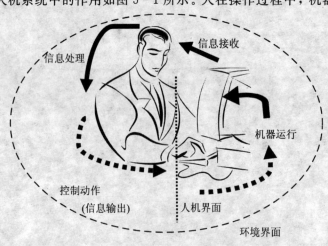

图 5-1　人—机—环境大系统的组成与运行

息传递给人的感觉器官（眼、耳等），经中枢神经对信息进行处理后，再指挥运动系统（手、脚等）操纵机器的控制器，改变机器的状态。人机所处的外部环境（温度、照明、噪音、振动等）将不断干扰系统的运行。

5.1.2　功能分配

1. 人机功能分配

所谓人机功能分配，是指在人机系统中，为了充分发挥人与机械各自的特长，互补所短，恰当地分配人机任务，以达到人机系统整体的最佳效能与总体功能。

人机功能分配必须建立在对人和机器功能特性充分分析比较的基础上。随着科学技术的发展，使人逐渐从不利于发挥特长的工作岗位上得到解放。在现代人机系统设计中，对人和机器进行功能分配，主要考虑的是系统的效能、可靠性和成本。

（1）人机功能分配时应考虑的问题有：

① 人与机械的性能、负荷能力、潜力及局限性。

② 人进行规定操作所需的训练时间和精力限度。

③ 对异常情况的适应性和反应能力的人机对比。

④ 人的个体差异的统计。

⑤ 机械代替人的效果和成本。

（2）通常由"人"承担的工作有：

① 程序设计。

② 意外事件处理。

③ 变化频繁的作业。

④ "机"的维修。

⑤ 长时期大量存储信息。

⑥ 研究、决策、设计等。

（3）通常由"机"承担的工作有：

① 枯燥、单调的作业和笨重的作业。

② 危险性较大的作业，如救火、空间技术、放射环境及有毒作业等。

③ 粉尘作业。

④ 喷漆、涂料、电镀、焊接、铆接等作业。

⑤ 自动校正、自动检测、高精度装配等。

⑥ 特殊目的作业，如病房服务、为盲人引路、壁行机（用于船壳焊接）、象鼻机（仿象鼻运动搬运重物）等。

⑦ 高阶运算。

⑧ 快速操作。

⑨ 高可靠性、高精度的和程序固定的作业。

2. 人与机的功能匹配

（1）人机应达到最佳匹配，才能使系统整体效能最优。由于人和机器各有特长和局限性，所以人机之间应彼此协调，相互补充。

（2）人和机器相互配合。人和机器相互配合表现在两个方面：一是需要人监控机器，机器一旦出现异常，要由人来调控；二是需要机器监督人，以防止人产生失误而导致整个系统发生故障。

（3）显示器与人的信息感觉通道特性相匹配。

（4）控制器与人体运动反应特性匹配。

（5）显示器与控制器之间相匹配。

（6）环境条件与人的有关特性相匹配。

（7）人、机、环境要素与作业之间相匹配等。

5.1.3 人的生理和心理因素

在人和机器发生关系和相互作用的过程中，最本质的联系是信息交换。人在人机系统中的活动过程可以类比为一种信息传递和处理过程。

一个多世纪以前，心理学家们就已经发现了一些人的信息处理模型，如唐德斯的减法模型、斯特伯格的加法模型、威尔福德的单通道模型、布若苯特的过滤模型、克尼曼的单资源模型、维肯斯的多资源模型、斯克雷德和雪佛瑞的控制与自动过程模型。从这些模型中我们对人的信息处理系统有了初步的了解，可以将人的信息处理系统视为一个单通道的、有限输送容量的信息处理系统来研究。其基本组成如图 5-2 所示。

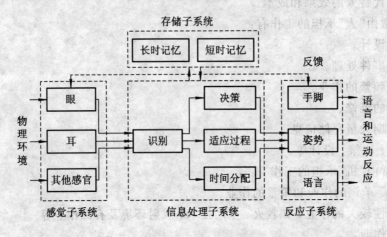

图 5-2　人的信息处理系统

人的信息处理的第一个阶段是感觉，即信息接收。在这一阶段，人通过各种感觉器官即感觉子系统接收外界的信息，然后把这些信息传递给中枢信息处理子系统。在这里，人对获得的信息进行编译、整理、选择。这期间，信息要不断地与人的记忆发生联系，从存储子系统中选取相关的信息，把有用的信息存储到大脑中，并向系统发出相关的命令。最后通过反应子系统中的手脚、控制器、语言器官等产生各种运动与语言反应。因此，人—机—环境大系统的运行是与人的生理因素和心理因素密切相关的。

1. 人的生理因素

1）视觉的生理特征

在认识物质世界的过程中，在日常工作和生活中，我们获得的信息大约有 85％ 都是通过视觉系统获得的，因此了解人的视觉特征对于设计出适合人类视觉特征要求的各种产品与环境、提高人的工作效率是有帮助的。

视觉的生理特征包括：

(1) 疲劳程度：水平优于垂直。

(2) 视线变化习惯：从左到右，从上到下，顺时针。

(3) 准确性：水平尺寸和比例的估计比垂直方向上更准确。

(4) 观察情况的优先性：左上＞右上＞左下＞右下，进行视区内的仪表布置时必须考虑这一点。

(5) 双眼协调性：两眼的运动总是协调的、同步的，所以通常以双眼视野为设计依据。

(6) 接受程度：直线轮廓优于曲线轮廓。

(7) 颜色的易辨认顺序：红、绿、黄、白；颜色相配时的易辨认顺序：黄底黑字、黑底白字、蓝底白字、白底黑字。

2) 听觉的生理特征

听觉是人类获得外界信息的重要途径之一，仅次于视觉。听觉的适宜刺激是频率为 20～20 000 Hz 的振动声波。

听觉的生理特征包括：

(1) 辨别声音的高低、强弱。声波的三个物理特性(频率、振幅、波形)通过听觉系统引起人对声音的不同主观感觉。

(2) 可辨别声音的方位和距离。

(3) 方向敏感性。

(4) 频率响应。人能够觉察到的频率范围是 20～20 000 Hz。

(5) 听觉的动态范围。听觉有听阈、痛域、听觉区域等动态范围。

(6) 掩蔽效应。

3) 人的反应特性

在人进行信息处理的过程中，在决策做出之后会做出相应的反应，即依据信息加工的结果对系统做出反应，这就是人的信息处理系统的输出。人的主要的信息执行器官有手、脚、口等，因此，人的信息输出有语言输出、运动输出等多种形式。随着对智能型人机系统的研究，人将可能会更多地使用语言输出的操作系统，但目前信息输出的重要方式还是运动输出。运动输出的质量评定指标是反应时间、运动速度和运动准确性。

(1) 反应时间。任何反应都是由于人们受到某种刺激所产生的。刺激引起感觉器官的活动，并经由神经传至大脑中枢，经加工，再从大脑传递给肌肉，肌肉收缩力作用于外界的某种客体，即产生动作或某种活动。这一过程是在机体内部进行的，且每一步骤都需要时间，这些时间的总和称为反应时间(Reaction Time，RT)，也称为反应潜伏期。它表达了刺激与反应的时间间距。

反应时间由反应知觉时间(t_z，自出现刺激到开始执行操作的时间)和动作时间(t_d，执行操作的延续时间)两部分组成，即

$$RT = t_z + t_d$$

反应时间的长短直接影响到人机系统的性能，它与反应的类型、不同的感觉通道、刺激信号的数目与强弱、人的主体因素等主要因素有关。

（2）运动速度。运动速度可用完成动作的时间表示，它与动作特点、目标距离、动作方向、动作轨迹特征、负荷重量等因素密切相关。

（3）运动准确性。影响运动准确性的主要因素有：运动速度、运动类型、运动方向、操作方式等。

2. 人的心理因素

作为人－机－环境系统中的人，其心理活动可概括为心理过程和个性心理两大方面。人的心理过程一般可以分为三大类型：一是人的认知活动；二是人的情绪活动；三是人的意志活动。而影响人的行为的首要心理因素是认知心理。因此，我们主要探讨人的认知心理过程。

1）人的认知心理过程

（1）感觉的基本特征。感觉是人脑对直接作用于感觉器官的事物的个别属性的反映。人的感觉器官接受内、外环境的刺激，并将其转化为神经冲动，通过传入神经，将其传至大脑皮质感觉中枢，便产生了感觉。人的感觉包括视觉、听觉、本体感觉、肤觉等，是一种最简单、最基本的心理过程，是人们了解外部世界的渠道，也是一切高级、复杂的心理活动的基础和前提。

① 适宜刺激：人体的某种感觉器官只对某种能量形式的刺激特别敏感。这种能引起感觉器官有效反应的刺激称为该器官的适宜刺激。表 5－1 列出了人体各主要感觉器官的适宜刺激及其识别特征。

表 5－1 人体各主要感觉器官的适宜刺激及其识别特征

感觉类型	感觉器官	适宜刺激	刺激来源	识别外界的特征
视觉	眼	一定频率范围的电磁波	外部	形状、大小、位置、远近、色彩、明暗、运动方向等
听觉	耳	一定频率范围的声波	外部	声音的强弱和高低、声源的方向和远近
嗅觉	鼻	挥发和飞散的物质	外部	香气、臭气、辣气等
味觉	舌	被唾液溶解的物质	接触表面	甜、咸、酸、辣、苦等
皮肤感觉	皮肤及皮下组织	物理和化学物质对皮肤的作用	直接和间接接触	触压觉、温度觉、痛觉等
深部感觉	肌体神经和关节	物质对肌体的作用	外部和内部	撞击、重力、姿势等
平衡感觉	半规管	运动和位置的变化	外部和内部	旋转运动、直线运动、摆动等

② 感觉阈限：刺激必须达到一定强度才能对感觉器官发生作用。能够引起感觉的最小刺激量称为感觉阈下限；能产生正常感觉的最大刺激量称为感觉阈上限。刺激强度超过感觉阈上限，将使感觉消失而引起痛觉，甚至致使感觉器官损伤。能被感觉器官所感受的刺激强度范围，称为绝对感觉阈值。

感觉器官不仅能感觉刺激的有无，而且能感觉到刺激强度的变化或差别。刚刚能引起差别感觉的刺激最小差别量称为差别感觉阈限。不同感觉器官的差别感觉阈限不是一个绝对数值，而是随最初刺激强度变化而变化的，且与最初刺激强度之比为常数。中等刺激强度下，其关系可用韦伯定律表示：

$$\frac{\Delta I}{I} = K$$

其中：ΔI 为引起差别感觉的刺激增量；I 为最初刺激强度；K 为常数，称为韦伯分数。

③ 适应：在刺激持续作用的情况下，感觉会逐渐减少以致消失的现象。

④ 相互作用：在一定的条件下，各种感觉器官对其适宜刺激的感受能力都将受到其他刺激的干扰影响而降低，由此使感受性发生变化的现象。

⑤ 对比：同一感觉器官接受两种完全不同但属于同一类刺激物的作用，而使感受性发生变化的现象。

⑥ 余觉：刺激取消后，感觉可存在一极短时间的现象。

（2）知觉的基本特征。知觉是人脑对直接作用于感觉器官的客观事物和主观状况整体的反映。它是在感觉的基础上对客观事物所产生的高一级的认识。感觉的性质较多地取决于刺激的性质，而知觉在很大程度上却受到人的知识、经验、情绪、态度等因素的制约和影响，因此，知觉不是各种感觉的堆积，而是人们借助已有的知识经验对感觉器官提供的信息进行选取、理解和解释的过程。

在生活和生产活动中，人都是以知觉的形式直接反映事物的，在心理学中把感觉和知觉统称为"感知觉"。

知觉的基本特征包括：

① 整体性。在知觉时，把由许多部分或多种属性组成的对象看做具有一定结构的统一整体的特性。例如人们在观察图 5-3 所示图形时，不是把它感知成四段线段、几个圆、虚线，而是把它看成正方形、三角形和圆。

图 5-3　知觉的整体性

② 选择性。在知觉时，把某些对象从背景中优先区分出来，并予以清晰反映，这就是知觉的选择性，如图 5-4 所示。知觉对象与背景之间的差别越大，对象越容易从背景中区分出来，如万绿丛中一点红。在固定不变或相对静止的背景上，运动的对象最易感知，如闪烁的信号灯。人的主观因素对知觉对象的选择也有很大影响。

图 5-4　双关图—知觉的选择性和理解性

③ 理解性。在知觉时，用以往所获得的知识经验来理解当前的知觉对象的特性，这就是知觉的理解性。与知觉对象有关的知识经验越丰富，对知觉对象的理解越深刻。语言的提示或思维的推论，可唤起过去的经验，帮助人们理解当前的知觉对象。此外，人的情绪状态、定势状态也影响人们对知觉对象的理解。

④ 恒常性。知觉的条件在一定范围内发生变化，而知觉的印象却保持相对不变的特性称为知觉的恒常性。它包括大小恒常、形状恒常、颜色恒常等。知觉的恒常性保证了人在变化的环境中仍然按事物的真实面貌去知觉，从而更好地适应环境。

⑤ 错觉。错觉是对外界事物不正确的知觉。错觉现象十分普遍，在各种知觉中都可能发生。图 5-5 列出了常见的几种图形错觉。

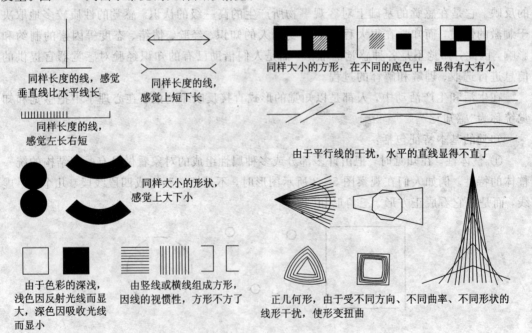

图 5-5　常见的图形错觉

人的错觉在人机系统中可能造成监测、判断和操作的失误，应尽量避免；但在军事行动、体育比赛以及绘画、服装、建筑造型、产品设计等方面，利用错觉，可收到很好的效果。

（3）记忆的基本特征。记忆是一个复杂的心理过程，它可具体划分为识记、保持、再认、再现等阶段。其心理学和信息论的解释如表 5-2 所列。

表 5-2　记 忆 的 解 释

记忆的不同阶段	记　忆	保　持	再　认	再　现
经典的心理学解释	大脑皮层中暂时神经联系（条件反射）的建立	暂时神经联系的巩固	暂时神经联系的再活动	暂时神经联系的再活动（或接通）
信息论的观点	信息的获取	信息的储存	信息的辨识	信息的提取和运用

大量心理学研究的结果表明，人有三种不同的记忆：瞬时记忆、短时记忆和长时记忆。

① 瞬时记忆。瞬时记忆是指各感觉器官存储人感觉到的信息，所以也被称为感觉记忆、感觉存储和感觉登记。瞬时记忆是最短暂的记忆，保持时间一般以毫秒计。它可以储存大量的潜在信息，但易于消失。人有两个最重要的瞬时记忆，一个是视觉信息存储，保持时间不超过 1 s；一个是听觉信息存储，也叫回声记忆，保持时间约在 0.25～2 s 之间。如果信息受到注意，则会转为短时记忆。

② 短时记忆。短时记忆一般指保持 1 min 以内的记忆。短时记忆对内容已进行一定程度的编码，因而对内容能意识到，但在没有时间复述的情况下，那些看起来可以记住的东西会在 1 min 内消退。

短时记忆的容量也是非常有限的。1955 年，美国著名心理学家米勒写了一篇著名的文章《奇妙的 7》，在文中，他提出人的短时记忆的容量大约是 7 个元素，现代研究指出人的短时记忆的容量可能是 5 个元素。短时记忆往往是人在即时活动中所要求的，是操作性的，因而也被称为操作记忆或工作记忆。例如，在现代化的自动控制系统中，人所观察到的系统的状态指标等都存在于人的短时记忆中。在人机系统中，若过分要求短时记忆就会加重人的心理负荷，造成人为差错。因此设计人机系统时应对人的短时记忆的特点多加考虑。

如果对短时记忆的内容加以复述或编码，就可以转为长时记忆。

③ 长时记忆。长时记忆是保持 1 min 以上到几年甚至终生难忘的记忆。人的知识经验，就是保持在长时记忆中的信息。长时记忆的内容是对以往信息加工复述的结果，也可以由于印象深刻而一次形成，比较稳定，具有备用的作用，对人的活动不会增加过多的负担。人的长时记忆的容量很大，几乎是无限的。

(4) 注意的基本特征。注意是人的心理活动对一定对象的指向和集中。

人处理信息的一般模式为：外界刺激→感知→选择→判断→决策→执行。"注意"被认为是其中的"选择"，它也被认为是人的信息处理的一个瓶颈。在人机系统中，许多事故的发生都可以从注意上找原因。例如，飞行员在追击敌机时可能由于没有注意到高度表指示的变化而发生毁机事故；一个打字员会由于与人谈话而打错了字，等等。心理学家通过研究证实，人的注意是有一定极限的：人在瞬间的注意广度（即被注意事物的范围）一般为 7 个单位；如果是数字或没有联系的外文字母的话，可以注意到 6 个；如果是黑色圆点，可以注意到 8～9 个。

2) 人的个性心理特征

由于先天素质、后天环境和实践活动的不同，人会表现出不同的心理面貌，这种人与人之间在心理面貌上的差异，称为个性心理。个性心理是以心理过程为基础形成和发展起来的，而已形成的个性心理反过来又影响和制约心理过程的进行。

(1) 能力。能力是指一个人顺利完成一定活动所表现出的稳定的心理特征。

① 一般能力：主要是认识活动能力，也称智力，包括观察力、记忆力、注意力、思维力、想象力等，是人们从事各种活动都需要的能力。

② 特殊能力：是从事某种专业活动所需要的能力，如写作能力、管理能力、机械操作能力等。

人的能力是有个体差异的，这种差异可以表现在能力发展水平上，也可以表现在能力的类型上或者年龄的差异上。研究这种差异，有助于科学地选择和分配职业，在人－机－环境系统中做到人尽其能。

(2) 气质。气质是指主要由生物遗传因素决定的、相当稳定的心理过程的动力特征。这些动力特征主要表现在心理过程的强度、速度、稳定性、灵活性以及指向上，使其带有个人独特的色彩。

通常把气质分为四种基本类型：胆汁质、多血质、粘液质、抑郁质。各个类型的气质都有各自的特点，如表5－3所列。

表5－3　人的气质类型及其主要特征

气质类型	主　要　特　征	工作适应性
胆汁质	属于神经活动强而不平衡型。典型特点为兴奋性高，动作和情绪反应迅速而强烈，行为外向，但行为缺乏均衡性，自制力差，不稳定	适合做要求反应迅速、应急性强、危险性、难度较大且费气力的工作，不适应从事稳定性、细致性的工作
多血质	属于神经活动强、平衡而灵活型。典型特点为兴奋性高，动作言语和情绪反应迅速，行为均衡，外向且有很高的灵活性，容易适应条件的变化，机智敏锐，能迅速把握新事物，但注意力易转移	适合于从事多样多变、要求反应敏捷且均衡的工作，而不太适应做需要细心钻研的工作
粘液质	属于神经活动强、平稳而不灵活型。典型特点为平稳、能在各种条件下保持平衡，冷静有条理，坚持不懈，注意力稳定，但不够灵活，循规蹈矩	较适合从事有条不紊、按部就班、刻板性强、平静且耐受性较高的工作，不太适合从事激烈多变的工作
抑郁质	属于神经活动弱型。典型特点为情绪感受性高，强烈的内心体验，孤僻、胆怯，极为内向	能够兢兢业业工作，适合从事持久、细致的工作，而不适宜做要求反应灵敏、处理果断的工作

气质类型并无优劣之分，但每种气质类型都有自己的影响优势，而不同的职业又要求操作者具有不同的心理品质。因此，在职业选择和分配时，要考虑人的气质，尽可能使操作者的气质与其从事的工作相适应，以便扬长避短，提高工作效率。

(3) 性格。性格一般指个体对现实的稳定的态度以及与之相适应的习惯性的行为方式。它是一个人有别于他人的最重要、最鲜明的个体心理特征，是在长期的社会生活实践中逐渐形成的。人的性格特征主要表现在以下四个方面。

① 对现实态度的特征：表现为对社会、对工作、对他人、对自己的态度，如正直、诚实、积极、勤劳、谦虚等，与其相反的为圆滑、虚伪、消极、懒惰、骄傲等。

② 意志特征：独立性、自制性、坚持性、果断性等，与其相反的为易受暗示性、冲动性、动摇性、优柔寡断等。

③ 情绪特征：热情、乐观、幽默等，与其相反的为冷漠、悲观、忧郁等。

④ 理智特征：深思熟虑、善于分析与善于综合等，与其相反的为轻率、武断、主观自以为是等。

（4）动机。动机是驱使个体去进行活动的心理动力。它是个体在物质需要和精神需要的基础上产生、而又不为他人所能直接观察到的内在心理倾向，是目的的出发点。

动机作为个体活动的动力，在人的活动中具有三种作用：

① 动机的引发作用：引起和发动个体活动。

② 动机的激励作用：维持、增强或制止、减弱个体活动的力量。

③ 动机的指引作用：引导个体活动朝向一定目标进行。

5.1.4　环境因素和可持续发展

环境因素是人—机—环境系统的重要组成部分。它主要包括微气候环境、照明环境、色彩环境、噪声及振动环境、空气环境等。适宜的环境对保障操作者的安全与健康、提高生产效率及可持续发展都有重要的意义。

1. 微气候对人的影响

1）高温作业环境对人的影响

一般将热源散热量大于 $84\ kJ/(m^2 \cdot h)$ 的环境叫高温作业环境。高温作业环境有三种基本类型：一是高温、强热辐射作业，其特点为气温高，热辐射强度大，相对湿度较低；二是高温、高湿作业，其特点为气温高、湿度大，如果通风不良就会形成湿热环境；三是夏季露天作业，如农民劳动、建筑工地等露天作业。

（1）高温作业环境对人的生理影响表现在以下几个方面：

① 对消化系统具有抑制作用。人在高温下，体内血液重新分配，引起消化道相对贫血，由于出汗排出大量氯化物以及大量饮水，致使胃液酸度下降，会引起食欲不振、消化不良和胃肠疾病。

② 对中枢神经系统具有抑制作用。高温热环境下大脑皮层兴奋过程减弱，条件反射的潜伏期延长，注意力不易集中。严重时，会出现头晕、头痛、恶心、疲劳乃至虚脱等症状。

③ 导致水分和盐分大量丧失。在高温下进行重体力劳动时，平均每小时出汗量为 $0.75 \sim 2.0\ L$，一个工作日可达 $5 \sim 10\ L$。人体长时间持续受热，可使下丘脑体温调节功能发生障碍。由于出汗，大量水分丢失，以至水盐代谢失衡，血容量减少，肌体热负荷过大，加重了心血管负荷，引起心肌疲劳，数年后可出现高血压、心肌受损及其他方面的慢性疾患。

④ 高温及噪声联合作用损伤人的听力。有文献对此进行专门研究，高温对人体语言听阈和高频听阈没有影响，但高温与噪声的联合作用不仅能加重噪声对人耳高频听阈的损害，也能提高人耳语频听阈。因此，降低高温环境温度可减轻噪声对工人听力的危害。

（2）高温作业环境对工作效率、事故的影响：

① 高温环境影响效率，人在 27～32℃ 下工作，其肌肉用力的工作效率下降，并且促使用力工作的疲劳加速。当温度高达 32℃ 以上时，需要较大注意力的工作及精密工作的效率

也开始受影响。高温作业环境条件下不仅引起人体不适，影响身体健康，而且还使生产效率降低。随着温度提高和气流速度降低，作业效率明显降低。

② 脑力劳动对温度的反应更敏感，当有效温度达到 29.5℃时，脑力劳动的效率就开始降低，许多学者的实验都表明，有效温度越高，持续作业的时间越短。

③ 事故发生率与温度有关，据研究，意外事故率最低的温度为 20℃左右；温度高于 28℃或降到 10℃以下时，意外事故增加 30%。

2）低温作业环境对人的影响

低温环境对人体的影响不仅取决于温度，还取决于湿度、气流速度。在低温高湿条件下，由于湿度的增加，衣服的热阻降低，使衣服起不到御寒作用，会引起人体肌肉疼痛、发炎、神经痛、神经炎、腰痛、风湿痛等各种疾患；而随着气流速度增加，人体通过空气对流散发的热量增加，而且温度越低，气流速度影响越大，有效温度降低量越大。

低温环境条件下，首先影响人体四肢的灵活性，最常见的是肢体麻木，特别是影响手的精细运动灵巧度和双手的协调动作。手的操作效率和手部皮肤温度及手温有密切关系。手的触觉敏感性的临界皮肤温度是 10℃左右，操作灵巧度的临界皮肤温度是 12~16℃，长时间暴露于 10℃以下，手的操作效率会明显降低。

3）微气候环境的改善

① 人居的微气候环境的改善：微气候对建筑的影响是较大的。目前已经有采用先进的结构（如大跨度巨型结构）、先进的设备（如 PVC 光电板）、先进的材料（如透明热阻材料）和智能控制系统（如生物光全光谱系统和照明节能系统）等高技术来设计和建造具有生态温控、湿控和通风调空的健康、舒适的室内微气候的生态建筑。

② 高温作业环境的改善：应从生产工艺和技术、保健措施、生产组织措施等方面加以改善。

③ 低温作业环境的改善：应从做好采暖和保暖工作、提高作业负荷、加强个体保护、采用热辐射取暖等方面加以改善。

2. 照明对作业的影响

1）照明与疲劳

不同照度下看书后眼睛的疲劳程度可以通过眨眼次数的变化来说明，如图 5-6 所示。

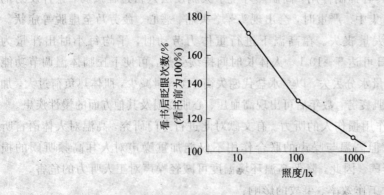

图 5-6　视觉疲劳与照度的关系

2）照明与工作效率

改善照明条件不仅可以减少视觉疲劳，而且也能提高工作效率。图 5-7 所示为良好光环境的作用。

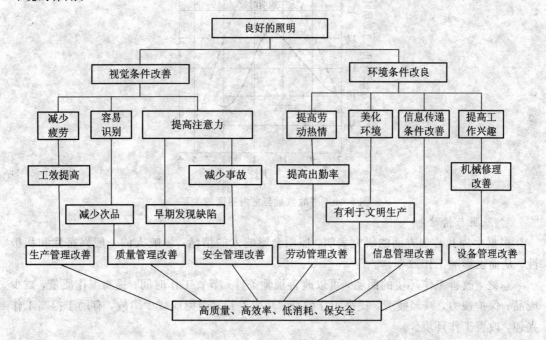

图 5-7　良好光环境的作用

图 5-8 为生产率、视觉疲劳与照度的关系，图中为一精密加工车间，随着照度值由 370 lx 逐渐增加，劳动生产率随之增长，视觉疲劳逐渐下降，这种趋势在 1200 lx 以下很明显。

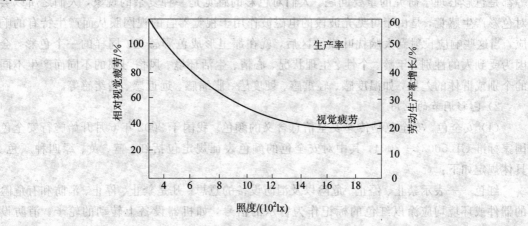

图 5-8　生产率、视觉疲劳与照度的关系

3）照明与事故

事故的数量与工作环境的照明条件有关。图 5-9 中所示为事故次数和季节的关系。由于 11 月、12 月、1 月的白天很短，工作场所人工照明时间增加，和天然光相比，人工照明的照度值较低，故在冬季事故数最高。

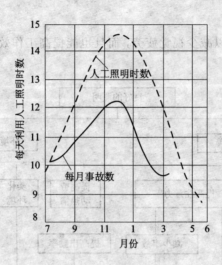

图 5 - 9 事故数量与室内照度的关系

4）照明与情绪

根据生理和心理方面的研究表明，照明会影响人的情绪，影响人的一般兴奋性和积极性，从而也影响工作效率。

总之，改善工作环境的照明，可以改善视觉条件，节省工作时间；提高工作质量，减少废品；保护视力，减轻疲劳，提高工作效率；减少差错，避免或减少事故，有助于提高工作兴趣，改善工作环境。

3. 色彩对人的影响

1）色彩对人的影响

色彩对人的影响是客观存在的。色彩的辨别力、视认性、明视性，色彩的象征和情感等都是色彩心理学研究的重要问题。人们对色彩的感觉是一种复杂的现象，人们之所以会对色彩产生感觉，是由于可见光波段的电磁波作用于视觉器官的视网膜从而产生特有的响应，当这些响应投射到大脑枕叶横纹区后，就在那里形成色彩感觉。同样的一个色彩，会因为受到人的性别、年龄、个性、生理状况、心情、生活环境、风俗习惯的不同而产生不同的个别或群体的差异，如温度感、轻重感、硬度感、胀缩感、远近感、情绪感等。

2）色彩调节的应用

（1）安全色。安全色是传递安全信息含义的颜色。我国于 2002 年 6 月开始施行安全色国家标准 GB 50034—2004，其中对安全色的颜色表征规定包括红、蓝、黄、绿四种颜色。具体规定如下：

红色——表示禁止、停止、危险以及消防设备的意思。凡是禁止、停止、消防和有危险的器件或环境均应涂以红色的标记作为警示的信号，如机器设备上转动的轮子、消防设施、报警器、应急停止按钮等。

蓝色——表示指令，要求人们必须遵守的规定。

黄色——表示提醒人们注意。凡是警告人们注意的器件、设备及环境都应以黄色表示。

橙色——表示直接的危险物，如移动的防护罩，机器上切、压、冲等危险行程部件。

绿色——表示给人们提供允许、安全的信息。

凡属有特殊要求的零部件，机械、设备等的直接活动部分与管线的接头、栓等部件以及需要特别引起警惕的重要开关，特别的操纵手轮、把手，机床附设的起重装置，需要告诫人们不能随便靠近的危险装置都必须施以安全色。对于调节部件，一般也应施以纯度高、明度大、对比强烈的色彩加以识别。

车间、工作场所色彩调节中的安全色施色必须做到：

- 标识出直接的危险物；
- 标识出可用于应急措施的对象；
- 标识出安全救助设施；
- 标识出可能出现危险的区域或可能受害的对象；
- 标识出必须禁止操作或必须提醒注意的操作。

此外，在野外操作的工程机械，常常在没有任何特殊防护设施的环境下工作，为了防止行人靠近而造成伤害，必须采用橙色、朱红、明黄等色彩，以与环境中绿色的树木、棕褐色的土地或灰色的水泥地形成鲜明的对比。

（2）对比色。对比色是使安全色更加醒目的反衬色，包括黑、白两种颜色。安全色与对比色同时使用时，应按表 5-4 规定搭配使用（黑色与白色互为对比色）。

表 5-4　安全色和对比色

安全色	对比色
红色	白色
蓝色	白色
黄色	黑色（用于安全标志的文字、图形符号和警告标志的集合边框）
绿色	白色

（3）环境色。车间、厂房的空间构件包括地面、墙壁、天花板以及机械设备中除了直接活动的部件与各种管线的接头、栓等部件外，都必须施以环境色。车间、厂房色彩调节中的环境色应满足以下要求：

- 应使环境色形成的反射光配合采光照明形成足够的明视性；
- 应像避免直接眩光一样，尽量避免施色涂层形成的高光对视觉的刺激；
- 应形成适合作业的中高明度的环境色背景；
- 应避免配色的对比度过强或过弱，保证适当的对比度；
- 应避免大面积纯度过高的环境色，以防视觉受到过度刺激而过早产生视觉疲劳；
- 应避免如视觉残像之类的虚幻形象出现，确保生产安全。

如在需要提高视认度的作业面内，尽可能在作业面的光照条件下增大直接工作面与工作对象间的明度对比。经有关专家实验统计，人们在黑色底上寻找黑线比在白色底上寻找同样的黑线所消耗的能量要多 2100 倍。为了减少视觉疲劳，必须降低与所处环境的明度对比。

同样，在控制器中也应注意控制器色彩与控制面板间以及控制面板与周围环境之间色彩的对比，以改进视认性，提高作业的持久性。

4. 噪声对人的影响

1）噪声对人的影响

（1）噪声对听力的影响：持续性的强烈噪声会使人的听力受到损害。根据国际标准化组织的规定：强噪声环境对 200 Hz、1000 Hz 和 2000 Hz 三个频率的平均听力损失超过 25 dB，称为噪声性耳聋。

（2）噪声对其他生理机能的影响：噪声对神经系统的危害会造成大脑皮层的兴奋，抑制平衡失调，导致条件反射异常，引起各种神经系统疾病，如头痛、失眠、记忆力衰退等；在噪声刺激下，会导致人体甲状腺机能亢进，肾上腺皮质功能增强等症状；两耳长时间受到不平衡的噪声刺激时，会引起前庭反应、呕吐等现象发生；噪声对心血管系统功能的影响表现为心跳过速、心律不齐、心电图改变、高血压以及末梢血管收缩、供血减少等；噪声作用于人的中枢神经系统时，会影响人的消化系统，导致肠胃机能阻滞、消化液分泌异常等，造成消化不良等胃功能紊乱症状，从而导致肾病及胃溃疡的发病率增高。

（3）噪声对心理的影响：主要是使人产生烦恼、焦急、讨厌、生气等不愉快的情绪。脉冲噪声比连续噪声的影响更甚，响度越大影响也越大。

（4）噪声对语言交流的影响：由于声音的掩蔽效应，噪声对语言信息的传递危害很大。目前国际上用语言干扰级（SIL）作为评价噪声对语言通信干扰程度的参量。

（5）噪声对作业能力和工效的影响：在嘈杂的环境中，人们心情烦躁，容易疲劳，反应迟钝，注意力不易集中，所以噪声直接或间接地影响工作效率。

2）噪声控制

2002 年经国家卫生部正式颁布《工业企业设计卫生标准》GBZ1—2002 中规定：具有生产性噪声的车间应尽量远离其他非噪声作业车间、行政区和生活区；噪声较大的设备应尽量将噪声源与操作人员隔开；工艺允许远距离控制的，可设置隔声操作（控制）室。工作场所操作人员每天连续接触噪声 8 小时，噪声声级卫生限值为 85 dB(A)。

噪声控制的途径有三种：

（1）声源控制，包括：

- 降低机械噪声，如选择发声小的材料、改变机械传动方式、改进设备机械结构等；
- 降低空气动力性噪声，如降低气流速度、减少压力脉冲、减少涡流等。

（2）控制噪声的传播，包括：

- 对工厂各区域合理布局；
- 调整声源的指向；
- 充分利用天然地形；
- 采用吸声、隔声、消声等措施；
- 采用隔振与减振措施。

（3）操作者的听力保护。

5. 几种现代空气污染的来源及其危害

1）建筑物室内空气污染来源及其危害

中国室内环境中心 2002 年 4 月公布一项统计显示，中国每年因建筑涂料引起的急性中毒事件约 400 起，中毒人数达 1.5 万余人，建筑物室内空气污染来源主要包括：放射性物质、化学物质、电磁场等。

（1）放射性物质：专家研究发现，放射性物质及一次大剂量或多次小剂量的放射线照射都有致白血病的作用。特别是一些高放射性的建筑材料，会对人体造成体内和体外伤害。

（2）化学物质：建筑装修用的人造板材、木家具及其它各类装饰材料（如贴壁布、墙纸、化纤地毯、泡沫塑料、油漆、涂料等)中含有苯和甲醛等有害物质。研究证明,慢性苯中毒主要使骨髓造血机能发生障碍,引起再生障碍性贫血。甲醛对人体健康的影响主要表现为嗅觉异常、刺激、过敏、肝功能异常及免疫功能异常等。长期接触低度甲醛可以引起慢性呼吸道疾病,甚至引起鼻咽癌、妊娠综合症、新生儿染色体异常、白血病、青少年记忆力和智力下降。

(3) 电磁场:家用电器、电线等产生的电磁场正在威胁人们的健康。意大利医学专家统计,全国每年有 400 多名儿童患白血病,其中 2 至 7 岁儿童的发病原因主要是受到过强的电磁辐射。

2) 车内空气污染主要来源及危害

新车内装饰材料中含有的有毒气体主要包括苯、甲醛、丙酮、二甲苯等。这些有害物质在不知不觉中使人中毒,渐渐出现头痛、乏力等症状。

汽车发动机产生的一氧化碳、汽油挥发成分等会使车厢内的空气质量下降。

车用空调蒸发器若长时间不进行清洗护理,就会在其内部附着大量污垢,所产生的胺、烟碱、细菌等有害物质弥漫在车内狭小的空间里,导致车内空气质量差甚至缺氧。

人体自身的污染。由于车内开窗不多,当空气中二氧化碳浓度达到 0.5% 时,人就会出现头痛、头晕等不适感。乘客较多时就更容易造成污染。

3) 铅污染的危害

铅是一种对神经系统有害的重金属元素,会对人的大脑神经系统带来严重危害,导致智力下降,免疫力降低,生长发育迟缓。

儿童对铅尤为敏感,吸收率高达 50%。国际上公认,当儿童体内铅含量超过每升 100 微克时,儿童的脑发育就会受到不良影响,称之为铅中毒。

铅中毒对儿童的危害主要体现在智力发育、学习能力、心理行为、生长发育等方面。儿童铅含量过高的反应是面色发黄、生长迟缓、便秘、腹泻、恶心、呕吐、注意力不集中。

5.2　系统化设计

设计是革新,是创造。人类社会文明发展史中,充满了一次又一次的革新和发明创造。在各种情况下,人类总是创造出某些前所未有的东西。他们总是先有某种需要,而后产生一种怎样才能满足这种需要的思想,最后经过百折不回的努力将其变成现实。我们把这样的过程称之为设计。设计所要追求的目标是在给定的条件下实现最优的设计。系统设计就是设计师在给定的条件(称为约束条件)下设计出满足需要的最佳系统。

5.2.1　系统化设计的概念

系统化设计就是将设计看成由若干个设计要素组成的一个系统,每个设计要素具有独立性,各个要素间又存在着有机的联系,并具有层次性,所有的设计要素结合后,即可实现设计系统所需完成的任务。系统化设计强调用系统工程处理技术系统问题。设计时不仅要分析各部分的有机关系,力求系统整体最优;而且要考虑技术系统与外界的联系,即人—机—环境的大系统关系。

5.2.2 系统化设计的方法和步骤

比较有代表性的系统化设计方法包括以下五种。

（1）设计元素法：用五个设计元素（功能、效应、效应载体、形状元素和表面参数）描述"产品解"，认为一个产品的五个设计元素值确定之后，产品的所有特征和特征值即已确定。我国亦有设计学者采用了类似方法描述产品的原理解。

（2）图形建模法：用层次清楚的图形描述出产品的功能结构及其相关的抽象信息，实现系统结构、功能关系的图形化建模。这种方法可以采用图形符号，具有内容丰富的语义模型结构，可以描述集成条件，可以划分约束类型，可以实现关系间的任意结合，将设计方法解与信息技术进行集成，实现了设计过程中不同抽象层间信息关系的图形化建模。

（3）构思设计法：将产品的方案设计分成构思和设计两个阶段。构思阶段的任务是寻求、选择和组合满足设计任务要求的原理解，设计阶段的工作则是具体实现构思阶段的原理解。方案的构思具体描述为：根据合适的功能结构，寻求满足设计任务要求的原理解，即功能结构中的分功能由"结构元素"实现，并将"结构元素"间的物理连接定义为"功能载体"，"功能载体"和"结构元素"间的相互作用又形成了功能示意图（机械运动简图）。方案的设计是根据功能示意图，先定性地描述所有的"功能载体"和"结构元素"，再定量地描述所有"结构元素"和连接件（"功能载体"）的形状及位置，得到结构示意图。

（4）矩阵设计法：在方案设计过程中采用"要求—功能"逻辑树（"与或"树）描述要求、功能之间的相互关系，得到满足要求的功能设计解集，形成不同的设计方案。再根据"要求—功能"逻辑树建立"要求—功能"关联矩阵，描述满足要求所需功能之间的复杂关系，表示出要求与功能间一一对应的关系。

（5）键合图法：将组成系统元件的功能分成产生能量、消耗能量、转变能量形式、传递能量等各种类型，并借用键合图表达元件的功能解，希望将基于功能的模型与键合图结合，实现功能结构的自动生成和功能结构与键合图之间的自动转换，寻求由键合图产生多个设计方案的方法。

系统化设计的步骤一般包括：

（1）确定求解的问题。系统设计的第一步是明确求解的问题和范围，即明确设计目的和要求。

（2）因素分析。对与被描述问题有关的因素进行分析，确定因素的类型：可控的、不可控的、质的属性。系统的最优化就是对量的可控因素优化确定的过程。

（3）模型的建立。建立模型就是用适当的（一般是数学的）方式来描述问题与因素之间的关系。建立模型时一般应忽略次要因素，突出主要因素。

（4）决策过程。决策就是运用适当的手段求解模型，确定实现系统目标的系统结构及其运用方法。当所建的是数学模型时，可用运筹学中的数学规划法求解。求解数学模型时，恰当地选择优化准则是很重要的，优化准则不同，所确定的系统的结构和对外表现会大不相同。

（5）运用与管理。

5.2.3 系统化设计的展望

系统化设计思想于 20 世纪 70 年代由德国学者 Pahl 和 Beitz 教授提出，他们以系统理论为基础，制订了设计的一般模式，倡导设计工作应具备条理性。德国工程师协会在这一设计思想的基础上，制定出 VDI2221 标准——技术系统和产品的开发设计方法。

我国制定的机械产品方案设计进程模式基本上沿用了德国 VDI2221 标准的设计方式。除此之外，我国许多设计学者在进行产品方案设计时还借鉴和引用了其他发达国家的系统化设计思想，其中具有代表性的是：

(1) 将产品看做有机体层次上的生命系统，并借助于生命系统理论，把产品的设计过程划分为功能需求层次、实现功能要求的概念层次和产品的具体设计层次；同时采用了生命系统图符抽象地表达产品的功能要求，形成产品功能系统结构。

(2) 将机械设计中系统科学的应用归纳为两个基本问题：一是把要设计的产品作为一个系统处理，最佳地确定其组成部分(单元)及其相互关系；二是将产品设计过程看成一个系统，根据设计目标，正确、合理地确定设计中各个方面的工作和各个不同的设计阶段。

系统化设计将"产品—人—环境—社会"视为一个完整的系统，设计时必须从系统的角度来全面考虑各方面的问题。

5.2.4 系统化设计的内容和关键技术

系统设计一般包括计划、外部系统设计、内部系统设计和制造销售四个阶段。传统的设计方法只注重内部系统的设计，且以改善零部件的特性为重点，至于各零部件之间、外部系统与内部系统之间的相互作用和影响则考虑得较少。因此，虽然对零部件的设计考虑得很仔细，但设计的系统仍然不够理想。零部件的设计固然应该给予足够的重视，但全部用好的零部件未必能组成好的系统，其技术和经济未必能实现良好的统一。

系统一般来说是比较复杂的，为便于分析和设计，常采用系统分解法这种常用的设计方法，把复杂的系统分解为若干个互相联系的且相对比较简单的子系统，这样可以使系统的分析和设计比较简单。根据需要，各子系统还可进一步分解为更小的子系统，依次逐级分解，直到能进行适宜的设计和分析为止。

对于大规模系统的设计是不允许失败的，由于其模型复杂，约束条件众多，要想求得总体最优解难度很大，可以采用下述方法求得近似最优解：

(1) 采用模块方式。采用这种方式时，首先将大系统分割成为几个独立性很强的子系统，力求使各子系统局部最优化。然后对整体进行协调统一，以求得整个系统的近似最优解。

(2) 采用多层次系统理论。当采用这种理论时，首先将构成整体系统的子系统垂直方向排列，高层次的子系统行动最优，并对低层次子系统发生作用。这样，低层次子系统的行为成果取决于高层次的子系统，并对上部进行反馈。这样构成的系统就称为多层次系统。

5.3 产 品 规 划

产品规划是连接企业制造资源系统与市场的桥梁。产品规划首先需要明确所设计的系统或产品的目的、任务和要求，并用设计任务书的形式表达出来，以作为后续的设计、评价和决策工作的依据。为此，需要进行市场需求分析、可行性分析和设计要求的拟定工作。

1. 市场需求分析

市场需求分析包括对销售市场和原料市场作如下几方面的分析：

(1) 消费者对产品功能、性能、质量和数量等的具体要求；

(2) 现有类似产品的销售情况和销售趋势；

(3) 竞争对手在技术、经济方面的优缺点及发展趋势；

(4) 主要原料、配件和半成品的现状、价格及变化趋势等。

2. 可行性分析

可行性分析从 20 世纪 30 年代起开始用于美国，现在已发展为一整套系统的科学方法，它包括：

(1) 技术分析——技术方案中的创新点和难点以及解决它们的方法和技术路线等分析；

(2) 经济分析——成本和性能价格比分析，即如何以最少的人力、物力获得最佳的功能和经济效果的价值优化分析；

(3) 社会分析——随着生产的发展和工程项目的综合化、大型化，其与社会的关系也日益密切。

经过对技术、经济和社会各方面条件的详细分析和对开发可能性的综合研究，最后应提出产品开发的可行性报告。可行性报告大致内容包括：

(1) 产品开发的必要性，市场调查和预测情况；

(2) 有关产品的国内外水平、发展趋势；

(3) 从技术上预期达到的水平，经济效益、社会效益的分析；

(4) 在设计、工艺等方面需要解决的关键问题；

(5) 投资费用及时间进度计划；

(6) 现有条件下开发的可能性及准备采取的措施。

3. 设计要求的拟定

设计要求的拟定工作包括：根据产品功能和性能提出设计参数和相关的指标，如可靠性、生产率、性能价格比等指标；列出制造、使用等方面的限制条件，如工艺方面的限制条件和操作、安全、维修、外观造型等使用方面的具体要求等。

5.4　功能原理方案

在系统分析设计中，一般是从功能分析入手进行原理方案的拟定，利用创造性构思拟出多种方案，通过分析—综合—评价，求得最佳方案。

5.4.1　功能设计的概念

功能设计是工程设计中探求原理方案的一种有效方法，它以系统工具为基础，从功能分析着手。功能设计紧紧抓住系统功能这个本质，具有化繁为简、原理解答多、最佳解答多中选优等特点，是一种较好的原理方案设计方法。

功能是对于某一产品的特定工作能力的抽象化描述。每一种产品都有不同的功能。一种产品中必然有一项功能是该产品主要使用目的所直接要求的，它就构成了该产品的主要功能，简称主功能。为实现产品主功能服务的、由产品功能决定的功能称为辅助功能。主功能和辅助功能统称为总功能。

从系统的观点出发，可将系统的功能分为总功能和分功能。每个系统都有其总功能，对系统整体的功能要求就是该系统所具有的总功能，系统输入、输出的能量、物料、信息的差别和关系反映了系统的总功能。

一个系统可以分解为一些子系统，它的出发点就是功能和功能分解。由于要解决的问题的复杂程度不同，一个系统所出现的功能就有不同的复杂程度，可以将复杂的功能分解为若干个复杂程度比较低的、可以看清楚的分功能。分功能是总功能的组成部分。一般不把功能分得过细，而是分解到功能元的水平上。这样的功能元是可以看清楚的，它是既有一定的独立性，又有一定的复杂程度的技术单元。

用户购买产品时要求的不是产品的本身，而是产品所具有的能满足某种需要的功能。从功能方面来考虑进行设计的方法就叫功能设计。

5.4.2　功能设计的步骤

功能设计大致可以分为分析、综合、评价决策三个步骤，具体功能设计的步骤如图 5-10 所示。

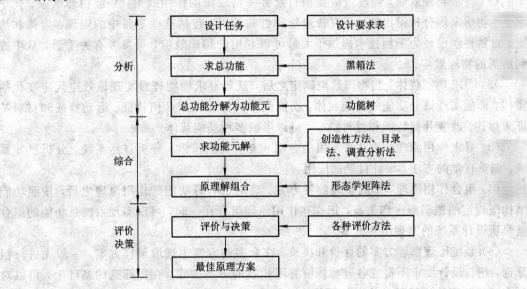

图 5-10　功能设计步骤

5.4.3　功能分析

确定总功能，将总功能分解为分功能，并用功能结构来表达分功能之间的相互关系，这一过程称为功能分析。功能分析过程是设计人员初步酝酿功能原理设计方案的过程。这个过程往往不是一次能够完成的，而是随着设计工作的深入需要不断地修改、完善。

1. 总功能分析

将设计的对象系统看成是一个不透明的、不知其内部结构的"黑箱"，只集中分析比较系统中三个基本要素(能量、物料和信息)的输入输出关系,就能突出地表达系统的核心问题——系统的总功能。

2. 功能分解

总功能可以分解为分功能,分功能继续分解,直至功能元。功能元是不能再分解的最小功能单位,是直接能从物理效应、逻辑关系等方面找到解法的基本功能。功能分解可用树状结构予以图示,称为功能树。功能树起于总功能,分为一级功能、二级功能,直至能直接求解的功能元。

5.4.4　寻求作用原理

作用原理是指某一功能载体上由某一物理效应实现某一分功能的工作原理。它与功能载体密切相关。作用原理的确定包括物理效应和功能载体的确定。在进行功能分析后,对于各个分功能,必须找出能够实现各分功能的作用原理和功能载体,然后将它们以适当的方式组合起来,即形成了不同的解答方案。同一物理效应和功能载体可以为不同的分功能服务;同一物理效应也可由不同功能载体实现。因此,只有针对某一分功能,在某一确定载体上由某一确定的物理效应产生的作用,才是实现该部分功能的作用原理。寻求作用原理的过程大致包括:

(1)寻求物理效应。物理效应泛指自然界一切现象的作用效果,是经物理学家、化学家、生物学家等分析得出的、具有普遍规律性的结果,包括这些学科中的定理、定律和法则。自然科学已经为工程技术提供了大量可以利用的物理效应,可参考有关手册,从中查到所需的物理效应。

(2)寻求功能载体。当物理效应确定之后,就要寻求使物理量实现该效应规定变化的实体,即能实现该分功能的功能载体。功能载体的构成可用几何特征、运动特征和材料特征来描述。改变几何特征和材料特征,可以形成多种功能载体。

(3)寻求作用原理的方法。常用的方法包括:文献检索、分析自然系统、分析已知系统、偏重直觉的方法、设计目录的应用。

(4)组合作用原理,形成原理解答方案。确定了各分功能的作用原理之后,按照功能结构图规定的逻辑顺序和关系,把这些作用原理组合在一起,可以实现系统总功能的组合就是所设计系统的原理解答方案。

(5)系统原理解答方案的评价和决策。在众多的方案中选取最佳方案,一般先进行粗筛选,把与设计要求不符或各分功能解答不相容的方案去除。在粗筛选的基础上,可以对所有可行的解答进行科学的定量评价,以便进一步比较选优,这样做的工作量可能很大;也可在众多的可行方案中定性地选取几个较为满意的方案进行科学的定量评价。

5.5　结　构　方　案

功能结构描述系统各部分功能之间的关系,或者说将系统的各个分功能有机地组合起来就得到功能结构。功能结构一般用框图来描述,称为功能结构图。功能结构图的建立是使系统从抽象走向具体的重要环节之一。通过功能结构图的建立,明确了实现系统的总功能所需的分功能、功能单元及其顺序关系。这些较简单的分功能或功能单元，可以比较容易地与一定的物理效应以及实现这些效应的实体结构相对应，从而可以得出实现所定总功能需要的实体解答。

建立功能结构时，一定要区分创新设计和适应性设计。创新设计时通常不知道分功能，也不知道它们之间的关系，建立功能结构的出发点是设计要求，由此常可得到功能结构在输入和输出处的分功能。适应性设计通过对需要进一步开发的产品进行分析，从已知产品功能结构出发，根据设计的要求，通过变异、纳入或取消个别功能，或改变其相互连接关系，来建立功能结构。

建立功能结构图的工作步骤为：

（1）根据技术过程的分析，划定技术系统的边界，定出系统的总功能。

（2）将总功能分解为分功能或功能单元，具体做法见功能分解。

（3）建立功能结构图。根据系统的物理作用原理、经验或参照已有的类似系统，首先排定与主要工作过程有关的分功能或各功能单元的顺序，通常先提出一个粗略方案，然后检验并完善其相互关系，补充其他部分。

建立功能结构图时应注意：体现分功能或功能单元之间的顺序关系；各分功能和功能单元的分解及其排列要有一定的理论依据（物理作用原理）或经验支持；不能漏掉必要的分功能或功能单元；尽可能简单、明了，但要便于实体解答方案的求取。

实现同一总功能的功能结构可能有多种，因此建立功能结构图时应尽可能有多个方案，以便进行评比，选出最佳的功能结构方案。改变功能结构常可发展出新的产品。

5.6　评价与决策

在设计过程中要求我们先对某个问题提出尽可能多的解决方案，然后从众多满足要求的方案中优选出拟采用的方案来。为了选出拟采用的方案，首先要对各候选方案进行评价。所谓评价即对方案的质量、价值或就其某一性质作出说明。有了候选方案的评价结果，即可作出决策。所谓决策，就是对评价结果或对所提供的某些情况，根据预定目标作出选择或决定，决策的结果就是拟采用的方案。

在设计中评价和决策时应注意以下几点：

（1）评价的原始依据是设计要求。这些要求有些是定量的，有些是定性的，评价中必须注意定性问题的处理。

（2）评价中一个重要的要求是评价结果要符合评价对象的实际。但因这一工作总是由人进行的，不可避免地会引入主观因素的影响。评价中必须注意增强其客观性。

（3）设计的要求总是多方面的，它也为决策提供了一定的目标。正确的评价、决策应综合考虑多方面要求，注意全面、适当。应该指出，局部最优不一定全局最优，短期最优不一定长期最优，单项最优不一定整体最优，最终的决策常是多方面要求的折中。

在设计过程中评价的内容一般包括三个方面：技术评价、经济评价和社会评价。技术评价主要围绕预定功能要求进行，评价系统能否满足预定技术性能要求及其满足程度，如产品的各项性能指标、寿命、可靠性、安全性和能源消耗等。经济评价主要围绕经济效益进行评价，包括方案的成本、利润、各项经济耗费等，其目的是降低造价和产品成本，提高经济效益。社会评价主要评定方案实施后可能产生的社会效益和影响。

由于设计要求总是多方面的，所以设计中的决策必须遵循以下原则：

(1) 系统原则。从系统观点来看，任何一个设计方案都是一个系统；可用各种性能指标来描述。但方案本身又会与制造、检验、销售等其他系统发生关系，所以决策时不能仅从方案本身或方案中某一性能指标出发，还应考虑以整个方案的总体目标为核心的相关系统的综合平衡，从而达到企业总体最佳的决策。

(2) 可行性原则。要使所作出的决策具有确实的可行性。成功的决策不仅要考虑需要，还要考虑可能。要估计有利因素和成功机会，还要估计不利因素和失败的风险。

(3) 满意原则。由于设计工作的复杂性，不仅设计要求涉及很多方面，而且很多因素本身无法准确评价，此外，在设计中追求十全十美的最佳方案既不可能也无意义，所以只能在众多的方案中寻求一个或几个相对比较满意的方案来。

(4) 反馈原则。设计过程中的决策是否正确应通过实践来检验。要根据实践过程中各因素的发展变化所反馈的信息及时作出调整，以便作出正确的决策。

(5) 多方案原则。设计过程中各设计方案逐步具体化，人们对它的认识也逐渐深刻。为了保证设计质量，在方案设计阶段，决策可以是多方案的。几个方案同时发展，直到确定能分出各方案优劣之后再作出新的决策。

5.7 面向生态环境的绿色设计理论与方法

5.7.1 绿色设计产生的背景

绿色制造（Green Manufacturing，GM）又被称为环境意识制造（Environmentally Conscious Manufacturing，ECM）和面向环境的制造（Manufacturing For Environment，MFE）等。美国制造工程师协会（SME）于 1996 年发表的关于绿色制造的蓝皮书 *Green Manufacturing* 中首先较为系统地提出了绿色制造的概念、内涵和主要内容，并于 1998 年在 Internet 上发表了绿色制造的发展趋势报告，对绿色制造研究的重要性和有关问题又作了进一步的介绍。近年来，绿色制造的研究正在国际上迅速开展。

美国国家科学基金会 1999 年资助课题研究报告会（NSF Design & Manufacturing Grantees Conference）所报告的与绿色制造有关的研究课题就有十余项；美国国际贸易部工业科学技术代理处机械工程实验室的 Inoue 和 Sato 对工业产品环境问题进行了研究，并在该实验室开始"生态工厂技术"的协作项目，该项目的主要范围包括产品技术、生产技术、拆卸技术及回收技术。Berkeley 加州大学不仅设立了关于环境意识设计和制造的研究机构，而且还在 Internet 上建立了可系统查询的绿色制造专门网页 Greenmfg；卡内基梅隆大学的绿色设计研究所从事绿色设计、管理、制造、法规制定等的研究与教育工作，并与政府、企业、基金会等广泛合作；此外，不少企业也进行了大量的研究，美国 AT&T 公司在企业技术学报上发表了不少关于绿色制造的论文。

加拿大 Windsor 大学建立了环境意识设计和制造实验室（ECDM Lab）以及基于 WWW 的

网上信息库,发行了 *International Journal of Environmentally Conscious Design and Manufacturing* 杂志对环境意识制造中的环境性设计、生命周期分析(Life Cycle Analysis,LCA)等进行了深入的研究。

在欧洲,国际生产工程学会(CIRP)近年来有许多论文对环境意识制造、多生命周期等与绿色制造本质一致的问题进行了研究;英国 CFSD(the Center For Sustainable Design)对生态设计、可持续性设计进行了研究,发行了 *The Journal of Sustainable Product Design* 杂志。

日本通产省 1992 年开始实施一项"生态工厂"的计划,对生产系统工厂和恢复系统工厂进行研究。对生产系统工厂,致力于产品设计和材料处理、加工及装配等阶段的研究;对恢复系统工厂,致力于研究产品(材料使用)生命周期结束时的材料处理和回收。丰田公司于 1995 年 10 月宣布了一份汽车拆卸回收工艺,并详细阐述了其汽车拆卸的过程。

我国近年来在绿色制造及其相关问题方面也进行了大量的研究,国家自然科学基金和国家 863/CIMS 主题都支持了绿色制造方面的研究课题,已取得了一定的研究成果。国家 863/CIMS 主题还在中国现代集成制造系统网络(CIMSNet)上开辟了绿色制造专题,对国内外绿色制造研究情况进行综合介绍。国家环保局成立了华夏环境管理体系审核中心,并建立了专门的网站——中国环境管理体系认证信息网,负责 ISO14000 系列标准在我国的实施。

综合国内外相关研究成果可知,所谓绿色制造即是一个综合考虑环境影响和资源消耗的现代制造模式,其目标是使得产品从设计、制造、包装、运输、使用到报废处理的整个生命周期中对环境的负面影响最小,资源利用率最高,并使企业经济效益和社会效益最高。绿色制造的"制造"涉及到产品整个生命周期,是一个"大制造"的概念,并且涉及到多学科的交叉与集成,体现了现代制造科学的"大制造、大过程、学科交叉"的特点。

5.7.2 绿色产品与绿色设计

评价一个产品的环境负荷时,得到的可能是一个或一组"绝对"数据,孤立来看这些数据,对产品设计决策来说意义不是很大。因此,往往不能仅仅根据一组"绝对"数据来判断评价结果是好还是不好,而应该用它与某些参照数据进行对比才能衡量出评价结果的好坏,这些参照数据就是评价标准。目前绿色产品的评价标准来自两方面:一方面是依据现有的环境保护标准、产品行业标准及某些地方性的法规来制定相应的绿色制造评价标准,这种标准是绝对性标准;另一方面是根据市场的发展和用户需求,以现有产品及相关技术确定参照产品,用新开发产品与参照产品的对比来评价产品的绿色程度,这种标准是相对性标准。

参照产品一般分为两类,一类是功能参照,即参照市场上现有的一种等效产品;另一类是技术参照,即参照代表新产品技术内容的一个产品集合。根据参照产品的概念,在绿色制造评价中可以用参照产品来制定评价标准。若新开发的产品是在原有产品的基础上形成的,评价的目的是为了比较所设计的新产品对原有产品在"绿色"程度方面的改善,那么在评价中,就可以将原有产品作为功能参照的产品,以原有产品的各项指标值作为评价参考,把设计的新产品与参照产品的各项指标进行综合比较,评价出新产品的绿色程度是否高于原有产品。若评价的目的是对产品的绿色程度进行环境标志认证或判断设计的新产品的各项指标是否符合绿色产品的各项性能指标要求，那么首先形成一个技术参照的形象化产品，这个产品是一个标准的绿色产品，它的每一项指标都符合国家、行业环境标准及技术要求。然后，把要评价的产品与参照产品进行比较，得出评价结果。

绿色产品是一种相对的概念，其绿色程度也具有相对性。随着国家和各个行业对绿色产品要求的不断变化和技术的进步，绿色产品的评价标准将越来越严格，参照产品的参照值也将发生变化。此外，工业产品的构成涉及多方面的因素，具有动态性、时域性，因此，绿色产品的评价标准是一个发展中的相对量值，评价时可根据具体产品、具体情况对指标进行选择，对评价标准进行修改和完善。

绿色设计是获得绿色产品的基础。它是指在产品生命周期的全过程中，充分考虑对资源和环境的影响，在考虑产品的功能、质量、开发周期和成本的同时，优化有关设计因素，使得产品及其制造过程对环境的影响和资源的消耗最小。

5.7.3 绿色设计特点与方法

1. 绿色设计特点

绿色设计涉及机械制造学科、材料学科、管理学科、社会学科、环境学科等诸多学科的内容，具有较强的多学科交叉特性。因此，仅用某一种设计方法是难以满足绿色设计的要求的。绿色设计是设计方法集成和设计过程集成，是一种综合了面向对象技术、并行工程以及生命周期设计的发展中的系统设计方法，是集产品的质量、功能、寿命和环境于一体的设计系统。

绿色设计应遵循的设计准则如图 5-11 所示。

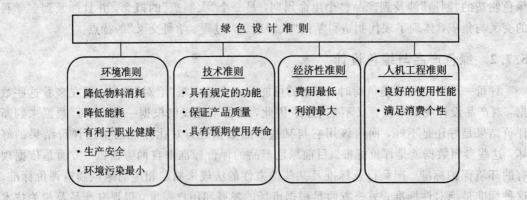

图 5-11 绿色设计准则

2. 绿色设计方法

绿色设计过程就是将产品生命周期内为适应挑战性要求而提出的所有技术属性、商业属性、社会属性和环境属性汇集起来的过程。为了在设计过程中考虑产品的整个生命周期，在设计观念、方法和组织模式方面必然产生根本性的变革，并行工程正是实现这一目标的有效途径。

要实现并行绿色设计，首先要实现人员的集成，即采用绿色协同工作组(Green Team Work，GTW)的模式。GTW 小组由环保技术人员、产品设计人员、工艺设计人员、市场营销人员、维护服务人员、回收处理人员、职业健康及安全监督人员等组成。其次，并行绿色设计需要一定的支撑环境，除了支持并行工程的协同工作环境外，还应有支持绿色设计的知识库及相关评价体系等。绿色设计的支撑环境如图 5 - 12 所示。

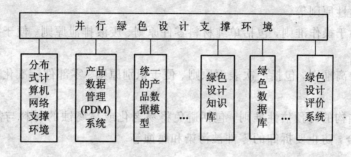

图 5 - 12　绿色设计的支撑环境

并行绿色设计与传统设计相比，实现了各环节之间的信息交流与反馈，在每一次决策中都能从优化产品生命周期的角度考虑问题，从而消除了产品设计过程中的反复修改。此外，在设计过程中将产品寿命终结后的拆卸、分离、回收、处理等环节都考虑进去，使所设计的产品从概念形成到寿命终结再到回收处理形成了一个闭环过程，满足了产品生命周期全程的绿色要求。图 5 - 13 为绿色产品并行闭环设计流程图。

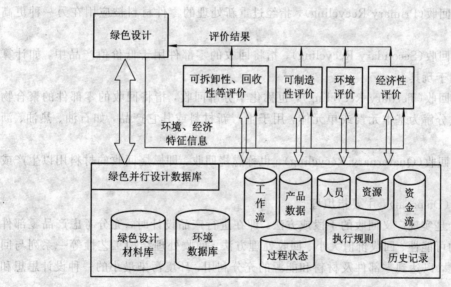

图 5 - 13　绿色产品并行闭环设计流程图

5.7.4　绿色设计主要内容和关键技术

1. 面向拆卸的设计(Design For Disassembly, DFD)

面向拆卸的设计也称拆卸设计，是指在设计过程中将可拆卸性作为设计目标之一，使产品的结构不仅便于制造和具有良好的经济性，而且便于装配、拆卸、维修和回收。可拆卸性是产品的固有属性，单靠计算和分析设计不出好的可拆卸性能，需要根据设计和使用、回收中的经验，拟定准则，用以指导设计。拆卸设计的设计准则有：

（1）拆卸工作量最少准则，包括零件合并原则、减少零件所用材料种类原则、材料相容性原则、有害材料集成原则等。

（2）结构可拆卸准则，包括采用易于拆卸或破坏的连接方法、紧固件最少原则、简化拆卸运动、可达性原则等。

（3）拆卸易于操作准则，包括单纯材料零件原则、废液排泄原则、便于抓取原则、非刚性零件原则等。

（4）易于分离准则，包括一次表面原则、便于识别原则、零部件标准化原则、模块化设计原则等。

（5）产品结构的可预估性准则，包括避免将易老化或易腐蚀的材料与需要拆卸、回收的材料零件组合，防止要拆卸的零件被污染和腐蚀等。

2. 面向回收的设计(Design For Recovering & Recycling, DFR)

面向回收的设计也称回收设计。这里所说的"回收"是区别于通常意义上的废旧产品回收的一种广义回收，它有如下几种方式：

（1）重用(Reuse)，即将回收的零部件直接用于另一种用途，如电机等。

（2）再加工(Remanufacturing)，指回收的零部件在经过简单的修理或检修后，应用在相同或不同的场合。

（3）高级回收(Primary Recycling)，指经过重新处理的零件材料被应用在另一种更高价值的产品中。

（4）次级回收(Secondary Recycling)，指将回收的零部件用于低价值产品中，如计算机的电路板用于玩具上。

（5）三级回收(Tertiary Recycling)，也称化学分解回收，指将回收的零部件的聚合物通过化学方式分解为基本元素或单元体，用于生产新材料或其它产品，如石油、热油、沥青等。

（6）四级回收(Quaternary Recycling)，也称燃烧回收，即燃烧回收的材料用以生产或发电。

（7）处理(Disposal)，主要指填埋。

回收设计是实现广义回收的手段或方法，即在进行产品设计时，充分考虑产品零部件及材料回收的可能性、回收价值大小、回收处理方法、回收处理结构工艺性等一系列与回收有关的问题，以达到零部件及材料和能源的充分利用、环境污染最小的一种设计思想和方法。

回收设计的主要内容包括产品零部件的回收性能分析、可回收材料及其标志（编码）、可回收工艺及方法，回收的经济性分析、可回收产品结构工艺性等几方面的内容。

3. 绿色设计的数据库与知识库

绿色设计涉及到产品生命周期全过程，因此，绿色设计数据包括产品生命周期过程中的所有数据，如材料数据，不同材料的环境负担值，材料的自然及人工降解周期，制造、装配、销售及使用过程中产生的废弃物数量及能耗，回收分类特征数据及产品生命周期各阶段的费用及时间等。这些数据有静态的也有动态的。静态数据主要是指经过标准化和规范化的设计数据，如设计手册中的所有数据、回收分类特征等，这些数据常用表格、线图、公式、图形及格式化的文本表示；动态数据是指在设计过程中产生的有关信息，如中间过程数据、零件图形数据、环境数据等。由此可见，绿色设计的数据库与知识库也是工程数据库，但具有数据类型和数据结构复杂、动态变化的特点，因而在设计构造绿色设计的数据库与知识库时，要充分考虑其特殊需求。

4. 绿色设计的工具及其开发

绿色设计涉及很多学科领域的知识，这些知识不是简单地组合或叠加，而是有机地融合。利用常规的分析方法、计算方法和设计工具，是无法满足绿色设计要求的，因此，绿色设计必须有相应的工具支持。绿色设计工具也就是绿色产品的计算机辅助设计（Computer Aided Design of Green Product，GCAD），是目前绿色设计研究的热点之一。

绿色设计工具的主要组成部分包括：
- 绿色设计的目标和需求分析；
- 生命周期过程描述与设计；
- 设计评价；
- 设计模拟；
- 系统信息模型。

5.7.5　绿色设计与制造的发展

1. 社会支撑系统将逐步形成

绿色设计需要全社会的共同努力和参与。绿色设计与制造的社会支撑系统首先是立法和行政规定。利用相关法律和行政规定对绿色设计形成有力的支持，对相反行为做出适度惩罚。其次，政府可制定经济政策，用市场机制引导绿色制造的实施，如制定有效的资源价格政策、利用经济手段对不可再生资源的消耗严加控制等。

2. 全球化特征和趋势日益明显

制造业对环境的影响往往是超越空间的，保护地球是人类的共同责任。随着世界经济的一体化，绿色产品的市场竞争将在全球范围展开。近年来，许多国家对进口产品要进行绿色认证，特别是有些国家以保护本国环境为由，制定苛刻的产品环境指标来限制国外产品进入本国市场，即设置"绿色贸易壁垒"。绿色设计与制造将为企业提高产品的绿色水平提供技术手段，为企业消除国际贸易壁垒进入国际市场提供有力的支撑。

3. 集成系统技术将有较大发展

要真正有效地实施绿色设计与制造，必须从系统的角度和集成的角度来考虑和研究绿色制造中的有关问题。当前，产品和工艺设计与材料选择系统的集成、用户需求与产品使用的集成、绿色制造系统中的信息集成、绿色制造的过程集成等集成技术的研究已成为重要研究内容。

4. 绿色并行工程将成为绿色产品开发有效模式

绿色并行工程是现代绿色产品设计和开发的新模式。它以集成的、并行的方式设计产品及其生命周期全过程，力求使产品开发人员在设计开始就考虑到产品整个生命周期中从概念形成到产品报废处理的所有因素，如质量、成本、用户要求、环境影响、资源消耗状况等。

5. 人工智能支撑技术的应用

绿色设计与制造决定目标体系的优化，是难以用一般数学方法处理的十分复杂的多目标优化问题，需要用人工智能方法来支撑处理。另外，绿色产品评估指标体系及评估专家系统均需要人工智能和智能制造技术，因此知识系统、模糊系统和神经网络等人工智能技术将在绿色设计与制造中起到重要作用。

6. 绿色制造将导致一批新兴产业的形成

实施绿色设计与制造，必然导致废弃物回收处理设备制造业、废弃物回收处理的服务产业以及绿色产品制造业的兴旺发展；另外，面向绿色制造的软件产业也将逐步形成。企业实施绿色设计与制造需要大量实施工具和软件产品，如计算机绿色产品设计系统、绿色工艺规划系统、绿色创造决定系统、产品生产周期评估系统等，这些绿色制造工具的大量需求必将推动新兴绿色软件产业的形成与发展。

思 考 题

[1] 简述人—机—环境大系统的组成与运行。

[2] 人机功能分配时如何划分人与机承担的工作？

[3] 简述人的信息处理系统的基本组成。

[4] 简述微气候环境、照明环境、色彩环境、噪声及振动环境、空气环境等对人的影响。

[5] 什么是系统化设计？系统化设计的方法主要有哪些？简述系统化设计的步骤。

[6] 产品规划的主要内容是什么？

[7] 简述功能设计中分析、综合、评价决策三个步骤的主要内容。

[8] 什么是绿色设计？有什么特点？

[9] 简述绿色设计的主要内容和关键技术。

第 6 章 优 化 设 计

6.1 概 述

6.1.1 优化设计基本概念

人们做任何事情都希望用最少的付出得到最佳的效果，这就是最优化问题。工程设计中，设计者更是力求寻求一种合理的设计参数，以使得由这组设计参数确定的设计方案既满足各种设计要求，又使技术经济指标达到最佳，即实现最优化设计。但是常规的工程设计，由于设计手段和设计方法的限制，设计者不可能在一次设计中得到多个方案，也不可能进行多方案的分析比较，更不可能得到最佳的设计方案。因此，人们只能在漫长的设计生产过程中，通过不断地摸索和改进，逐步使设计方案趋于完善。

现代电子计算机的发展与普及，以计算机为基础的数值计算方法的成熟和应用，为工程问题的优化设计提供了先进的手段和方法，这就是最优化设计方法。

所谓最优化设计，就是借助最优化设计数值计算方法和计算机技术，求取工程问题的最优设计方案。进行最优化设计时，首先必须将实际问题加以数学描述，形成一组由数学表达式组成的数学模型，然后选择一种最优化数值计算方法和计算机程序，在计算机上运行求解，得到一组由数学表达式组成的设计参数。这组设计参数就是设计的最优解。

6.1.2 优化设计的发展及应用

优化设计是 20 世纪 60 年代初发展起来的一门新学科，它将最优化原理和计算技术应用于设计领域，为工程设计提供一种重要的科学设计方法。

在第二次世界大战期间，由于军事上的需要产生了运筹学，提供了许多用古典微分法和变分法所不能解决的最优化方法。20 世纪 50 年代发展起来的数学规划理论形成了应用数学的一个分支，为优化设计奠定了理论基础。20 世纪 60 年代电子计算机和计算机技术的发展为优化设计提供了强有力的手段，使工程技术人员能够从大量繁琐的计算工作中解放出来，把主要精力转到优化方案选择的方向上来。最优化技术成功地运用于机械设计是在 20 世纪 60 年代后期开始的，虽然历史较短，但进展迅速，在机构设计、机械零部件设计、专用机械设计和工艺设计方面都获得应用并取得一定成果。

机构运动参数的优化设计是机械优化设计中发展较早的领域，不仅研究了连杆机构、凸轮机构等再现函数和轨迹的优化设计问题，而且还提出一些标准化程序。机构动力学优化设计方面也有很大进展，如惯性力的最优平衡、主动件力矩的最小波动等的优化设计。机械零部件的优化设计最近十几年也有很大发展，主要研究各种减速器的优化设计、液压轴承和滚动轴承的优化设计，以及轴、弹簧、制动器等的结构参数优化。除此以外，在机床、锻压设备、压延设备、起重运输设备、汽车等的技术参数、基本工作机构和主体结构方面也进行了优化设计工作。

近年来，机械优化设计的应用愈来愈广，还面临着许多问题需要解决。例如，机械产品设计中零部件的通用化、系列化和标准化，整机优化设计模型及方法的研究，机械优化设计中离散变量优化方法的研究，更为有效的优化设计方法的发掘等一系列问题，都需要做较大的努力才能适应机械工业发展的需要。

近年来发展起来的计算机辅助设计（CAD）在引入优化设计方法后，使得在设计过程中既能够不断选择设计参数并评选出最优设计方案，又可以加快设计速度，缩短设计周期。在科学技术发展要求机械产品更新周期日益缩短的今天，把优化设计方法与计算机辅助设计结合起来，使设计过程完全自动化，已成为设计方法的一个重要发展趋势。

6.1.3 最优化设计技术的现状与未来

人类从自身的进化到从事各种活动，无不贯穿着优化的思想。然而，由于种种不足，如认识不足、方法不足、条件不足等，使得人类在设计领域上达不到真正的"最优解"，而只能尽可能利用已有条件，采用种种措施，以使设计结果向"最优解"逼近。以数学规划法为基础的最优化设计方法在工程设计领域中的应用，虽取得了一定的经济效益和社会效益，但其应用远比预期的小，其原因主要有：

（1）最优化设计方法只是在参数优化设计和结构优化设计等方面比较有效，而在方案设计与选择、决策等方面则无能为力。众所周知，参数优化设计、结构优化设计所产生的效益是有限的，而人们往往看中方案优化、决策优化。

（2）建模难度大，技术性高，数学模型描述能力低，数学模型误差大。

（3）方法程序的求解能力有限，难以处理复杂问题和性态不好的问题，难以求得全局最优解。

为了提高最优化方法的综合求解能力，近年来人们在以下方面从事了众多有益的探索：

（1）人工智能、专家系统技术的引入，增加了最优化方法中处理方案设计、决策等优化问题的能力，在优化方法的参数选择中借助专家系统，减少了参数选择的盲目性，提高了程序求解能力。

（2）针对难以处理性态不好的问题、难以求得全局最优解等弱点，发展了一批新的方法，如模拟退火法、遗传算法、人工神经网络法、模糊算法、小波变换法、分形几何法等。

（3）在数学模型描述能力上，由仅能处理连续变量、离散变量，发展到能处理随机变量、模糊变量、非数值变量等，在建模方面开展了柔性建模和智能建模的研究。

（4）在研究对象上，从单一部分的、单一性能或结构的、分离的优化设计，进入到整体优化、分步优化、分部和分级优化、并行优化等，提出了覆盖设计全过程的优化设计思想。方法研究的重点，从着重研究单目标优化问题进入到着重研究多目标问题。

（5）在最优化方法程序设计研究中，一方面努力提高方法程序的求解能力和各个方法程序之间的互换性，研制方法程序包、程序库等；另一方面大力改善优化设计求解环境，开展了优化设计集成环境的研究，集成环境为设计者提供辅助建模工具、优化设计前后处理模块、可视化模块、接口模块等。

优化设计将从传统的优化设计向广义优化设计过渡。广义优化设计在基本理论上应是常规优化设计理论、计算机科学、控制理论、人工智能、信息科学等多学科的综合产物；在求解问题的类型上有数值型和非数值型问题，设计变量也可以有多种类型；在方法上应是多种算法互补共存；在实现上应将多个方法、多个工具、多个软件系统无缝集成在一起形成统一的、使用方便的、功能齐全的最优化设计集成环境。

6.1.4 传统设计与优化设计

一项机械产品的设计，一般需要经过调查分析、方案拟定、技术设计、零件工作图绘制等环节。传统设计方法通常在调查分折的基础上，参照同类产品通过估算、经验类比或试验来确定初始设计方案。然后，根据初始设计方案的设计参数进行强度、刚度、稳定性等性能分析计算，检查各性能是否满足设计指标要求。如果不完全满足性能指标的要求，设计人员将凭借经验或直观判断对参数进行修改。这样反复进行分析计算—性能检验—参数修改，直到性能完全满足设计指标的要求为止。整个传统设计过程就是人工试凑和定性分析比较的过程，主要的工作是性能的重复分析，至于每次参数的修改，仅仅凭借经验或直观判断，并不是根据某种理论精确计算出来的。实践证明，按照传统设计方法作出的设计方案，大部分都有改进提高的余地，不是最佳设计方案。

可见，传统设计方法只是被动地重复分析产品的性能，而不是主动地设计产品的参数。从这个意义上讲它没有真正体现"设计"的含义。其实"设计"一词本身就包含优化的概念。作为一项设计不仅要求方案可行、合理，而且应该是某些指标达到最优的理想方案。

现代化的设计工作借助电子计算机，应用一些精确度较高的力学数值分析方法（如有限元法等）进行分析计算，并从大量的可行设计方案中寻找出一种最优的设计方案，从而实现用理论设计代替经验设计，用精确计算代替近似计算，用优化设计代替一般安全寿命的可行性设计。

优化方法在机械设计中的应用，既可以使方案在规定的设计要求下达到某些优化的结果，又不必耗费过多的计算工作量。因此，产品结构、生产工艺等的优化已经成为市场竞争的一种手段。优化方法不仅用于产品结构的设计、工艺方案的选择，也用于运输路线的确定、商品流通量的调配、产品配方的配比等。目前，优化方法在机械、冶金、石油、化工、电机、建筑、宇航、造船、轻工等部门都已得到广泛的应用。

优化设计是以数学规划理论为基础，以计算机为工具优化设计参数的一种现代设计方法。和传统设计相比，优化设计有以下特点：

(1) 设计的思想是最优设计，需要建立一个正确反映设计问题的数学模型。

(2) 设计方法是优化方法，一个方案参数的调整是计算机沿着使方案更好的方向自动进行的，多次搜索从而选出最优方案，因此要根据数学模型的特点，选择适当的优化方法。

(3) 设计的手段是计算机，由于计算机运算速度快，分析和计算一个方案只需几秒以至千分之一秒，因此可以从大量方案中选出"最优方案"，效果好，时间短，可以大大提高设计质量，缩短设计周期。

优化设计又称为规格化设计，其在设计方法上有很大变更，使许多较为复杂的问题得到最完善的解决，而且提高了设计效率，从而提高了产品的设计质量。

6.1.5　优化设计的数学模型

优化设计借助最优化数值计算方法，在计算机上寻求工程最优方案的数值解法。首先要将实际工程问题转化成数学描述，形成一组由数学表达式组成的数学模型，然后才能进一步选择合适的最优化数值计算方法求解。

例　制造一体积为 100 m³，长度不小于 5 m，不带上盖的箱盒，试确定箱盒的长 x_1、宽 x_2 和高 x_3，使箱盒的用料最省。

解　箱盒的用料与表面积有关，用料最省，也就是箱盒的表面积 S 最小。箱盒表面积表达式：

$$S = x_1 x_2 + 2(x_2 x_3 + x_1 x_3)$$

由题意，箱盒的体积及长、宽、高的限制为：

$$x_1 x_2 x_3 = 100, \ x_1 \geqslant 5, \ x_2 \geqslant 0, \ x_3 \geqslant 0$$

箱盒表面积 S 的表达式称为目标函数，参数 x_1、x_2、x_3 称为设计变量。$x_1 x_2 x_3 = 100$ 为等式约束条件；$x_1 \geqslant 5$，$x_2 \geqslant 0$，$x_3 \geqslant 0$ 为不等式约束条件。

箱盒的优化设计问题可以表述为：求一组设计变量 x_1、x_2 和 x_3，在满足约束条件的前提下，使目标函数——箱盒的表面积 S 为最小。

从以上实例可以看出，优化设计的数学模型由设计变量、目标函数和约束条件三部分组成，可以表示成以下统一形式：

求变量　　　　　$x_1, x_2, \cdots, x_n$

使目标函数　　　$f(x_1, x_2, \cdots, x_n) \rightarrow \min$

且满足约束条件　$g_u(x_1, x_2, \cdots, x_n) \leqslant 0 \quad (u=1, 2, \cdots, m)$　　　　　(6-1-1)

$\qquad\qquad\qquad h_v(x_1, x_2, \cdots, x_n) = 0 \quad (v=1, 2, \cdots, p)$

其中：$g_u(x_1, x_2, \cdots, x_n) \leqslant 0$ 称为不等式约束条件；$h_v(x_1, x_2, \cdots, x_n) = 0$ 称为等式约束条件。

1. 设计变量

设计变量是指表示一个方案时独立可变的基本参数，如构件长度、截面尺寸、重量力、力矩、固有频率等，设计变量的全体构成一组变量，用一列向量 $\boldsymbol{X} = [x_1, x_2, \cdots, x_n]^{\mathrm{T}}$ 表示，称为设计变量向量，向量中各分量的次序完全是任意的。用 $\boldsymbol{X} \in \boldsymbol{R}^n$ 表示向量 $\boldsymbol{X}$ 属于 n 维实欧氏空间，是所有设计方案的集合，该集合称为设计空间。

2. 目标函数

目标函数是设计变量的可计算的函数，记作 $f(x)$，代入一个方案的设计参数后，可用于评价方案的优劣，有时又称其为评价函数。

3. 约束条件

设计空间中的有些方案是工程上所不能接受的，如果一个设计满足所有对它提出的约束条件，就称为可行(可接受)设计，否则称为不可行(或不可接受)设计。一个可行设计必须满足某些设计限制条件，这些限制条件称为约束条件。针对性能要求而提出的限定条件称为性能约束，只是对设计变量的取值范围加以限制的约束称为侧面约束。约束又可按照数学表达形式分为等式约束和不等式约束两种类型。

如果用 min、max 表示极小化和极大化，s. t. (subjected to)表示"满足于"，u、v 分别表示不等式约束和等式约束的个数。数学模型写成以下向量形式：

求 X 使

$$\min_{X \in R^n} f(X)$$

$$\text{s. t.} \quad g_u(X) \leqslant 0 \ (u = 1, 2, \cdots, m)$$

$$h_v(X) = 0 \ (v = 1, 2, \cdots, p)$$

由于工程设计的解一般都是实数解，故可省略 $X \in R^n$，将优化设计的数学模型简记为

$$\min f(X)$$

$$\text{s. t.} \quad g_u(X) \leqslant 0 \ (u = 1, 2, \cdots, m)$$

$$h_v(X) = 0 \ (v = 1, 2, \cdots, p)$$

当设计问题要求极大化目标函数 $f(X)$ 时，只要将目标函数改写为 $-f(X)$ 或 $1/f(X)$ 即可，因为 $\min[-f(X)]$ 和 $\max f(X)$ 具有相同的解。同样，当不等式约束条件中的不等号为"$\geqslant 0$"时，只要将不等式两端同乘以 -1，即可得到"$\leqslant 0$"的一般形式。

6.1.6　优化设计的分类

以上是最一般的数学描述，而具体的优化问题不一定包含每个方面，也往往具有不同的特征。从不同的角度，优化问题一般有以下分类方法：

(1) 按有无约束分类，可分为无约束优化问题和有约束优化问题。

(2) 按设计变量的性质，可分为连续变量、离散变量和带参变量优化问题。

(3) 按问题的物理结构，可分为线性规划、非线性规划、二次规划、几何规划。所谓线性规划问题是指目标函数 $f(X)$、约束函数 $g_u(X)$、$h_v(X)$ 均为线性函数的优化问题；非线性规划是指目标函数 $f(X)$、约束函数 $g_u(X)$、$h_v(X)$ 中有一个或多个是非线性函数；二次规划是指目标函数是二次函数，约束函数是线性函数；几何规划是指 $f(X)$、$g_u(X)$、$h_v(X)$ 可表示为正项式或正负项式的非线性函数。

(4) 按变量的确定性，可分为确定性规划和随机规划。

(5) 按目标函数的个数，可分为单目标优化和多目标优化。

(6) 按设计变量和约束条件的个数，当二者个数都不超过 10 时为小型优化问题；当二者个数都在 10～50 之间时，为中型优化问题；当二者个数都超过 50 时，为大型优化问题。当然，这种分类不是绝对的，随着计算机技术的发展，计算速度的提高，原来的中性或大型问题可能变为小型优化问题。

严格地说，不同类型的数学模型都有其特定的求解方法——优化设计方法，因此，这里讨论数学模型的类型，目的在于指导后面对优化方法的应用。

6.1.7　常用优化方法及其软件应用

MATLAB 是"矩阵实验室（Matrix laboratory）"的缩写，是由美国 Mathworks 公司推出的一种以矩阵运算为基础，集通用数学运算、图形交互、程序设计和系统建模为一体的

著名软件，它具有功能强、使用简单、容易扩展等优点。与其它计算机语言相比，MATLAB 表达方式与人们在数学、工程计算中常用的书写格式十分相似，它以解释方式工作，输入程序后就可得结果，人机交互性好，易于调试，用户学习和使用都极为方便。

MATLAB 的基本功能有：矩阵运算和各种变换，代数和超越方程的求解，数据处理和傅里叶变换，数值积分等。除此之外，为了支持不同专业领域的用户，MATLAB 还提供了大量的面向专业领域的工具箱（toolbox），包含一系列专用的 MATLAB 函数库，以解决特定领域的问题。工具箱主要有：通信工具箱（Communication toolbox）、控制系统工具箱（Control System toolbox）、信号处理工具箱（Signal processing toolbox）、图像处理工具箱（Imagine toolbox）、系统辨识工具箱（System Identification toolbox）、模糊逻辑工具箱（Fuzzy Logic toolbox）、遗传算法最优化工具箱（Genetic Algorithm optimization toolbox）、优化工具箱（Optimization toolbox）、数理统计工具箱（Statistics toolbox）、小波分析工具箱（Wavelet toolbox）等。这些工具箱通常表现为 M 文件和高级 MATLAB 语言的集合形式，允许用户修改函数的源代码或增加新的函数来适应自己的应用，允许用户方便地综合使用不同工具箱中的技术来设计针对某个问题的用户解决方案。使用 MATLAB 语言和 MATLAB 工具箱，用户可以专注于算法研究，编程只需要几行就可以完成，而且可以很快画出图形，从而迅速地进行多种算法的比较，从中找出最好的方案。

优化工具箱（Optimization toolbox）涉及函数的最小化和最大化问题，也就是函数的极值问题。下面简单地对优化工具箱中的基本函数作一介绍。

优化工具箱中求非线性函数极小值的函数见表 6-1 所示。

表 6-1 求非线性函数极小值的函数列表

类　型	含　义	调用格式
无条件标量问题	$\min\limits_x f(x)$，其中 x 为标量	x＝fmin('f', x)
无限定条件矩阵问题	$\min\limits_x f(\boldsymbol{x})$，其中 x 为矩阵	x＝fminu('f', x)
有限定条件问题	$\min\limits_x f(x)$，条件为 $G(x)\leqslant 0$	x＝constr('fg', x)
目标条件问题	$\min\limits_x f(x)$，条件为 $f(x)-w\leqslant goal$	x＝attgoal('f', x, goal, w)
最大最小极值	$\min\{\max\limits_x f(x)\}$，条件为 $G(x)\leqslant 0$	x＝minmax('fg', x)
非线性二次平方极值	$\min\sum(f(x)\times f(x))$	x＝leastsq('f', x)
非线性方程	$f(x)=0$	x＝fsolve('f', x)
半无穷条件	$\min\limits_x f(x)$，条件为 $\phi(x,\omega)\leqslant 0,\forall\omega$	x＝seminf('ft', n, x)

问题的原形算法是 Nelder - Mead 单纯形搜索方法和 BFGS 拟牛顿（qusi - Newton）方法。限定条件下的最小、最大最小、目标法和半无穷优化等问题，所用的原理算法是二次规划法，非线性二次平方问题的原理算法是 Gausss - Newton 法和 Levenberg - Marquardt 法。非线性最小和非线性二次平方问题，可进行线性搜索策略的选择，线性搜索策略使用的是二次或三次内插和外插方法。

优化工具箱仅能解决几类求矩阵的极小值问题，需要将相应的系数矩阵和向量传递到函数中。MATLAB 系统能解决的矩阵问题如表 6－2 所示。

表 6－2 MATLAB 所解矩阵问题列表

类 型	含 义	语 法
非负二次平方问题	$\min\limits_{x}\|Ax-b\|^2$，条件为 $x>0$	x＝nnls(A, b)
二次问题	$\min\limits_{x}\left[\dfrac{1}{2}x^\mathrm{T}Hx-c^\mathrm{T}x\right]$，条件为 $Ax\leqslant b$	x＝qp(H, c, A, b)
线性规划问题	$\min\limits_{x}(f^\mathrm{T}x)$，条件为 $Ax\leqslant b$	x＝lp(f, A, b)

6.2   一 维 搜 索

6.2.1   基本概念

求一元函数 $f(x)$ 的极小点和极小值问题就是一维最优化问题。求解一维优化问题的方法称为一维优化方法。一维优化方法是优化问题中最简单、最基本的方法。一维优化方法可以解决单变量目标函数的最优化问题，而且在求多变量目标函数的最优值时，大多数方法都要反复多次地进行一维搜索，用到一维优化方法。

设计变量为一维的，并且没有约束条件，这种问题即为一维优化问题。其数学模型为

$$\min f(x)$$

实践中，这种问题是很少的，但在应用数值迭代算法中，对多维优化问题当采用一定的方法确定了始点和搜索方向后，沿该方向的搜索步长的求解就是一维优化问题。所以，一维优化是实际中多维优化问题求解的基础。

一维优化方法的基本思想是在一个"高—低—高"的单谷区间上（在该区间上，区间端点的目标函数值高，中间点目标函数值低），通过区间缩短逼近最优点的过程。

一维优化一般分为两个步骤：

(1) 确定初始搜索区间 $[a, b]$，该区间应是包括一维函数极小点在内的单谷区间。

(2) 在单谷区间内寻找极小点。

1. 确定单谷区间的进退法

对于所有的一维优化方法，首先遇到共同的问题是：如何确定一个初始搜索区间，使该区间内含有函数的极小点 x^*，且在该区间函数有惟一的极小点。这个搜索区间就是单谷区间。

在函数的任一单谷区间上若存在一个极小点，而且在极小点的左侧，函数呈下降态势，在极小点的右侧，函数呈上升态势。若已知方向 $d^{(k)}$ 上的三点 $x^{(1)}<x^{(2)}<x^{(3)}$ 及其函数值，便可通过比较三个函数值的大小估计出极小点的位置。

(1) 若出现 $f(x^{(1)})>f(x^{(2)})>f(x^{(3)})$，则极小点位于右端点的右侧；

(2) 若出现 $f(x^{(1)})<f(x^{(2)})<f(x^{(3)})$，则极小点位于左端点的左侧；

(3) 若 $f(x^{(1)})>f(x^{(2)})<f(x^{(3)})$，则极小点位于 $x^{(1)}$ 和 $x^{(3)}$ 之间，$[x^{(1)}, x^{(3)}]$ 就是一

个包含极小点的区间。

可见，在某一方向上按一定方式逐次产生一些探测点，并比较这些探测点上函数值的大小，就可以找到函数值呈"高—低—高"变化的三个相邻点，其中两端点所确定的闭区间必定包含着极小点，这样的区间称初始区间，记作$[a, b]$。这种寻找初始区间的方法，称为进退法。其具体试探步骤为：

（1）给定初始点、初始步长 h_0，令 $x_1=0$，$h=h_0$。

（2）计算 $x_2=x_1+h$，令 $f_1=f(x_1)$，$f_2=f(x_2)$；比较 f_1、f_2，若 $f_2>f_1$，则说明极小点在 x_1 的左侧，改变试探方向，即让步长变号 $h=-h$，同时使 x_1 和 x_2 互换位置；否则，函数值下降，维持原方向。

（3）计算 $x_3=x_2+h$，$f_3=f(x_3)$。

（4）判断 $f_3<f_2$，若是，则步长加倍，$h=2h$，以 x_2、x_3 作为新的 x_1、x_2，转（3）继续；否则，说明已形成单谷搜索区间，输出 x_1、x_2、x_3。若 $h<0$，则单谷搜索区间为 $[x_3, x_1]$；若 $h>0$，则单谷搜索区间为 $[x_1, x_3]$，x_2 为中间点。

该进退法的程序框图如图 6-1 所示。

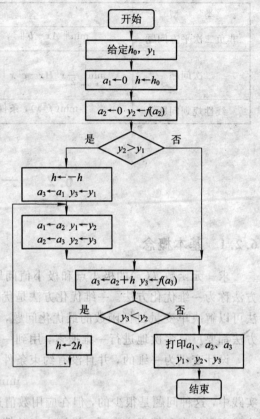

图 6-1 进退法的程序框图

2. 区间消去法原理

搜索区间确定以后，再采用区间消去原理逐步缩短区间。当区间的长度达到精度要求时，就找到极小点的近似解。

假定在搜索区间 $[a, b]$ 内任取两点 a_1、b_1，并计算函数值 $f(a_1)$、$f(b_1)$，于是将有下列两种情形：

（1）若 $f(a_1)<f(b_1)$，由于函数为单谷，所以极小点必定在区间 $[a, b_1]$ 内，从而舍去 $[b_1, b]$ 段，取 $[a, b_1]$ 为缩短后的搜索区间。

（2）若 $f(a_1)\geqslant f(b_1)$，由于函数为单谷，所以极小点必定在区间 $[a_1, b]$ 内，从而舍去 $[a, a_1]$ 段，取 $[a_1, b]$ 为缩短后的搜索区间。

3. 一维搜索方法的分类

由区间消去原理只需要在区间内再插入一点并计算其函数值。根据插入点位置的确定方法，一维搜索方法分为两大类：一类称为试探法，这类方法是按某种给定的规律确定插入点的位置，此点位置的确定仅按照确定点进行，而不顾及函数值的分布关系。属于试探法的一维搜索方法有黄金分割法、裴波纳契（Fibonacci）法等。另一类称为插值法或函数逼近法，这类方法是根据某些点处的某些信息，如函数数值、一阶导数、二阶导数等，构造一个插值函数来逼近原来函数，用插值函数的极小点作为区间的插入点。属于插值法的有二次插值法、三次插值法等。

6.2.2 迭代算法及终止准则

迭代算法不像古典极值方法那样可以一步解出来，而是在一定范围内不断产生改进的新点，进行迭代比较，把搜索范围不断缩小而逼近最优点；当满足收敛准则时，即可求得最优解。迭代算法的基本思想为：

(1) 在设计空间中选定一个初始设计点 $x^{(0)}$。

(2) 从 $x^{(0)}$ 出发，按照某一优化方法所规定的原则，确定搜索方向 $d^{(0)}$，沿该方向寻求最优步长 $\alpha^{(0)}$，由公式 $x^{(1)} = x^{(0)} + \alpha^{(0)} d^{(0)}$，获得一个目标函数值有所改进的设计点 $x^{(1)}$。

(3) 以 $x^{(1)}$ 为新的始点，再构造搜索方向 $d^{(1)}$，求最优步长 $\alpha^{(1)}$，求得 $x^{(2)}$。重复以上过程。

(4) 每获得一个新点都要进行终止准则的判断，如果满足了，就结束搜索，获得满足规定精度要求的近似最优点 x^*。

可见，这是一个反复迭代的过程，迭代过程一般写为

$$x^{(k+1)} = x^{(k)} + \alpha^{(k)} d^{(k)} \tag{6-2-1}$$

在迭代过程中，目标函数下降，但总应该有个停止迭代的标准，该标准就是终止准则。根据不同的情况，可选择以下准则之一：

一般情况下，用

$$| f(x^{(k+1)}) - f(x^{(k)}) | \leqslant \varepsilon_1 \tag{6-2-2}$$

$$\| x^{(k+1)} - x^{(k)} \| \leqslant \varepsilon_2 \tag{6-2-3}$$

即经过迭代的新点和始点的目标函数值下降量已经很少，达到了精度要求，或者两个迭代点已接近重合，将这两个条件综合在一起作为判别条件。

但是，如果目标函数值 $f(x^{(k)})$、$x^{(k)}$ 各分量与 1 相比很大，仍用上式则会出现已达到精度要求但还不能停止计算的情况，这时可采用相对值来判断，即当

$$| f(x^{(k)}) | \geqslant \varepsilon_3 \quad \text{或} \quad \| x^k \| \geqslant \varepsilon_4 \quad （\text{式中} \varepsilon_3、\varepsilon_4 \text{为相当大的数}）$$

时，改用

$$\frac{f(x^{(k+1)}) - f(x^k)}{f(x^{(k)})} \leqslant \varepsilon_1 \tag{6-2-4}$$

$$\frac{\| x^{(k+1)} - x^{(k)} \|}{\| x^{(k)} \|} \leqslant \varepsilon_2 \tag{6-2-5}$$

来判断是否终止迭代。

在优化过程中有时也应用梯度算法，这时目标函数的梯度是必然要求的，在终止准则中就可利用已知的梯度信息。要达到一定的精度，则终止准则为

$$\| \nabla f(x^k) \| \leqslant \varepsilon_5 \tag{6-2-6}$$

6.2.3 黄金分割法的原理及计算步骤

黄金分割法亦称 0.618 法，是指在搜索区间选择两点，将区间分成三段，每次按照对称原理在保留区间内再插入一点形成新区间的新三段，新区间的新三段与原来区间的三段

具有相同的比例分布。这是一种通过不断缩小区间得到极小点的一维搜索算法。

如图 6-2 所示，在首轮时要求插入点 x_1、x_2 的位置相对于区间 $[a，b]$ 两端点具有对称性，即

$$\begin{cases} x_1 = b - \lambda(b-a) \\ x_2 = a + \lambda(b-a) \end{cases} \qquad (6-2-7)$$

式中，λ 为待定常数。同时，在下轮迭代时，保留上面的一个点，只计算一个新点即可完成迭代。

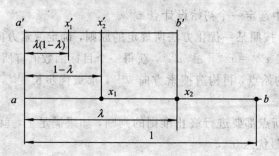

图 6-2　黄金分割法

进一步分析上述迭代过程，从图 6-2 可以看出，除要求点对称外，黄金分割法还要求在保留下来的区间内再插入一点所形成的新三段，与原来区间的三段具有相同的比例分布。设原区间 $[a，b]$ 的长度为 1，在第一轮搜索时，设有 $f(x_1) < f(x_2)$（同理可分析 $f(x_1) > f(x_2)$ 的情况），则保留下来的区间为 $[a，x_2]$，其长度为 λ，区间缩短率为 $1-\lambda$。在下一轮的迭代中，上一轮保留下的点 x_1 成为新点 x_2'，重新计算点 x_1'，为了保持相同的比例分布，新插入点 x_1' 应在 $\lambda(1-\lambda)$ 位置上，x_2' 在原区间的 $1-\lambda$ 位置，故有

$$\frac{\lambda}{1} = \frac{1-\lambda}{\lambda}$$

即

$$\lambda^2 + \lambda - 1 = 0$$

取方程的正根，有

$$\lambda = \frac{\sqrt{5}-1}{2} \approx 0.618$$

若保留下来的区间为 $[x_1，b]$，根据插入点的对称性，也能推出同样的 λ 值。在工程中，0.618 是一个经常被使用的数，称为黄金分割数，所以这种寻优方法叫做黄金分割法，即将一线段分成两段，使整段长与较长段的长度比值等于较长段与较短段长度的比值，即 $1:\lambda = \lambda:(1-\lambda)$。

使用黄金分割法，相邻两次搜索的区间缩短率为 0.618，所以，黄金分割法又被称做 0.618 法。

按照上述分析，黄金分割法的搜索过程为：

(1) 给出初始搜索区间 $[a，b]$ 及收敛精度 ε，将 λ 赋值 0.618。

(2) 按坐标点计算公式 (6-2-7) 计算 x_1 和 x_2，并计算其对应的函数值 $f(x_1)$、$f(x_2)$。

(3) 比较 $f(x_1)$ 和 $f(x_2)$ 的大小，缩小搜索区间，进行区间名称的代换。

（4）检查区间是否缩短到足够小或函数值收敛到足够接近，如果条件不满足，则转到步骤（5），否则转到步骤（6）。

（5）在保留区间中计算一个新的试验点及其相应的函数值，转到步骤（3）。

（6）取最后两试验点的平均值作为极小点的数值近似解，并计算该点的函数值作为目标函数的最优解。

黄金分割法的程序框图如图 6-3 所示

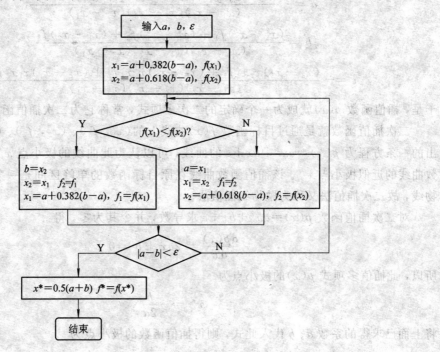

图 6-3　黄金分割法程序框图

6.2.4　二次插值法的原理及计算步骤

二次插值法是一种近似法，它利用一个低次多项式 $p(x)$ 来代替原目标函数，然后求出该多项式的极小点，并以此点作为目标函数 $f(x)$ 的近似极小点。如设 $p(x)$ 为函数 $f(x)$ 的一个插值多项式，多项式 $p(x)$ 的极小点就是其一阶导数 $p'(x)$ 的根。对这个根加以判断，就可以得到函数 $f(x)$ 的极小点的近似位置。

若插值多项式 $p(x)$ 是二次式，则称为二次插值法；如 $p(x)$ 是三次式，则称为三次插值法。由于二次插值法计算较简单又具有一定精度，应用较广，故本节仅介绍二次插值法。

二次插值法的基本思想是用原目标函数在任意三个点的函数值来构成一个二次插值多项式，并将这个多项式的极小点作为目标函数的近似极小点。

设 x_1、x_2、x_3 是一维目标函数 $f(x)$ 在初始单峰区间 $[a, b]$ 中的三点，且 $x_1 < x_2 < x_3$，它们的函数值分别为 $f_1 = f(x_1)$、$f_2 = f(x_2)$、$f_3 = f(x_3)$，且 $f_1 > f_2 < f_3$。现把一维函数 $f(x)$ 上的三个点 (x_1, f_1)、(x_2, f_2)、(x_3, f_3) 作为二次插值多项式

$$p(x) = ax^2 + bx + c \qquad (6-2-8)$$

的插值结点，式中 a、b、c 是待定系数。显然，在插值点处二次插值函数与目标函数应具有

相同的函数值，即二次插值多项式应满足：

$$\begin{cases} p(x_1) = ax_1^2 + bx_1 + c = f_1 \\ p(x_2) = ax_2^2 + bx_2 + c = f_2 \\ p(x_3) = ax_3^2 + bx_3 + c = f_3 \end{cases} \qquad (6-2-9)$$

解此方程组，可得出 a、b、c 的值如下：

$$a = -\frac{(x_2 - x_3)f_1 + (x_3 - x_1)f_2 + (x_1 - x_2)f_3}{(x_1 - x_2)(x_2 - x_3)(x_3 - x_1)}$$

$$b = \frac{(x_2^2 - x_3^2)f_1 + (x_3^2 - x_1^2)f_2 + (x_1^2 - x_2^2)f_3}{(x_1 - x_2)(x_2 - x_3)(x_3 - x_1)}$$

$$c = -\frac{(x_3 - x_2)x_2 x_3 f_1 + (x_1 - x_3)x_1 x_3 f_2 + (x_2 - x_1)x_1 x_2 f_3}{(x_1 - x_2)(x_2 - x_3)(x_3 - x_1)}$$

于是，插值函数 $p(x)$ 就成为一个确定的二次多项式，常称它为二次插值函数。

二次插值函数就是通过目标函数 $f(x)$ 曲线上的 $(x_1，f_1)$、$(x_2，f_2)$、$(x_3，f_3)$ 三点画出的一条方程为 $p(x) = ax^2 + bx + c$ 的曲线，可以认为此曲线的极小点 x_p^* 就是原目标函数曲线的近似极小点 x^*。该插值函数曲线在原目标函数的单峰区间是一条开口向上的抛物线，故二次插值法又称为抛物线插值法。

对二次插值函数 $p(x) = ax^2 + bx + c$ 求导数，并令其为零，得：

$$\frac{\mathrm{d}p(x)}{\mathrm{d}x} = 2ax + b = 0$$

所以，此插值多项式 $p(x)$ 的极小点为

$$x_p^* = -\frac{b}{2a} \qquad (6-2-10)$$

将上面已求得的系数 a、b 代入此式，则得插值函数的极小点为

$$x_p^* = \frac{1}{2} \frac{(x_2^2 - x_3^2)f_1 + (x_3^2 - x_1^2)f_2 + (x_1^2 - x_2^2)f_3}{(x_2 - x_3)f_1 + (x_3 - x_1)f_2 + (x_1 - x_2)f_3} \qquad (6-2-11)$$

x_p^* 就是目标函数 $f(x)$ 极小点的一个近似点。当搜索区间充分小时，如 $|x_2 - x_p^*| < \varepsilon$（$\varepsilon$ 是一个给定小的正数），x_p^* 即可看做是 $f(x)$ 在区间 (a, b) 上的近似最优点；否则，继续进行插值计算，重复多次地向目标函数最优点逼近，直至满足给定的精度为止。

二次插值法的具体步骤如下：

（1）确定初始插值点。在区间内选取三点 x_1、x_2、x_3，一般取 x_1、x_3 分别为初始区间的左、右端点，x_2 为区间的一个内点，开始时可取 $x_2 = (x_1 + x_3)/2$。计算 x_1、x_2、x_3 对应的目标函数值：$f_1 = f(x_1)$，$f_2 = f(x_2)$，$f_3 = f(x_3)$。

（2）按式（6-2-11）计算 $p(x)$ 的极小点。进行此步时，若式（6-2-11）中的分母值为零，即

$$(x_2 - x_3)f_1 + (x_3 - x_1)f_2 + (x_1 - x_2)f_3 = 0$$

亦即

$$\frac{f_2 - f_1}{x_2 - x_1} = \frac{f_3 - f_1}{x_3 - x_1}$$

则说明三个插值结点 $(x_1，f_1)$、$(x_2，f_2)$、$(x_3，f_3)$ 在同一水平线上。这种情况只有当插值点已十分接近时才会出现，因此可取中间插值点 x_2 为近似极小点，其对应的函数值为近似

极小值。若发生$(x_p^* - x_1)(x_3 - x_p^*) \leqslant 0$ 的情况，说明 x_p^* 已在区间之外。这种情况只有当区间已缩得很小和三个插值点十分接近时，由于计算机的舍入误差才可能发生。因而可把 x_2 及其对应的目标函数值 $f_2 = f(x_2)$ 作为目标函数的最优解输出。

（3）判断是否满足精度要求。

① 若 $|x_p^* - x_2| < \varepsilon$，说明搜索区间已足够小，当 $f(x_p^*) \leqslant f(x_2)$ 时，输出目标函数最优解 x_p^*，最优值为 $f(x_p^*)$；否则，输出目标函数的最优解 x_2，最优值为 $f(x_2)$。

② 若 $|x_p^* - x_2| \geqslant \varepsilon$，则需比较点 x_p^* 与 x_2 在搜索区间的相对位置及其对应的目标函数值的大小，以便缩短搜索区间，得到新的三点（该三点仍以 x_1、x_2、x_3 表示，它们应保持两端点 x_1 和 x_3 的函数值大，中间点 x_2 的函数值小的性质），然后转第（2）步继续进行插值计算。

二次插值法的程序框图见图 6-4。

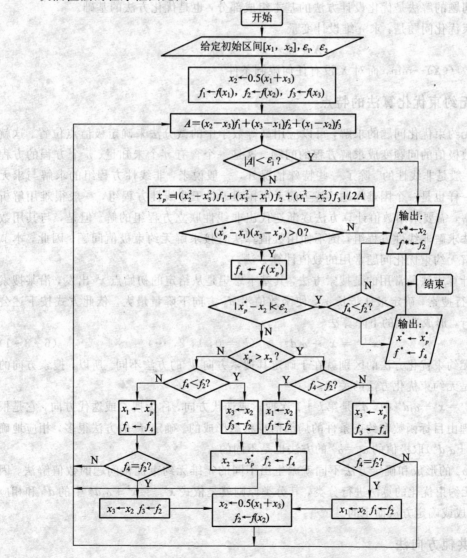

图 6-4　二次插值法程序框图

6.3　无约束优化算法

6.3.1　基本概念

实践中的机械优化设计问题，多数都是在一定的限制条件下追求某一指标为最小，所以它们都属于约束优化问题。但是，也有些实际问题，其数学模型本身是一个无约束优化问题，或者除了在非常接近最终极小点的情况下，都可以按无约束问题来处理。研究无约束优化问题的另一个原因是，通过熟悉它的解法可以为研究约束优化问题打下良好的基础。第三个原因是，约束优化问题的求解可以通过一系列无约束优化方法来达到。所以无约束优化问题的解法是优化设计方法的基本组成部分，也是优化方法的基础。

无约束优化问题是：求 n 维设计变量

$$X = [x_1 \ x_2 \ \cdots \ x_n]^T$$

使目标函数 $f(X) \to \min$，而对 X 没有任何限制条件。

6.3.2　无约束优化算法的特点

对于无约束优化问题的求解，可以应用高等数学中的微分法来确定极值点位置。这就是把求函数极值的问题变成求解方程的问题。这是一个含有 n 个未知量、n 个方程的方程组，并且一般是非线性的。除了一些特殊情况外，一般说来，非线性方程组的求解与求无约束极值一样也是一个困难问题，甚至前者更困难。对于非线性方程组，一般很难用解析的方法求解，需要采用数值计算方法逐渐迭代出非线性联立方程组的解。但是，与其用数值计算方法求解非线性方程组，倒不如用数值算法直接求解无约束极值问题。因此，本节将介绍求解无约束优化问题常用的数值计算方法。

数值计算方法最常用的是搜索方法，其基本思想是从给定的初始点 x^0 出发，沿某搜索方向 d_0 进行搜索，确定最佳步长 α_0，使函数值沿 d_0 方向下降量最大。依此方式按下述公式不断进行，形成迭代的下降算法。

$$x^{k+1} = x^k + \alpha_k d^k \qquad (k = 0, 1, 2, \cdots) \tag{6-3-1}$$

各种无约束优化方法的区别就在于确定其搜索方向 d^k 的方法不同。所以，搜索方向的构成问题是无约束优化方法的关键。

在 $x^{k+1} = x^k + \alpha_k d^k$ 中，d^k 是第 $k+1$ 次搜索或迭代方向，称为搜索或迭代方向，它是根据数学原理由目标函数和约束条件的局部信息状态形成的。确定 d^k 的方法很多，相应地确定使 $f(x^k + \alpha_k d^k)$ 取极值的 $\alpha_k = \alpha^*$ 的方法也是不同的。

d^k 和 α_k 的形成和确定方法不同就派生出不同的 n 维无约束优化问题的数值解法。因此，可对无约束优化的算法进行分类，其分类原则就是依式 $x^{k+1} = x^k + \alpha_k d^k$ 中的 d^k 和相应的 α_k 的形成或确定方法而定的。

6.3.3　共轭方向法

共轭方向法的搜索方向取的是共轭方向，因此先介绍共轭方向的概念和性质。

1. 共轭方向的概念

共轭方向的概念是在研究二次函数

$$f(\boldsymbol{x}) = \frac{1}{2}\boldsymbol{x}^{\mathrm{T}}\boldsymbol{G}\boldsymbol{x} + \boldsymbol{B}^{\mathrm{T}}\boldsymbol{x} + c \qquad (6-3-2)$$

($\boldsymbol{G}$ 为对称正定矩阵)时引出的。本节和以后几节所介绍的方法有一个共同的特点，就是首先以式(6-3-2)的二次函数为目标函数给出有关算法，然后再把算法推广到一般的目标函数中去。

为了直观起见，首先考虑二维情况。二元二次函数的等值线为一族椭圆，任选初始点 $\boldsymbol{x}^0$ 沿某个下降方向搜索，得 $\boldsymbol{x}^1$：

$$\boldsymbol{x}^1 = \boldsymbol{x}^0 + \alpha_0 \boldsymbol{d}^0$$

因为 α_0 是沿 $\boldsymbol{d}^0$ 方向搜索的最优步长，即在 $\boldsymbol{x}^1$ 点处函数 $f(\boldsymbol{x})$ 沿 $\boldsymbol{d}^0$ 方向的方向导数为零。考虑到 $\boldsymbol{x}^1$ 点处方向导数与梯度之间的关系，为了防止在梯度法中发生锯齿现象，下一次的迭代搜索方向 $\boldsymbol{d}^1$ 直指极小点 $\boldsymbol{x}^*$，如图 6-5 所示。如果能够选定这样的搜索方向，那么对于二元二次函数只需顺次进行 $\boldsymbol{d}^0$、$\boldsymbol{d}^1$ 两次直线搜索就可以求到极小点 $\boldsymbol{x}^*$，即有

$$\boldsymbol{x}^* = \boldsymbol{x}^1 + \alpha_1 \boldsymbol{d}^1$$

式中，α_1 为 $\boldsymbol{d}^1$ 方向上的最佳步长。

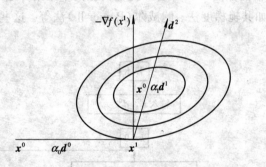

图 6-5　负梯度方向与共轭方向

那么对于这样的 $\boldsymbol{d}^1$，方向应该满足什么条件呢？经过分析可以得出，当满足

$$(\boldsymbol{d}^0)^{\mathrm{T}}\boldsymbol{G}\boldsymbol{d}^1 = 0$$

条件时，就可以实现。数学上把满足上式的两个向量 $\boldsymbol{d}^0$ 和 $\boldsymbol{d}^1$ 称为 $\boldsymbol{G}$ 的共轭向量，或称 $\boldsymbol{d}^0$ 和 $\boldsymbol{d}^1$ 对 $\boldsymbol{G}$ 是共轭方向。

2. 共轭方向的性质

定义　设 $\boldsymbol{G}$ 为 $n \times n$ 对称正定矩阵，若 n 维空间中有 m 个非零向量，满足

$$(\boldsymbol{d}^i)^{\mathrm{T}}\boldsymbol{G}\boldsymbol{d}^j = 0 \qquad (i, j = 0, 1, 2, \cdots, m-1) \qquad (i \neq j) \qquad (6-3-3)$$

则称 $\boldsymbol{d}^0, \boldsymbol{d}^1, \cdots, \boldsymbol{d}^{m-1}$ 对 $\boldsymbol{G}$ 共轭，或称它们是 $\boldsymbol{G}$ 的共轭方向。

当 $\boldsymbol{G} = \boldsymbol{I}$(单位矩阵)时，式(6-3-3)变成

$$(\boldsymbol{d}^i)^{\mathrm{T}}\boldsymbol{d}^j = 0 \qquad (i \neq j)$$

即向量 $\boldsymbol{d}^0, \boldsymbol{d}^1, \cdots, \boldsymbol{d}^{m-1}$ 互相正交。由此可见，共轭概念是正交概念的推广，正交是共轭的特例。

性质 1　若非零向量系 $\boldsymbol{d}^0, \boldsymbol{d}^1, \cdots, \boldsymbol{d}^{m-1}$ 是对 $\boldsymbol{G}$ 共轭的，则这 m 个向量是线性无关的。

性质2 在 n 维空间中互相共轭的非零向量的个数不超过 n。

性质3 从任意初始点 x^0 出发,顺次沿 n 个 G 的共轭方向 d^0, d^1, $\cdots$, d^{m-1} 进行一维搜索,最多经过 n 次迭代就可以找到由式(6-3-2)所表示的二次函数 $f(x)$ 极小点 x^*。此性质表明这种迭代方法具有二次收敛性。

性质4 从任意两个点 $x_1^{(0)}$ 和 $x_2^{(0)}$ 出发,分别沿同一方向 d^0 进行一维搜索,得到两个一维极小点 $x_1^{(1)}$ 和 $x_2^{(1)}$,则连接此两点构成的向量 $d^{(1)} = x_1^{(1)} - x_2^{(1)}$ 与原方向 d^0 关于该函数的二阶导数矩阵相共轭。

3. 共轭方向法

共轭方向法是建立在共轭方向性质3的基础上的,它提供了求二次函数极小点的原则方法。其步骤是:

(1)选定初始点 x^0,下降方向 d^0 和收敛精度 ε,置 $k \to 0$。

(2)沿 d^k 方向进行一维搜索,得 $x^{k+1} = x^k + \alpha_k d^k$。

(3)判断 $\| \nabla f(x^{k+1}) \| \leqslant \varepsilon$ 是否满足,若满足则打印 $x^* = x^{k+1}$,停机,否则转(4)。

(4)提供新的共轭方向 d^{k+1},使 $(d^j) G d^{k+1} = 0$,$j = 0, 1, 2, \cdots, k$。

(5)置 $k \to k+1$,转(2)。

共轭方向法程序框图如图6-6所示。提供共轭向量系的方法有许多种,从而形成各种具体的共轭方向法,如共轭梯度法、鲍威尔(PowerⅡ)法等。这些方法将在下面几节中予以讨论。

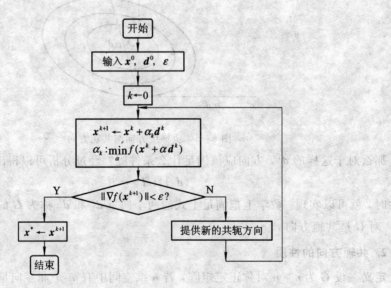

图6-6 共轭方向法的程序框图

6.3.4 梯度法

优化设计是追求目标函数值 $f(x)$ 最小,因此,一个很自然的想法是从某点沿搜索方向 d 取该点的负梯度方向 $-\nabla f(x)$,使函数值在该点附近的下降最快。按此规律不断进行,形成以下迭代的算法:

$$x^{k+1} = x^k - \alpha_k \nabla f(x^k) \quad (k = 1, 2, \cdots) \tag{6-3-4}$$

为了使目标函数值沿搜索方向 $-\nabla f(\boldsymbol{x})$ 能获得最大的下降值，其步长因子 α_k 应取一维搜索的最佳步长，即有

$$f(\boldsymbol{x}^{k+1}) = f[\boldsymbol{x}^k - \alpha_k \nabla f(\boldsymbol{x}^k)] = \min f(\boldsymbol{x}^k - \alpha \nabla f(\boldsymbol{x}^k)) = \min_{\alpha} \varphi(\alpha)$$

根据一元函数极值的必要条件和多元复合函数求导公式，得

$$\varphi'(\alpha) = -\{\nabla f(\boldsymbol{x}^k - \alpha_k \nabla f(\boldsymbol{x}^k))\}^{\mathrm{T}} \nabla f(\boldsymbol{x}^k) = 0$$

即

$$[\nabla f(\boldsymbol{x}^{k+1})]^{\mathrm{T}} \nabla f(\boldsymbol{x}^k) = 0$$

或写成

$$(\boldsymbol{d}^{k+1})^{\mathrm{T}} \boldsymbol{d}^k = 0 \tag{6-3-5}$$

由此可知，在梯度法中，相邻两个迭代点上的函数梯度相互垂直，而搜索方向就是负梯度方向，因此相邻两个搜索方向互相垂直。这就是说在梯度法中，迭代点向函数极小点靠近的过程，走的是曲折的路线。这一次的搜索方向与前一次的搜索方向互相垂直，形成"之"字形的锯齿现象，见图 6-7。从直观可以看到，在远离极小点的位置，每次迭代可使函数值有较多的下降。可是在接近极小点的位置，由于锯齿现象使每次迭代行进的距离缩短，因而收敛速度减慢。这种情况似乎与"最速下降"的名称相矛盾，其实不然，这是因为梯度是函数的局部性质。从局部上看，在一点附近函数的下降是快的，但从整体上看则走了许多弯路，因此函数的下降并不算快。梯度法只具有线性收敛速度。

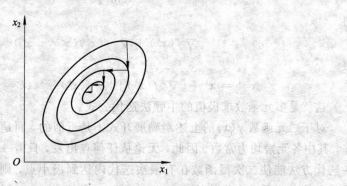

图 6-7　梯度法的搜索路径

正是基于这一特点，许多收敛性好的算法在开始第一步的迭代都采用负梯度方向作为搜索方向。

梯度法的收敛速度与目标函数的性质密切相关。对于一般函数来说，梯度法的收敛速度较慢。但对于等值线为同心圆或同心球的目标函数，无论从任何初始点出发，一次搜索即可达到极小点。

梯度法的迭代步骤如下：

给定初始点 $\boldsymbol{x}^{(0)}$ 和收敛精度 ε，置 $k=0$。

（1）计算梯度，并构造搜索方向

$$\boldsymbol{d}^{(k)} = -\nabla f(\boldsymbol{x}^{(k)})$$

（2）一维搜索，求新的迭代点：

$$\min f(\boldsymbol{x}^{(k)} + \alpha_k \boldsymbol{d}^{(k)})$$
$$\boldsymbol{x}^{(k+1)} = \boldsymbol{x}^{(k)} + \alpha_k \boldsymbol{d}^{(k)}$$

(3) 收敛判断：若满足 $\| \nabla f(\boldsymbol{x}^{(k+1)}) \| \leqslant \varepsilon$，则令最优解为 $\boldsymbol{x}^* = \boldsymbol{x}^{(k+1)}$，$f(\boldsymbol{x}^*) = f(\boldsymbol{x}^{(k+1)})$，终止计算；否则，令 $k=k+1$，转(2)继续迭代。

6.3.5　牛顿法

牛顿方法和最速下降法一样，也是求解极值问题古老的算法之一。

其基本思想是：对一元函数 $f(x)$，假定已给出极小点 x^* 的一个较好的近似点 x^0，则在 x^0 处将 $f(x)$ 进行泰勒展开到二次项，得二次函数 $\Phi(x)$。用极值条件 $\Phi'(x) = 0$ 求 $\Phi(x)$ 的极小点 x^1，用它作为 x^* 的第一个近似点。然后再在 x^1 处进行泰勒展开，并求得第二个近似点 x^2。如此迭代下去，得到一维情况下的牛顿迭代公式

$$x^{k+1} = x^k - \frac{f'(x^k)}{f'(x^{k+1})} \qquad (k = 0, 1, 2, \cdots) \qquad (6-3-6)$$

对于多元函数 $f(\boldsymbol{x})$，设 $\boldsymbol{x}^k$ 为 $f(\boldsymbol{x})$ 极小点 $\boldsymbol{x}^*$ 的一个近似点，在 $\boldsymbol{x}^k$ 处将 $f(\boldsymbol{x})$ 进行泰勒展开，保留到二次项，得

$$f(\boldsymbol{x}) \approx \Phi(\boldsymbol{x}) = f(\boldsymbol{x}^k) + \nabla f(\boldsymbol{x}^k)^{\mathrm{T}}(\boldsymbol{x} - \boldsymbol{x}^k) + \frac{1}{2}(\boldsymbol{x} - \boldsymbol{x}^k)^{\mathrm{T}} \nabla^2 f(\boldsymbol{x}^k)(\boldsymbol{x} - \boldsymbol{x}^k)$$

式中：$\nabla^2 f(\boldsymbol{x}^k)$ 为 $f(\boldsymbol{x})$ 在 $\boldsymbol{x}^k$ 处的海赛矩阵。

设 $\boldsymbol{x}^{k+1}$ 为 $\Phi(\boldsymbol{x})$ 的极小点，它作为 $f(\boldsymbol{x})$ 极小点的下一个近似点，根据极值必要条件

$$\nabla \Phi(\boldsymbol{x}^{k+1}) = 0$$

即

$$\nabla f(\boldsymbol{x}^k) + \nabla^2 f(\boldsymbol{x}^k)(\boldsymbol{x}^{k+1} - \boldsymbol{x}^k) = 0$$

得

$$\boldsymbol{x}^{k+1} = \boldsymbol{x}^k + [\nabla^2 f(\boldsymbol{x}^k)]^{-1} \nabla f(\boldsymbol{x}^k) \qquad (k = 0, 1, 2, \cdots) \qquad (6-3-7)$$

这就是多元函数求极值的牛顿法迭代公式。

对于二元函数 $f(\boldsymbol{x})$ 的上述泰勒展开式不是近似的，而是精确的。海赛矩阵是一个常矩阵，其中各元素均为常数。因此，无论从任何点出发，只需一步就可找到极小点。因为若某一迭代方法能使二次型函数在有限次迭代内达到极小点，则称此迭代方法是二次收敛的，因此牛顿方法是二次收敛的。

从牛顿法迭代公式的推演中可以看到，迭代点的位置是按照极值条件确定的，其中并未含有沿下降方向搜寻的概念。因此对于非二次函数，如果采用上述牛顿法迭代公式，有时会使函数值上升，即出现 $f(\boldsymbol{x}^{k+1}) > f(\boldsymbol{x}^k)$ 的现象。为此，需对上述牛顿法进行改进，引入数学规划法的搜寻概念，提出所谓"阻尼牛顿法"。

如果我们把 $\boldsymbol{d}^k = -[\nabla^2 f(\boldsymbol{x}^k)]^{-1} \nabla f(\boldsymbol{x}^k)$ 看做是一个搜索方向，称其为牛顿方向，则阻尼牛顿法采取如下的迭代公式：

$$\boldsymbol{x}^{k+1} = \boldsymbol{x}^k + \alpha_k \boldsymbol{d}^k = \boldsymbol{x}^k - \alpha_k [\nabla^2 f(\boldsymbol{x}^k)]^{-1} \nabla f(\boldsymbol{x}^k) \qquad (k = 0, 1, 2, \cdots)$$

$$(6-3-8)$$

式中：α_k 为沿牛顿方向进行一维搜索的最佳步长，称为阻尼因子，可通过如下极小化过程求得

$$f(\boldsymbol{x}^{k+1}) = f(\boldsymbol{x}^k + \alpha_k \boldsymbol{d}^k) = \min_{\alpha} f(\boldsymbol{x}^k + \alpha \boldsymbol{d}^k)$$

这样，原来的牛顿法就相当于阻尼牛顿法的步长因子 α_k 取成固定值 1 的情况。由于阻

尼牛顿法每次迭代都在牛顿方向上进行一维搜索,这就避免了迭代后函数值上升的现象,从而保持了牛顿法二次收敛的特性,而对初始点的选取并没有苛刻的要求。

阻尼牛顿法的计算步骤如下:

(1) 给定初始点 x_0,收敛精度 ε,置 $k \leftarrow 0$;

(2) 计算 $\nabla f(x^k)$、$\nabla^2 f(x^k)$、$[\nabla^2 f(x^k)]^{-1}$ 和 $d^k = -[\nabla^2 f(x^k)]^{-1} \nabla f(x^k)$。

(3) 求 $x^{k+1} = x^k + \alpha_k d^k$,其中 α_k 为沿 d^k 进行一维搜索的最佳步长。

(4) 检查收敛精度。若 $\| x^{k+1} - x^k \| < \varepsilon$ 则 $x^* = x^{k+1}$,停机;否则,置 $k \leftarrow k+1$,返回到(2)继续进行搜索。

阻尼牛顿法程序框图如图 6-8 所示。

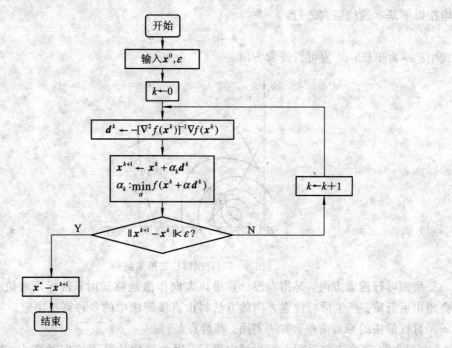

图 6-8　阻尼牛顿法的程序框图

牛顿法和阻尼牛顿法统称为牛顿型方法。这类方法的主要缺点是每次迭代都要计算函数的二阶导数矩阵,并对该矩阵求逆。这样工作量很大。特别是矩阵求逆,当维数高时工作量更大。另外,从计算机存储方面考虑,牛顿型方法所需的存储量也是很大的。梯度法的收敛速度比牛顿法慢,而牛顿法又存在上述缺点。针对这些缺点,近年来人们研究了很多改进的算法,针对牛顿法提出变尺度法等。

6.4　约束优化算法

6.4.1　基本概念

机械优化设计中的问题,大多数属于约束优化设计问题,其数学模型为

$$
\begin{cases}
\min f(\boldsymbol{x}) = f(x_1, x_2, \cdots, x_n) \\
\text{s.t } g_j(\boldsymbol{x}) = g_j(x_1, x_2, \cdots x_n) \quad (j = 1, 2, \cdots, m) \\
h_k(\boldsymbol{x}) = h_k(x_1, x_2, \cdots, x_n) = 0 \quad (k = 1, 2, \cdots, l)
\end{cases}
\quad (6\text{-}4\text{-}1)
$$

求解式(6-4-1)的方法称为约束优化方法。根据求解方式的不同,可分为直接解法、间接解法等。

直接解法通常适用于仅含不等式约束的问题,它的基本思路(见图 6-9)是在 m 个不等式约束条件所确定的可行域内,选择一个初始点 $\boldsymbol{x}^0$,然后决定可行搜索方向 $\boldsymbol{d}$,且以适当的步长 α,沿 $\boldsymbol{d}$ 方向进行搜索,得到一个使目标函数值下降的可行的新点 $\boldsymbol{x}^1$,即完成一次迭代。再以新点为起点,重复上述搜索过程,满足收敛条件后,迭代终止。每次迭代计算均按以下基本迭代格式进行:

$$\boldsymbol{x}_{k+1} = \boldsymbol{x}_k + \alpha_k \boldsymbol{d}^k$$

式中:α_k 为步长;$\boldsymbol{d}^k$ 为可行搜索方向。

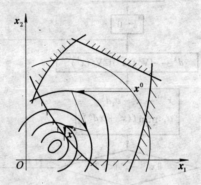

图 6-9　直接解法的搜索路径

所谓可行搜索方向,是指当设计点沿该方向作微量移动时,目标函数值将下降,且不会越出可行域。产生可行搜索方向的方法将由直接解法中的各种算法决定。

直接解法的原理简单,方法实用。其特点是:

(1)由于整个求解过程在可行域内进行,因此迭代计算不论何时终止,都可以获得一个比初始点好的设计点。

(2)若目标函数为凸函数,可行域为凸集,则可保证获得全域最优解。否则,因存在多个局部最优解,当选择的初始点不相同时,可能搜索到不同的局部最优解。为此,常在可行域内选择几个差别较大的初始点分别进行计算,以便从求得的多个局部最优解中选择更好的最优解。

(3)要求可行域为有界的非空集,即在有界可行域内存在满足全部约束条件的点,且目标函数有定义。

间接解法有不同的求解策略,其中一种解法的基本思路是将约束优化问题中的约束函数进行特殊处理后,和目标函数结合起来,构成一个新的目标函数,即将原约束优化问题转化成为一个或一系列的无约束优化问题,再对新的目标函数进行无约束优化计算,从而间接地搜索到原约束问题的最优解。

间接解法的基本迭代过程是,首先将式(6-4-1)所示的约束优化问题转化成新的无约束目标函数:

$$\phi(\boldsymbol{x},\ \mu_1,\ \mu_2) = f(\boldsymbol{x}) + \sum_{j=1}^{m} \mu_1 G[g_j(\boldsymbol{x})] + \sum_{k=1}^{l} \mu_2 H[h_k(\boldsymbol{x})]$$

式中：$\phi(x,\ \mu_1,\ \mu_2)$ 为转换后的新目标函数；$\sum_{j=1}^{m} \mu_1 G[g_j(x)]$、$\sum_{k=1}^{l} \mu_2 H[h_k(x)]$ 分别为约束函数 $g_j(x)$、$h_k(x)$ 经过加权处理后构成某种形式的复合函数或泛函数；μ_1、μ_2 为加权因子。

　　然后对 $\phi(x,\ \mu_1,\ \mu_2)$ 进行无约束极小化计算。由于在新目标函数中包含了各种约束条件，在求极值的过程中还将改变加权因子的大小，因此可以不断地调整设计点，使其逐步逼近约束边界，从而间接地求得原约束问题的最优解。图 6-10 所示的框图表示了这一基本迭代过程。

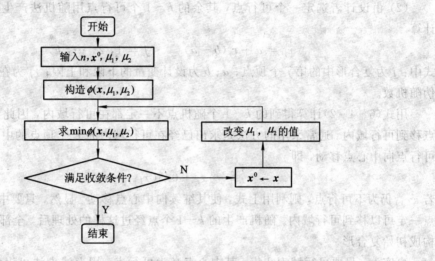

图 6-10　间接解法框图

　　间接解法是目前在机械优化设计中得到广泛应用的一种有效方法。其特点是：

　　(1) 由于无约束优化方法的研究日趋成熟，已经研究出不少有效的无约束最优化方法程序，使得间接解法有了可靠的基础。目前，这类算法的计算效率和数值计算的稳定性也有较大的提高。

　　(2) 可以有效地处理具有等式约束的约束优化问题。

　　(3) 间接解法存在的主要问题是，选取加权因子较为困难。加权因子选取不当，不但影响收敛速度和计算精度，甚至会导致计算失败。

　　求解约束优化设计问题的方法很多，下面将着重介绍属于直接解法的复合形法和属于间接解法的惩罚函数法。

6.4.2　复合形法

　　复合形法是求解约束优化问题的一种重要的直接解法。它的基本思路是在可行域内构造一个具有 k 个顶点的初始复合形。对该复合形各顶点的目标函数值进行比较，找到目标函数值最大的顶点(称最坏点)，然后按一定的法则求出目标函数值有所下降的可行的新点，并用此点代替最坏点，构成新的复合形。复合形的形状每改变一次，就向最优点移动一步，直至逼近最优点。

由于复合形的形状不必保持规则的图形，对目标函数及约束函数的形状又无特殊要求，因此该法的适应性较强，在机械优化设计中得到广泛应用。

1. 初始复合形的形成

复合形法是在可行域内直接搜索最优点，因此，要求初始复合形在可行域内生成，即复合形的 k 个顶点必须都是可行点。

生成初始复合形的方法有以下几种：

(1) 由设计者决定 k 个可行点，构成初始复合形。当设计变量较多或约束函数复杂时，由设计者决定 k 个可行点常常很困难。只有在设计变量少、约束函数简单的情况下，这种方法才被采用。

(2) 由设计者选定一个可行点，其余的 $k-1$ 个可行点用随机法产生。各顶点按下式计算

$$x_i = a + r_j(b - a) \qquad (j = 1, 2, \cdots, k) \qquad (6-4-2)$$

式中：j 为复合形中的第 j 个顶点；a、b 为设计变量的下限和上限；r_j 为在 $(0,1)$ 区间内的伪随机数。

用式 $(6-4-2)$ 计算得到的 $k-1$ 个随机点不一定都在可行域内，因此要设法将非可行点移到可行域内。通常采用的方法是求出已经在可行域内的 L 个顶点的中心 x_c，然后将非可行点向中心点移动，即

$$x'_{L+1} = x_c + 0.5(x_{L+1} - x_c) \qquad (6-4-3)$$

若 x_{L+1} 仍为不可行点，则利用上式，使其继续向中心点移动。显然，只要中心点可行，x_{L+1} 点一定可以移到可行域内。随机产生的 $k-1$ 个点经过这样的处理后，全部成为可行点，并构成初始复合形。

事实上，只要可行域为凸集，其中心点必为可行点，用上述方法可以成功地在可行域内构成初始复合形。如果可行域为非凸集，中心点不一定在可行域之内，则可以通过改变设计变量的下限和上限值，重新产生各顶点。经过多次试算，有可能在可行域内生成初始复合形。

(3) 由计算机自动生成初始复合形的全部顶点。其方法是首先随机产生一个可行点，然后按第 (2) 种方法产生其余的 $k-1$ 个可行点。这种方法对设计者来说最为简单，但因初始复合形在可行域内的位置不能控制，可能会给以后的计算带来困难。

2. 复合形法的搜索方法

在可行域内生成初始复合形后，将采用不同的搜索方法来改变其形状，使复合形逐步向约束最优点趋近。改变复合形形状的搜索方法主要有以下 4 种。

1) 反射

反射是改变复合形形状的一种主要策略，其计算步骤为：

(1) 计算复合形各顶点的目标函数值，并比较其大小，求出最好点 x_L、最坏点 x_H 及次坏点 x_G：

$$\begin{cases} x_L : f(x_L) = \min\{f(x_j) \mid j = 1, 2, \cdots, k\} \\ x_H : f(x_H) = \max\{f(x_j) \mid j = 1, 2, \cdots, k\} \\ x_G : f(x_G) = \max\{f(x_j) \mid j = 1, 2, \cdots, H, j \neq k\} \end{cases} \qquad (6-4-4)$$

（2）计算除去最坏点 x_H 外的 $k-1$ 个顶点的中心 x_c：

$$x_c = \frac{1}{k-1}\sum_{\substack{j=1 \\ j \neq H}}^{k} x_j \tag{6-4-5}$$

（3）从统计的观点来看，一般情况下，最坏点 x_H 和中心点 x_c 的连线方向为目标函数下降的方向。为此，以 x_c 点为中心，将最坏点 x_H 按一定比例进行反射，有希望找到一个比最坏点 x_H 的目标函数值小的新点 x_R，称其为反射点。其计算公式为

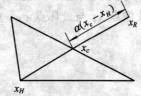

$$x_R = x_c + \alpha(x_c - x_H) \tag{6-4-6}$$

式中：α 为反射系数，一般取 $\alpha=1.3$。

反射点 x_R 与最坏点 x_H、中心点 x_c 的相对位置如图 6-11 所示。

图 6-11　x_R、x_H 与 x_c 的相对位置

（4）判别反射点 x_R 的位置。若 x_R 为可行点，则比较 x_R 和 x_H 两点的目标函数值。如果 $f(x_R) < f(x_H)$，则用 x_R 取代 x_H，构成新的复合形，完成一次迭代；如果 $f(x_R) \geqslant f(x_H)$，则将 α 缩小 0.7 倍，用上式重新计算新的反射点；若仍不可行，继续缩小 α，直至 $f(x_R) < f(x_H)$ 为止。

若 x_R 为非可行点，则将 α 缩小 0.7 倍，仍用式（6-4-6）计算反射点 x_R，直至可行为止。然后重复以上步骤，即判别 $f(x_R)$ 和 $f(x_H)$ 的大小，一旦 $f(x_R) < f(x_H)$，就用 x_R 取代 x_H，完成一次迭代。

综上所述，反射成功的条件是

$$\begin{cases} g_j(x_R) \leqslant 0 \ (j = 1, 2, \cdots, m) \\ f(x_R) < f(x_H) \end{cases} \tag{6-4-7}$$

2）扩张

若求得反射点为可行点，且目标函数值下降较多（例如 $f(x_R) < f(x_c)$），则沿反射方向继续移动，即采用扩张的方法，可能找到更好的新点 x_E，x_E 称为扩张点。其计算公式为

$$x_E = x_R + \gamma(x_R - x_c) \tag{6-4-8}$$

式中：γ 为扩张系数，一般取 $\gamma=1$。

扩张点 x_E 与中心点 x_c、反射点 x_R 的相对位置如图 6-12 所示。

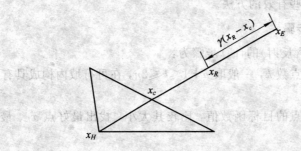

图 6-12　x_E、x_R 与 x_c 的相对位置

若扩张点 x_E 为可行点，且 $f(x_E) < f(x_R)$，则称扩张成功，用 x_E 取代 x_R，构成新的复合形；否则称扩张失败，放弃扩张，仍用原反射点 x_R 取代 x_H，构成新的复合形。

3) 收缩

若在中心点 x_c 以外找不到好的反射点，还可以在 x_c 以内，即采用收缩的方法寻找较好的新点 x_k，x_k 称为收缩点。其计算公式为

$$x_k = x_H + \beta(x_c - x_H) \tag{6-4-9}$$

式中：β 为收缩系数，一般取 $\beta = 0.7$。

收缩点 x_k 与最坏点 x_H、中心点 x_c 的相对位置如图 6-13 所示。

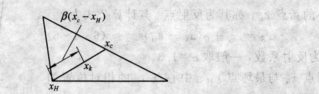

图 6-13 x_k、x_H 与 x_c 的相对位置

若 $f(x_k) < f(x_H)$，则称收缩成功，用 x_k 取代 x_H，构成新的复合形。

4) 压缩

若采用上述各种方法均无效，还可以将复合形各顶点向最好点 x_L 靠拢，即采用压缩的方法来改变复合形的形状。压缩后各顶点的计算公式为

$$x_j = x_L - 0.5(x_L - x_j) \qquad (j = 1, 2, \cdots, k; j \neq L) \tag{6-4-10}$$

压缩后的复合形各顶点的相对位置如图 6-14 所示。

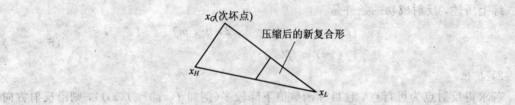

图 6-14 复合形的压缩变形

然后，再对压缩后的复合形采用反射、扩张或收缩等方法，继续改变复合形的形状。

除此之外，还可以采用旋转等方法来改变复合形形状。应当指出的是，采用改变复合形形状的方法越多，程序设计越复杂，有可能降低计算效率及可靠性。因此，程序设计时，应针对具体情况，采用某些有效的方法。

3. 复合形法的计算步骤

基本的复合形法（只含反射）的计算步骤为：

（1）选择复合形的顶点数 k，一般取 $n+1 \leqslant k \leqslant 2n$，在可行域内构成具有 k 个顶点的初始复合形。

（2）计算复合形各顶点的目标函数值，比较其大小，找出最好点 x_L、最坏点 x_H 及次坏点 x_G。

（3）计算除去最坏点 x_H 以外的 $k-1$ 个顶点的中心点 x_c。判别 x_c 是否可行，若 x_c 为可行点，则转到步骤（4）；若 x_c 为非可行点，则重新确定设计变量的下限和上限值，即令 $a = x_L$，$b = x_c$，然后转到步骤（1），重新构造初始复合形。

（4）按式（6-4-6）计算反射点 x_R，必要时，改变反射系数 α 的值，直至反射成功，即

满足式(6-4-7)然后以 x_R 取代 x_H，构成新的复合形。

（5）若收敛条件

$$\left\{\frac{1}{k-1}\sum_{\substack{j=1\\j\neq k}}^{n}\left[f(x_j)-f(x_L)\right]^2\right\}^2 \leqslant \varepsilon \tag{6-4-11}$$

得到满足，计算终止，约束最优解为

$$x^* = x_R$$
$$f(x^*) = f(x_R)$$

否则，转步骤(2)。

复合形法的框图见图 6-15。

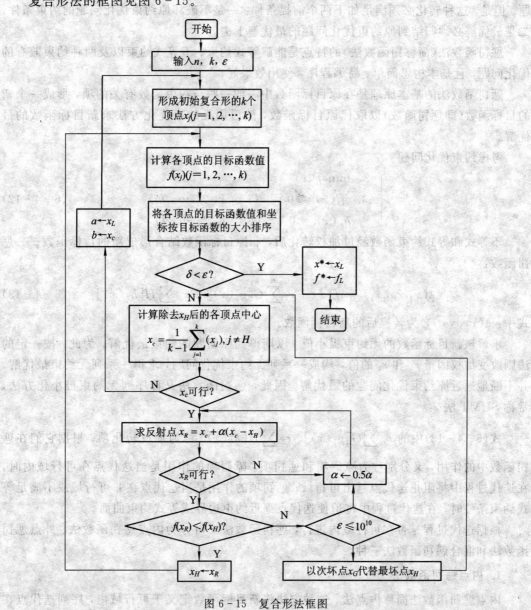

图 6-15　复合形法框图

6.4.3 惩罚函数法

复合形法属于约束优化问题的直接法,其在搜索过程中使每个迭代点同时满足适用性、可行性两个条件,以此来直接处理约束条件。本节所述的惩罚函数法则属于约束优化问题的间接法。

目前,已有的许多著作和文献表明:对无约束优化方法的研究要比对约束优化方法的研究更为完善和成熟,并建立了许多有效的、可靠的算法。如果能通过某种办法对约束条件加以处理,惩罚函数法将是一种使用很广泛、很有效的间接解法。它的基本原理是将约束优化问题转化成无约束优化问题,这样就可以直接用无约束优化方法来解约束优化问题。但是,这种转化必须满足如下两个前提条件:一是不破坏原约束优化问题的约束条件,二是最优解必须归结到原约束优化问题的最优解上去。

惩罚函数法(简称罚函数法)的特点是能解等式约束、不等式约束以及两种约束兼有的优化问题,且基本构思简单,易编程序,使用效果好。

惩罚函数法的基本原理是在原目标函数中添加一些与约束函数有关的项,形成一个新的目标函数(即惩罚函数)以取代原目标函数,然后用无约束优化方法求新目标函数的最优解。

考虑约束优化问题

$$\begin{cases} \min\ f(x) \\ \text{s. t.}\ \ g_j(x) \leqslant 0 & (j = 1, 2, \cdots, m) \\ \quad\ \ h_k(x) = 0 & (k = 1, 2, \cdots, l) \end{cases} \tag{6-4-12}$$

不等式和等式约束函数经过加权转化后,和原目标函数结合形成新的目标函数——惩罚函数:

$$\phi(x, r_1, r_2) = f(x) + r_1 \sum_{j=1}^{m} G[g_j(x)] + r_2 \sum_{k=1}^{l} H[h_k(x)] \tag{6-4-13}$$

式中:$\phi(x, r_1, r_2)$ 为转换后的新目标函数。

求解该新目标函数的无约束极小值,以期得到原问题的约束最优解。为此,按一定的法则改变加权因子 r_1 和 r_2 的值,构成一系列无约束优化问题,求得一系列无约束最优解,并不断地逼近原约束优化问题的最优解。因此,惩罚函数法又称序列无约束极小化方法,常称 SUMT 法。

式(6-4-13)中的 $r_1 \sum_{j=1}^{m} G[g_j(x)]$、$r_2 \sum_{k=1}^{l} H[h_k(x)]$ 称为加权转化项。根据它们在惩罚函数中的作用,又分别称为障碍项和惩罚项。障碍项的作用是当迭代点在可行域内时,在迭代过程中将阻止迭代点越出可行域;惩罚项的作用是当迭代点在非可行域或不满足等式约束条件时,在迭代过程中将迫使迭代点逼近约束边界或等式约束曲面。

根据迭代过程是否在可行域内进行,惩罚函数法又可分为内点惩罚函数法、外点惩罚函数法和混合惩罚函数法三种。

1. 内点惩罚函数法

内点惩罚函数法简称内点法,这种方法将新目标函数定义于可行域内,序列迭代点在可行域内逐步逼近约束边界上的最优点。内点法只能用来求解具有不等式约束的优化问题。

对于只具有不等式约束的优化问题

$$\min f(x)$$

$$\text{s. t. } g_j(x) \leqslant 0 \qquad (j = 1, 2, \cdots, m)$$

转化后的惩罚函数形式为

$$\phi(x, r^{(k)}) = f(x) - r^{(k)} \sum_{j=1}^{m} \frac{1}{g_j(x)} \tag{6-4-14}$$

或

$$\phi(x, r^{(k)}) = f(x) - r^{(k)} \sum_{j=1}^{m} \ln[-g_j(x)] \tag{6-4-15}$$

式中：$r^{(k)}$ 为惩罚因子，它是由大到小且趋近于 0 的数列 $\lim\limits_{k \to \infty} r_k = 0$，且 $r^{(0)} > r^{(1)} > r^{(2)} > \cdots$；$\sum\limits_{j=1}^{m} \dfrac{1}{g_j(x)}$ 和 $\sum\limits_{j=1}^{m} \ln[-g_j(x)]$ 为障碍项。

内点法的迭代过程在可行域内进行，障碍项的作用是阻止迭代点越出可行域。由障碍项的函数形式可知，当迭代点靠近某一约束边界时，其约束函数值趋近于 0，而障碍项的值陡然增加，并趋近于无穷大，好像在可行域的边界上筑起了一道"围墙"，使迭代点始终不能越出可行域。显然，只有当惩罚因子 $r \to 0$ 时，才能求得在约束边界上的最优解。

下面介绍内点法中初始点 x^0、惩罚因子的初值 r^0 及其缩减系数 c 等重要参数的选取和收敛条件的确定等问题。

1）初始点 x^0 的选取

使用内点法时，初始点 x^0 应选择一个离约束边界较远的可行点。若 x^0 太靠近某一约束边界，构造的惩罚函数可能由于障碍项的值很大而变得畸形，使求解无约束优化问题发生困难。程序设计时，一般都考虑使程序具有人工输入和计算机自动生成可行初始点两种功能，由使用者选用。计算机自动生成可行初始点的常用方法是利用随机数生成设计点，该方法已在本章介绍过。

2）惩罚因子初值 r^0 的选取

惩罚因子的初值 r^0 应适当，否则会影响迭代计算的正常进行。一般来说，r^0 太大，将增加迭代次数；r^0 太小，会使惩罚函数的性态变坏，甚至难以收敛到极值点。由于问题函数的多样化，使得 r^0 的取值相当困难，目前还无一定的有效方法。对于不同的问题，都要经过多次试算，才能决定一个适当的 r^0。以下的方法可作为试算取值的参考：

（1）取 $r^0 = 1$，根据试算的结果，再决定增加或减小 r^0 的值。

（2）按经验公式（6-4-16）计算 r^0 值，这样选取的值可以使惩罚函数中的障碍项和原目标函数的值大致相等，不会因障碍项的值太大而起支配作用，也不会因障碍项的值太小而被忽略掉：

$$r^0 = \left| \frac{f(x^0)}{\sum\limits_{j=1}^{m} \dfrac{1}{g_j(x^0)}} \right| \tag{6-4-16}$$

3）惩罚因子的缩减系数 c 的选取

在构造序列惩罚函数时，惩罚因子 r 是一个逐次递减到 0 的数列，相邻两次迭代的惩

罚因子的关系为

$$r^k = cr^{k-1} \qquad (k = 1, 2, \cdots) \qquad (6-4-17)$$

式中的 c 称为惩罚因子的缩减系数，c 为小于 1 的正数。一般的看法是，c 值的大小在迭代过程中不起决定性作用，通常的取值范围在 $0.1 \sim 0.7$ 之间。

4）收敛条件

内点法的收敛条件为

$$\left| \frac{\phi(x^*(r^k), r^k) - \phi(x^*(r^{k-1}), r^{k-1})}{\phi(x^*(r^{k-1}), r^{k-1})} \right| \leqslant \varepsilon_1 \qquad (6-4-18)$$

$$\| x^*(r^k) - x^*(r^{k-1}) \| \leqslant \varepsilon_2 \qquad (6-4-19)$$

式（6-4-18）说明相邻两次迭代的惩罚函数的值相对变化量充分小，式（6-4-19）说明相邻两次迭代的无约束极小点已充分接近。满足收敛条件的无约束极小点 x^k 已逼近原问题的约束最优点，迭代终止。原约束问题的最优解为

$$x^* = x^*(r^k)$$
$$f(x^*) = f[x^*(r^k)]$$

内点法的计算步骤为：

（1）选取可行的初始点 x^0，惩罚因子的初值 r^0，缩减系数 c 以及收敛精度 ε_1、ε_2。令迭代次数 $k=0$。

（2）构造惩罚函数 $\phi(x, r)$，选择适当的无约束优化方法，求函数 $\phi(x, r)$ 的无约束极值，得 x^k 点。

（3）用式（6-4-18）及式（6-4-19）判别迭代是否收敛，若满足收敛条件，迭代终止，约束最优解为 $x^* = x^*(r^k)$，最优值为 $f(x^*) = f[x^*(r^k)]$；否则，令 $r^{k+1} = cr^k$，$x^0 = x^*(r^k)$，$k = k+1$，转步骤（2）。

程序框图如图 6-16 所示。

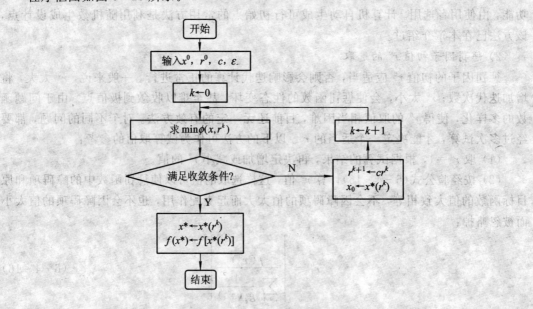

图 6-16　内点法程序框图

2. 外点惩罚函数法

外点惩罚函数法简称外点法。这种方法和内点法相反，新目标函数定义在可行域之外，序列迭代点从可行域之外逐渐逼近约束边界上的最优点。外点法可以用来求解含不等式和等式约束的优化问题。

对于约束优化问题

$$\min f(x) = f(x)$$
$$\text{s.t } g_j(x) = g_j(x) \leqslant 0 \qquad (j = 1, 2, \cdots, m)$$
$$h_k(x) = h_k(x) = 0 \qquad (k = 1, 2, \cdots, l)$$

转化后的外点惩罚函数的形式为

$$\phi(x, r^{(k)}) = f(x) - r^{(k)} \sum_{j=1}^{m} \max[0, g_j(x)]^2 + r^{(k)} \sum_{k=1}^{l} [h_k(x)]^2$$

$$(6 - 4 - 20)$$

式中：$r^{(k)}$ 为惩罚因子，它是由小到大且趋近于 ∞ 的数列，即 $r^{(0)} < r^{(1)} < r^{(2)} < \cdots \rightarrow \infty$；$\sum_{j=1}^{m} \max[0, g_j(x)]^2$、$\sum_{k=1}^{l} [h_k(x)]^2$ 分别为对应于不等式约束和等式约束函数的惩罚项。

外点法的迭代过程在可行域之外进行，惩罚项的作用是迫使迭代点逼近约束边界或等式约束曲面。由惩罚项的形式可知：当迭代点 x 不可行时，惩罚项的值大于 0，使得惩罚函数 $\phi(x, r^{(k)})$ 大于原目标函数，这可看成是对迭代点不满足约束条件的一种惩罚。迭代点离约束边界越远，惩罚项的值越大，这种惩罚越重。但当迭代点不断接近约束边界和等式约束曲面时，惩罚项的值减小，且趋近于 0，惩罚项的作用逐渐消失，迭代点也就趋近于约束边界上的最优点了。

外点法的惩罚因子按下式递增

$$r^{(k)} = cr^{(k-1)}$$

式中：c 为递增系数，通常取 $c = 5 \sim 10$。

与内点法相反，惩罚因子的初值 x^0 若取相当大的值，会使 $\phi(x, r)$ 的等值线变形或偏心，求 $\phi(x, r)$ 的极值将发生困难；但 $r^{(0)}$ 取得过小，势必增加迭代次数。所以，在外点法中，$r^{(0)}$ 的合理取值也是很重要的。许多计算表明，取 $r^{(0)} = 1$，$c = 10$ 常常可以取得满意的结果。有的也按下面的经验公式来计算 $r^{(0)}$ 值：

$$r^{(0)} = \max\{r_j^{(0)}\} \qquad (j = 1, 2, \cdots, m)$$
$$r_j^{(0)} = \frac{0.02}{mg_j(x^{(0)})f(x^{(0)})} \qquad (j = 1, 2, \cdots, m)$$

外点法的收敛条件和内点法相同，其计算步骤、程序框图也与内点法相近。

3. 混合惩罚函数法

混合惩罚函数法简称混合法，这种方法把内点法和外点法结合起来，用来求解同时具有等式约束和不等式约束函数的优化问题。

对于约束优化问题：

$$\min f(x) = f(x)$$
$$\text{s.t } g_j(x) = g_j(x) \leqslant 0 \qquad (j = 1, 2, \cdots, m)$$
$$h_k(x) = h_k(x) = 0 \qquad (k = 1, 2, \cdots, l)$$

转化后的混合惩罚函数的形式为

$$\phi(x, r^{(k)}) = f(x) - r^{(k)} \sum_{j=1}^{m} \frac{1}{g_j(x)} + \frac{1}{\sqrt{r^{(k)}}} \sum_{k=1}^{l} [h_k(x)]^2 \qquad (6-4-21)$$

式中：$r^{(k)} \sum\limits_{j=1}^{m} \dfrac{1}{g_j(x)}$ 为障碍项，惩罚因子 r 按内点法选取，$r^{(0)} > r^{(1)} > r^{(2)} > \cdots \to 0$；

$\dfrac{1}{\sqrt{r^{(k)}}} \sum\limits_{k=1}^{l} [h_k(x)]^2$ 为惩罚项，惩罚因子为 $\dfrac{1}{\sqrt{r^{(k)}}}$，当 $r \to 0$ 时 $\dfrac{1}{\sqrt{r^{(k)}}} \to \infty$，满足外点法对惩罚因子的要求。

混合法具有内点法的求解特点，即迭代过程在可行域内进行，因而初始点 $x^{(0)}$、惩罚因子的初值 $r^{(0)}$ 均可参考内点法选取，其计算步骤及程序框图也与内点法相近。

6.5　其它优化问题

6.5.1　动态多变量优化

现代产品日益向着高速、高效率、高精度方向发展，传统的设计方法已经无法满足其要求。如果在设计阶段没有很好地考虑产品的动态特性，则会使性能受到影响，增加了设计的难度。因此，研究系统的动态特性，寻求其最佳动态设计，具有很重要的现实意义。

结构动态优化设计是对系统设计变量的初始参数通过计算作出必要的修改，使机械机构的动态性能在规定的约束条件下达到最优。目前，动态设计的优化正处于发展与完善阶段，从现有的资料来看，系统的动态优化设计方法可分为 3 类：基于模态柔度和能量平衡的动态优化设计、基于变分原理的动态优化设计和基于最小值原理的动态优化设计。

（1）基于模态柔度和能量平衡的动态优化设计：将机械结构的抗振性最好，即动柔度最小作为优化目标，将机械结构的质量、刚度和阻尼设为设计变量，计入工程需要对设计变量提出的约束条件，根据机械结构的设计方案或图样便可建立模型。

（2）基于变分原理的动态优化设计：其目标函数是泛函，因此，问题可归结为求泛函的条件极值。这种方法是对经过近似简化的结构，即由一组刚体和弹性体经一组弹簧和阻尼器，在满足系统相关约束的条件下组合连接起来，并受到瞬态激励作用的动力学系统，选择一组设计变量，使设计的目标函数在满足约束条件下达到最优或取极值。优化的目标函数通常表现为：在一段时间内，系统所关心的位置坐标或坐标的瞬时动态响应最小，或满足规定的要求。

（3）基于最小值原理的动态优化设计：其实质是对几何形状的优化，根据最优控制的极小值原理，不以设计图纸中结构的质量、刚度、阻尼作为目标函数，而以其几何形状函数作为优化目标。

6.5.2　模糊优化

从 20 世纪七八十年代开始，以数学规划论为基础，以计算机为工具的优化设计技术取得了不断的发展和广泛的应用，收到了显著的效益。但是常规的优化设计把设计中的各种因素均处理成确定的二值逻辑，忽略了事物客观存在的模糊性，使得设计变量和目标函数不能达到应有的取值范围，往往会漏掉一些真正的优化方案，甚至会带来一些矛盾的结果。事实上，不仅由于事物差异之间的中介过渡过程所带来的事物普遍存在的模糊性，而且由于研究对象的复杂化必然要涉及到模糊性，信息技术、人工智能的研究必然要考虑到模糊信息的识别与处理，以及工程设计不仅要面向用户需求的多样化和个性化，还要以满足社会需求为目标，并依赖社会环境、条件、自然资源、政治经济政策等比较强烈的模糊性问题，等等，这些都必然使上述领域的优化设计涉及种种模糊因素。如何处理工程设计中客观存在的大量模糊性，这正是模糊优化设计所要解决的问题。模糊优化设计是将模糊理论与普通优化技术相结合的一种新的优化理论与方法，是普通优化设计的延伸与发展。

　　根据模糊目标函数与约束函数的关系，模糊优化数学模型分为对称与非对称两种。

6.5.3　多目标优化

　　同时具有两个或两个以上优化性能指标（如性能指标、结构指标、经济指标等）的设计问题，称为"多目标函数的优化问题"。许多实际工程设计问题，大多属于这种多目标函数优化问题，即常常期望同时有几项设计指标都达到最优值。多目标函数优化问题的数学模型可表达为

$$
\begin{cases}
\boldsymbol{x} = [x_1, x_2, \cdots, x_n]^{\mathrm{T}} \in \mathbf{R}^n \\
\min f_1(\boldsymbol{x}) \\
\min f_2(\boldsymbol{x}) \\
\quad\vdots \\
\min f_q(\boldsymbol{x}) \\
\text{s.t.}\ \ g_i(\boldsymbol{x}) \leqslant 0,\ i = 1, 2, \cdots, m \\
\quad\ \ h_j(\boldsymbol{x}) = 0,\ j = 1, 2, \cdots, p
\end{cases}
\tag{6-5-1}
$$

上式中，各目标 $f_1(\boldsymbol{x})$，$f_2(\boldsymbol{x})$，$\cdots$，$f_q(\boldsymbol{x})$ 的优化往往是互相矛盾的，不能期望使它们同时达到最优解，甚至有时还会产生对立的情况，即对一个目标函数是优点，对另一个目标函数却是劣点。这就需要在各个目标的最优解之间进行协调，相互间作出适当"让步"，以便取得整体最优方案，而不能像单目标函数的优化那样，通过简单比较函数值大小的方法去寻优。由此可以看出多目标函数的优化问题要比单目标函数的优化问题复杂得多，求解难度大得多。

1. 统一目标法

　　统一目标法的实质就是将式（6-5-1）中的各目标函数（或称分目标函数）$f_1(\boldsymbol{x})$，$f_2(\boldsymbol{x})$，$\cdots$，$f_q(\boldsymbol{x})$ 统一到一个总的"统一目标函数"$f(\boldsymbol{x})$中，即令

$$
f(\boldsymbol{x}) = f\{f_1(\boldsymbol{x}), f_2(\boldsymbol{x}), \cdots, f_q(\boldsymbol{x})\}
\tag{6-5-2}
$$

使式（6-5-1）的问题转化为求解

$$
\begin{cases}
\min f(\boldsymbol{x}),\ \boldsymbol{x} \in \mathbf{R}^n \\
\text{s.t.}\ \ g_i(\boldsymbol{x}) \leqslant 0,\ i = 1, 2, \cdots, m \\
\quad\ \ h_j(\boldsymbol{x}) = 0,\ j = 1, 2, \cdots, p
\end{cases}
$$

的形式，从而把多目标函数的优化问题转变为单目标函数的优化问题来求解。

为了使各个分目标函数能均匀一致地趋向各自的最优值，采用统一目标函数进行求解的具体方法有：

1) 加权组合法

加权组合法又称线性组合法或加权因子法，即在将各分目标函数组合为总的"统一目标函数"的过程中，考虑各分目标函数在相对重要程度方面的差异，引入加权因子。为此，式(6-5-2)应改写为

$$f(\boldsymbol{x}) = \sum_{j=1}^{q} \omega_j f_j(\boldsymbol{x})$$

式中：ω_j 为第 j 项分目标函数 $f_j(\boldsymbol{x})$ 的加权因子，其值取决于各目标的数量级及重要程度，即 $w_j(i=1, 2, \cdots, q)$，并且 $\sum_{j=1}^{q} w_j = 1$。加权因子的选择是此法的关键。

2) 目标规划法

先分别求出各个分目标函数的最优值 $f_j(\boldsymbol{x}^*)$，然后根据多目标函数优化设计的总体要求，作适当调整，制定出理想的最优值，则统一目标函数可按如下方法来构成：

$$f(\boldsymbol{x}) = \sum_{j=1}^{q} \left[\frac{f_j(\boldsymbol{x}) - f_j^{(0)}}{f_j^{(0)}} \right]$$

这意味着当各项分目标函数分别达到各自的理想最优值 $f_j^{(0)}$ 时，统一目标函数 $f(\boldsymbol{x})$ 为最小。此法的关键在于选择恰当的 $f_j^{(0)}(j=1, 2, \cdots, q)$ 值。

3) 功效系数法

如果每个分目标函数($j=1, 2, \cdots, q$)都用一个被定义于 0~1 之间的功效系数 $\eta_j(j=1, 2, \cdots, q)$ 来表示，它代表着该项设计指标的好坏(当 $\eta_j=1$ 时表示最好，$\eta_j=0$ 时表示最坏)；而总功效系数 η 用这些功效系数($\eta_1, \eta_2, \cdots, \eta_q$)的几何平均值来表示，且代表着该设计方案的好坏。因此，要求最优设计方案，可用总功率系数 η 作为"统一目标函数"$f(\boldsymbol{x})$，即

$$f(\boldsymbol{x}) = \eta = \sqrt[q]{\eta_1 \eta_2 \cdots \eta_q} \to \max$$

上式中当 $\eta=1$ 时，表示设计方案最理想；反之，当 $\eta=0$ 时则表明这种设计方案不能被接受，这时必有某项分目标函数的功效系数为 0。

这种方法比较直观且调整容易，而且不论各分目标的量级及量纲如何，最终都转化为 0~1 间的数值。一旦有一项分目标数值不理想($\eta_j=0$)，其总功效系数必为零，这表明设计方案不可按受，需重新调整约束条件或各分目标函数的临界值。另外，这种方法易于处理目标函数既不是愈大愈好，也不是愈小愈好的情况。

4) 乘除法

如果能将多目标函数优化问题中的全部 q 个目标分为两大类，即目标函数值愈小愈好的所谓费用类(如材料、工时、成本、重量等)和目标函数值愈大愈好的所谓效益类(如产量、产值、利润、效益等)，且前者有 s 项，后者有 $q-s$ 项，则统一目标函数可取为

$$f(\boldsymbol{x}) = \frac{\sum_{j=1}^{s} f_j(\boldsymbol{x})}{\sum_{j=s+1}^{q} f_j(\boldsymbol{x})}$$

显然，使 $f(x) \to \min$ 可得最优解。

2. 主要目标法

考虑到在多目标函数优化问题中各目标的重要程度不一样，在优化设计问题中显然首先考虑主要目标，同时兼顾次要目标，这就是主要目标法的指导思想。主要目标法首先将多目标函数优化问题中的全部目标函数，按其重要程度依次排列，对除最重要目标函数外的其它目标函数根据初步设计的考虑给予适当的最优值的估计值，作为辅助约束处理。这样就将多目标函数的约束优化问题，转换成一些单目标函数的约束优化问题，寻求整个设计可以接受的相对最优解。

对式（6-5-1）中的 q 个分目标选出一个最重要的作为主要目标，例如选 $f_1(x)$，同时对其它 $q-1$ 个分目标 $f_j(x)(j \neq 1)$ 给出上下界值：

$$\alpha_j \leqslant f_j(x) \leqslant \beta_j, \ j \neq 1$$

即限定这些分目标在一定范围内取值，把这些目标降为约束条件。于是，问题转化为下列单目标优化问题：

$$\begin{cases} \min f_1(x) \\ \text{s. t. } g_i(x) \leqslant 0, & i = 1, 2, \cdots, m \\ \quad f_j(x) - \beta_j \leqslant 0, & j = 2, 3, \cdots, q \\ \quad \alpha_j - f_j(x) \leqslant 0, & j = 2, 3, \cdots, q \end{cases}$$

在实际工程的优化设计中，总可以根据基本要求，对各项设计指标（分目标）作出正确的估计和判断，并按其重要性进行排列，因此本法在实际使用中并不困难。

6.6　工　程　实　例

实例　V 带传动优化设计

以 V 带传动设计为例，分析建立 V 带传动多目标优化设计数学模型，提出应用 MATLAB 实现的方法和过程，并以小带轮体积和带轮中心距为优化目标举例说明。

计算中涉及的参数说明如下：

d_1 为小带轮基准直径；d_2 为大带轮直径，$d_2 = (1-\varepsilon)ix_1$；$i$ 为带传动的传动比；ε 为弹性滑动率；Z 为带的根数，$Z = P_d/P$；P_d 为设计功率；P 为单根带额定功率，$P = v \times \left(\dfrac{k_1}{v^{0.09}} - \dfrac{k_2}{x_1 k_i} - k_3 v^2 \right) k_a k_L$；$v$ 为带线速度（m/s），$v = \dfrac{\pi x_1 n_1}{6 \times 10^4}$；$k_a$ 为包角修正系数，$k_a = 1.25 \times (1 - 5^{\alpha_1/180})$；$k_L$ 为带长修正系数，$k_L = 1 + 0.45 \times \lg(x_2/L_0)$；$\alpha_1$ 为小带轮包角，$\alpha_1 = 180° - \dfrac{d_2 - x_1}{a} \times 57.3°$；$k_i$ 为传动比系数，$k_i = i \times \left(\dfrac{2}{1+i^{5.3}} \right)^{1/5.3}$；$k_1$、$k_2$、$k_3$ 为与 V 带带型有关的系数；L_0 为带的特定长度，由带型确定；a 为带轮中心距；B 为带轮宽度，$B = (Z-1)e + 2f$；e 为槽间距；f 为第一槽对称面至端面的距离；L_d 为带的基准长度；n 为转速。

某输送机 V 带传动，$P_d = 10$ kW，$n_1 = 960$ r/m，$n_2 = 400$ r/m，$\varepsilon = 0.02$，中心距 $a \leqslant 800$ mm，试进行优化设计。

查设计手册，应选 B 型带，$e=19$ mm，$f=12.5$ mm，$k_1=0.794$，$k_2=50.6$，$k_3=1.31\times10^6$，$L_0=2250$ mm。

1）设计变量确定

通过分析可见，带传动的独立设计变量为小带轮直径 d_1 和带的基准长度 L_d，所以 $\boldsymbol{x}=[x_1\ x_2]^T$。其中：$x_1$ 代表 d_1；x_2 代表 L_d。

2）目标函数的建立

为使带传动的结构尽量紧凑，应使 V 带的带轮体积和中心距尽量小。带轮体积 $V=\pi \cdot d_1^2 \cdot (1+i^2) \cdot B$，由于传动比 i 为已知参数，所以优化设计目标有两个：

$$W = x_1^2 \cdot B \rightarrow \min \tag{1}$$

$$a = \sqrt{\left(\frac{x_2-\pi(x_1+d_2)/2}{2}\right)^2 - \left(\frac{d_2-x_1}{2}\right)^2} \rightarrow \min \tag{2}$$

但由于 W 和 a 数量级相差悬殊，对约束过程不利，应进行无量纲化处理，最终目标函数应为

$$f_1(x) = \frac{W}{W_t} \rightarrow \min \tag{3}$$

$$f_2(x) = \frac{a}{a_t} \rightarrow \min \tag{4}$$

式中：W_t 为小带轮体积的理想值；a_t 为带轮的理想中心距。

3）约束条件的建立

（1）带线速度的约束：带速在最佳带速以下，随带速增加，带传动功率能力增加；但超过最佳带速，带速增加，带传动功率能力下降，到达极限带速时，带将打滑。带的线速度介于 5～25 之间，即 $g_1(x)=5-v\leqslant0$；$g_2(x)=v-25\leqslant0$。

（2）小带轮包角的约束：带传动的有效圆周力随包角的增大而增大，为避免降低传动效率，应保证小带轮包角大于 $120°$，即 $g_3(x)=120-\left(180-\dfrac{60(d_2-x_1)}{a}\right)\leqslant0$。

（3）中心距约束：增大中心距可增大包角，对提高传动效率有利，同时对减缓带的疲劳损坏也有利，但过大显然不合适，应引入约束 $g_4(x)=0.7(x_1+d_2)-a\leqslant0$；$g_5(x)=a-2(x_1+d_2)\leqslant0$。

（4）带的根数不能太大，应 $Z\leqslant10$，即 $g_6(x)=Z-10\leqslant0$。

（5）带轮直径约束：较大的带轮直径有较大的传动效率，因此，在条件允许的条件下应选择较大的直径，以减少弯曲应力引起的转矩损耗，同时提高胶带的寿命；但过大，使传动尺寸增大。应具有边界条件 $d_{1\min}\leqslant x_1\leqslant d_{1\max}$。

（6）带的基准长度约束：保证带的基准长度介于所选带型的最大和最小长度之间，应具有边界条件 $L_{d\min}\leqslant x_2\leqslant L_{d\max}$。

4）基于 MATLAB 的求解

取可行域内一点 $\boldsymbol{x}_0=[140\ \ 2240]^T$ 为初始迭代点。以 $\boldsymbol{x}$ 为参数，建立计算 d_2、Z、P、k_i、k_a、k_L、α_1、v、W、a 的函数形式的 M 文件，用 global 把 P_d、n_1、ε、i、W_t、a_t 设为全局变量，实现数据的传递。

然后建立目标函数的 M 文件和非线性约束的 M 文件，程序如下：

```
function f＝fun(x)                          ％目标函数 M 文件
```

```
global PD E F VT AT;                    %全局变量
f(1)＝vv(x)/VT; f(2)＝a(x)/AT;
function [c, ceq]＝nonl(x)              %非线性约束 M 文件
c(1)＝120—aif(x); aa＝a(x); c(2)＝0.7 * (x(1)＋d2(x))—aa;
c(3)＝aa—800; c(4)＝z(x)—10; ceq＝[0];
```

最后建立命令形式的 M 文件，用 clc 和 clear 清理变量和指令窗口，输入以下程序，存为 va. m：

```
global N1 I PCA E F VT AT        %定义的全局变量
I＝960/400; N1＝960; PCA＝10; E＝19; ＝12.5;
x0＝[140; 2240]; lb＝[125 900]; ub＝[500/I, 5000];
ain＝[—pi * N1/(6 * 10^4) 0; pi * N1/(6 * 10^4) 0]; bin＝[—5; 25]; weight＝[0.8 0.2];
[x1, VT]＝fmincon(@vv, x0, ain, bin, [], [], lb, ub, @nonl);
[x2, AT]＝fmincon(@a, x0, ain, bin, [], [], lb, ub, @nonl);
[x, fval]＝fgoalattain(@fun, x0, [1 1], weight, ain, bin, [], [], lb, ub, @nonl);
```

在指令窗口中输入文件名 va 运行可得到以下结果：

$$x1＝[125 \quad 2267]^T \qquad W_t＝1.65 * 10^6 \qquad a＝800 \qquad z＝5$$
$$x2＝[125 \quad 1325]^T \qquad W＝1.923 * 10^6 \qquad a_t＝322.8 \qquad z＝6$$
$$x＝[125 \quad 1350]^T \qquad W＝1.91 * 10^6 \qquad a＝335.5 \qquad z＝6$$

和原设计方案相比，体积基本相等，但中心距减少一半，使结构更加紧凑。

5) 结论

（1）应用优化工具箱进行机械优化问题求解，不用编写大量的优化算法程序，大大减少了编程工作量，提高了设计效率。

（2）对带传动的多目标优化设计可以通过调整加权因子的大小得到机构紧凑、成本低廉且满足所有条件的最优解。

（3）当需要改变多目标优化的目标函数时，只需对目标函数的 M 文件进行更改即可。

思 考 题

[1]　什么是优化设计？

[2]　写出优化设计的数学模型的向量形式。

[3]　优化问题一般有哪些分类方法？

[4]　一维优化一般分为哪两大步骤？

[5]　简述寻找初始区间的进退法的具体试探步骤。

[6]　区间消去法的原理是什么？

[7]　一维搜索方法分为两大类，各包括哪些方法？

[8]　迭代算法的基本思想是什么？

[9]　简述黄金分割法的原理及计算步骤。

[10]　简述二次插值法的原理及计算步骤。

[11]　无约束优化算法的特点是什么？

[12] 什么是共轭方向？其性质有哪些？

[13] 简述梯度法的迭代步骤。

[14] 牛顿法的基本思想是什么？写出多元函数求极值的牛顿法迭代公式。简述阻尼牛顿法的计算步骤。

[15] 约束优化设计问题的数学模型是什么？

[16] 直接解法的原理简单，方法实用。其特点是什么？

[17] 间接解法是目前在机械优化设计中得到广泛应用的一种有效方法。其特点是什么？

[18] 生成初始复合形的方法有哪几种？

[19] 改变复合形形状的搜索方法主要有哪几种？

[20] 简述复合形法的计算步骤。

[21] 惩罚函数法的基本原理是什么？与复合形法相比较有什么特点？

[22] 简述惩罚函数法的内点法中初始点 x^0、惩罚因子的初值 r^0 及其缩减系数 c 等重要参数的选取和收敛条件的确定。

[23] 外点惩罚函数法简称外点法。这种方法和内点法相比较有什么不同？

[24] 混合惩罚函数法有什么优点？

[25] 什么是多目标函数的优化问题？其数学模型怎么表达？

[26] 统一目标法的实质是什么？主要包括哪几种方法？

[27] 什么是主要目标法？

第 7 章 可 靠 性 设 计

7.1 概 述

7.1.1 可靠性的概念

1. 可靠性的定义和要点

通常采用的可靠性定义是：产品在规定条件下和规定时间内完成规定功能的能力。如果用"概率"来量度这一"能力"，就是可靠度，用 $R(t)$ 表示。

（1）产品。首先要弄清可靠性问题的产品对象是什么，产品包括零件（元件）、设备和系统，可以从一个很小的零件到一个很大的机电一体化系统。不仅如此，包含操作人员在内的人机系统也可看做是产品，这时系统里也包括了人的因素。实际上，系统的失效常常是由于人的不可靠而引起的。还应注意，产品这一概念还在不断扩大，计算机软件也可看做是产品。

（2）规定条件。规定条件主要指工作环境条件，如压力、温度、湿度、盐雾、腐蚀、辐射、冲击、振动、噪声等，还包括使用和维修条件、动力和载荷条件、操作工人的技术水平等。任何产品如果误用或滥用，都可能引起损坏，因此在使用说明书中应对使用条件加以规定，这是判断发生失效（故障）的责任在于用户还是制造厂的关键。

（3）规定时间。可靠度是时间性的质量指标，产品只能在一定的时间范围内达到目标可靠度，不可能永远保持目标可靠度而不降低。因此，对时间的规定一定要明确。时间可能是指区间 $(0, t)$ 或 (t_1, t_2)。时间一般以小时、年为单位，但根据产品的不同，广义的时间还包括车辆行驶的里程数、回转零件的转数、工作循环次数、机械装置（起重机、机械手、柱塞泵等）的动作次数等。

（4）规定功能。功能通常是指产品的工作性能，但是可靠性工程师的工作重点不是产品的功能，而是产品的失效或故障。可靠性标准（GB 3187—82）规定：失效即产品丧失了规定的功能。对可修复产品失效也称为故障。因此，规定的功能与失效密切相关，如何正确判断产品是否失效，合理地确定失效判据非常重要。

功能有主次之分，故障也有主次之分。次要的故障不影响主要功能，因而也不影响可靠性。但有时动作不稳、性能下降或响应缓慢也构成故障，例如大型设备的保护装置，如果响应缓慢就会引起主体设备的损坏。

顺便指出，通常对失效和故障不加严格区分。

（5）概率。概率是可以度量的，其值在 0 到 1 之间，即 $0 \leqslant R(t) \leqslant 1$。由于可靠度是时间的函数，所以产品从零时刻工作到 t_1 时刻后的可靠度为 $R(t=t_1)$；产品从 t_1 时刻工作到 t_2 时刻后的可靠度为 $R(t_1, t_2)$，显然，$R(t_1, t_2)$ 为条件可靠度。还应注意，可靠度是在一定置信度（Confidence Level）下的条件概率。所谓置信度，是指所求得的可靠度在多大程度上是可信的。

7.1.2　可靠性设计特点

可靠性设计要求设计人员摆脱以往孤立、绝对的考虑问题的思想方法，代之以全面、系统的分析问题的思想方法。他考虑的是产品在规定条件下和规定的时间内完成规定功能的能力，涉及设计、生产、使用、管理、储存、运输等各个环节，是一门综合性很强的科学。它对于相当复杂的产品和在恶劣环境下工作的产品尤为重要，同时也是市场竞争的产物和要求。

（1）以概率论和数理统计为理论基础的可靠性设计方法比传统的安全系数法要合理得多。

（2）可靠性设计强调在设计阶段要把可靠度直接设计到零件中去，得到适当的设计。即由设计决定固有可靠度，由制造保证固有可靠度。而安全系数法则往往为了保险而导致过分保守的设计。可靠性设计能得到较小的零件尺寸、体积和重量，从而节约了原材料、加工时间和人力，带来了较大的经济效益。

（3）可靠性设计可使零件有可预测的寿命及失效概率，而安全系数法则不能。当产品要求有限寿命时，可靠性设计的优点更为突出。

（4）对维修性的考虑。在浴盆曲线的耗损失效期及当有效度是主要可靠性指标时，都必须考虑维修性。设计决定了机械产品的固有可靠性，而环境、使用、维跨等则影响了使用可靠性。

（5）可靠性设计承认在设计阶段及其以后的阶段都需要可靠性增长，即随着产品设计、研制、生产各阶段工作的逐步进行，产品的可靠性特征量值也逐步提高。

7.1.3　可靠性设计的应用

长期以来，人们就广泛采用"可靠性"这一概念来定性评价产品的质量，人们凭借经验评定某产品可靠、比较可靠或不可靠，没有一个统一的标准来衡量。可靠性问题的提出，首先是从军用航空电子设备开始的。二战期间，军用电子设备的大量失效使美国付出了相当惨重的代价，于是引起了美国军方对可靠性问题的高度重视，于 1952 年成立了"电子设备可靠性咨询组"（Advisory Group on Reliability of Electronic Equipment，AGREE），并于 1957 年 6 月 4 日发表了第一个报告。这个报告的内容为可靠性工程学科奠定了理论基础。

1965 年，国际电子技术委员会（IEC）设立了可靠性技术委员会，协调各国间可靠性术语和定义可靠性的数据测定方法、数据表示方法等。

20 世纪 60 年代以来，空间科学和宇航技术的发展提高了可靠性的研究水平，扩展了其研究范围，对可靠性的研究已经从电子、航空、航天、核能等尖端工业部门扩展到电机与电力系统、机械设备、动力、土木建筑、冶金、化工等部门。可靠性的应用也从复杂航天器的设计推广普及到日常生活中的机电产品设计之中，并贯穿于产品的开发研制、设计、制造、试验、使用运输、保管及维修保养等环节。这就为可靠性的发展提供了源源不断的动力。在产品设计中由于可靠性设计的引入保证和提高了产品的可靠性水平，使得产品的综合性能得以提高，从而增强了产品的市场竞争力。

7.1.4　可靠性设计中常用的特征量(指标)

机械可靠性有许多个特征量，在不同的场合，应当根据不同的目的和需要，采用不同的可靠性特征量来度量产品的可靠性。

1. 可靠度 $R(t)$

对于不可修复的产品，可靠度的观察值是指到规定的时间终了为止，能完成规定功能的产品数与在该时间区间开始时投入工作的产品数之比。表示为

$$\hat{R}(t) = 1 - \frac{N_f(t)}{N_T} = \frac{N_s(t)}{N_T} \tag{7-1-1}$$

式中：$\hat{R}(t)$ 为与时间 t 相应的平均可靠度估计值；$N_f(t)$ 为产品工作到 t 时刻的失效数，N_T 为产品数，通常取 N_T 等于样本量 n；$N_s(t)$ 为产品工作到 t 时刻的存活数。

$\hat{R}(t)$ 是根据样本得出的平均可靠度估计值，其置信度等于 50%。当 $N_T = \infty$ 时，$\hat{R}(t) \rightarrow R(t)$，$R(t)$ 是根据总体得出的可靠度真值，也叫理论值，其置信度为 100%。通常研究的对象都是样本，为了方便，省略了样本均值的估计值符号"^"。

可靠度是产品不失效的概率，不可靠度是产品的失效概率，产品失效和不失效是互逆事件，因此

$$R(t) = 1 - Q(f) = 1 - P_f \tag{7-1-2}$$

式中：$Q(f)$ 为不可靠度，有时也用 $R(f)$ 表示不可靠度；P_f 为失效概率。

通常所研究的是可靠度 $R(t) \geqslant 0.90$ 的领域。

2. 失效率 $\lambda(t)$

失效率是"工作到某时刻尚未失效的产品，在该时刻后单位时间内发生失效的概率"，其观察值为"在某时刻后单位时间内失效的产品数与工作到该时刻尚未失效的产品数之比"，表示为式

$$\hat{\lambda}(t_i) = \frac{N_f(\Delta t)}{N_s(t_i)\Delta t} \tag{7-1-3}$$

式中：$N_f(\Delta t)$ 为在时间增量 Δt 内的失效数；$N_s(t_i)$ 为在时间增量 Δt 开始时(即 t_i 时刻)的工作产品数；Δt 为 t_i 之后的时间增量；$\hat{\lambda}(t_i)$ 为平均失效率的估计值。

式(7-1-3)也适用于在时间区间 $(t_i, t_i + \Delta t)$ 内失效率不等于常数的情况。当 $N_s(t_i) \rightarrow \infty$，$\Delta t \rightarrow 0$ 时，$\hat{\lambda}(t_i) \rightarrow \lambda(t_i)$，$\lambda(t_i)$ 称为失效率真值或理论值。

典型的失效率曲线如图 7-1 所示，称浴盆曲线。它可划分为三个阶段：早期失效期、偶然失效期(有效寿命期)和耗损失效期。

开始失效率高，是由于设备中有不合格的零件，或由于材质不良，或由于加工和装配工艺不好。在剔除或更换之后，产品进入了耗损期，犹如人到了老年，所以失效率又急剧上升。浴盆曲线对人们的启发是，在产品装配之前，应进行筛选，以剔除不合格的零(元)件；在使用之前，应先进行跑合运转，以渡过早期失效期。在有效寿命期内，失效率最低，

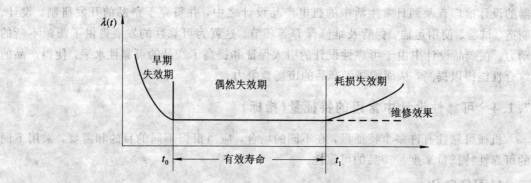

图 7-1 典型的失效率曲线

而且几乎为常数，这时，产品何时发生失效是无法预测的，在这一时期内，更换零部件(元件)并不能提高产品的可靠度。在进入耗损期之前，如能更换已经磨损、老化的零件，则可使失效率大大降低，这是进行预防维修的依据。

应当注意，只有在产品寿命服从指数分布时，才有 $\lambda(t_i)$＝常数＝λ＝1/平均寿命，这时使用失效率这一指标才有意义。大多数电子、电气产品的寿命可以认为服从指数分布。然而，大多数机械产品的寿命并不服从指数分布，其失效率并不呈现为典型的浴盆曲线，而是随着时间的增加而增大。在这种情况下，$\lambda(t_i)$是时间的函数，难以用失效率来预测产品的可靠度。

失效率的单位是失效次数/小时(L/h)，常用的量级有 10^{-2}、10^{-6} 等。高可靠的电子元件甚至达到 10^{-9} 级。

3. 平均寿命

对于可修复的产品，采用平均无故障工作时间(MTBF)这一指标，指的是一个或多个产品在规定的时间内，无故障工作时间的总和与故障总次数之比。对于不可修复的产品，采用平均失效时间。

有许多产品，例如交通工具、家用电器等，用户更加关心的是平均首次故障的时间。

关于 MTBF，还可以分为两种情况：考虑所有故障时的 MTBF 和只考虑重大故障时的MTBF。显然，后一种情况的 MTBF 比第一种情况下的 MTBF 要大得多。

4. 维修度 $M(t)$

维修度是指在维修条件下使用的产品，在规定时间内按照规定的程序和方法进行维修时，保持或恢复到能完成规定功能状态的概率，可表示为

$$M(t) = P(T \leqslant t) \tag{7-1-4}$$

式中：T 为维修时间，是随机变量。

维修度的观测值为

$$\hat{M}(t) = \frac{n_s(t)}{n} \tag{7-1-5}$$

式中：n 为投入维修的产品数；$n_s(t)$ 为 t 时刻已维修的产品数。

维修与未维修是对立事件，因此未维修度为 $1-M(t)$。

5. 修复率 $P(t)$

修复率是修理时间已达到某个时刻但尚未修复的产品在该时刻后的单位时间内完成修

理的概率，其观测值的表达式与式(7-1-3)形式相似，即

$$\mu(t) = \frac{n_s(\Delta t)}{n_f(t_i)\Delta t} \tag{7-1-6}$$

式中：$n_s(\Delta t)$ 为在时间增量 Δt 内的修理数；$n_f(t_i)$ 为在时间增量 Δt 开始时(即时刻 t_i)的未修复产品数。

6. 平均修复时间(MTTR)

MTTR 指修复时间的平均值。平均修复时间的观测值按修复时间的总和和修理次数之比确定。

7. 有效度(可用率) $A(t)$

有效度可以分为瞬时有效度、平均有效度和稳态有效度。瞬时有效度 $A(t)$ 是指产品在某时刻具有或保持其规定功能的概率。平均有效度是指在某个规定时间区间内有效度的平均值。当时间趋于无限时，瞬时有效度的极值称为稳态有效度，表示为 $A(t) = A$。

有效度的观测值为某个时期内，产品能工作的时间 t_U 对能工作时间 t_U 和不能工作时间 t_D 之和的比，表示为

$$A(t) = \frac{t_U}{t_U + t_D} \tag{7-1-7}$$

产品不能工作时间包含了许多内容，如果只考虑修复时间，刚有效度可表示为

$$A(t) = \frac{\text{MTBF}}{\text{MTBF} + \text{MTTR}} \tag{7-1-8}$$

由式(7-1-8)可知，为了提高有效度，应尽可能使 MTBF 增大，使 MTTR 减小。许多机械设备，如载重汽车、工程机械、发电设备等，习惯上把有效度称为可用率，意即设备或系统在任一时刻处于可用状态的概率。

8. 可靠寿命 t_R

可靠寿命是指与规定的可靠度相对应的时间。

9. 平均大修间隔 MTBO(Mean Time Between Overhauls)或平均维修间隔 MTBM (Mean Time Between Maintenances)

对于有些产品，如机电设备，一般采用有计划的定期预防维修，规定几年一次大修期，进行备件更换和设备调整等维修措施，这个指标就是 MTBO(或 MTBM)，也称平均大修寿命。大修周期的确定是个统筹学的问题，要根据大修的成本及设备故障频发的程度和损失而定。

10. 强迫停机率 FOR(Forced Outage Rate)

$$\text{FOR} = \frac{\text{停机时间}}{\text{运行时间} + \text{停机时间}} \tag{7-1-9}$$

11. 重要度 I

$$I = \frac{\text{某一设备故障引起的系统故障次数}}{\text{系统中所有设备发生故障的次数}} \tag{7-1-10}$$

12. 经济尺度

经济尺度有许多种，可以根据需要采用比较适合的一种或几种。常用的经济尺度有：

- 费用比 CR＝(年)维修费/购置费；
- (维修费＋操作费)/动作时间；
- MTBF/成本；
- 寿命期总费用(Life Cycle Cost)。

7.1.5 可靠性设计的基本理论

可靠性学科的数学基础主要是概率论和数理统计。为了观察工程中大量随机事件的规律，确定产品可靠性的特征量以及对系统和零件进行可靠性设计与分析，必须根据概率统计的方法来建立有关的数学模型和进行必要的计算。因此，要理解本书各章的内容，首先应学习和掌握概率论和数理统计的有关知识。

1. 随机事件与概率的基本概念

在科学研究和工程实践中，在相同的条件下，重复地对某一现象进行多次试验和观测，其各次的结果却不尽相同，这种试验和观测通常称为随机试验。如果在每次试验的结果中，某事件一定发生，则称该事件为必然事件。例如，在正压力作用下，两相互接触的物体发生相对滑动时，必然产生摩擦磨损现象。如果在一定的试验条件下，某事件一定不发生，则称之为不可能事件。例如，当零件的强度大于应力时，该零件不可能失效。若在试验的结果中，某事件可能发生，也可能不发生，或可能发生种种不同的结果，则称该事件为随机事件。例如汽车发动机在一定的运行条件下，在某日可能发生故障，也可能不发生故障；某台机器所承受的载荷、零件的材料性能和结构尺寸的取值等都是随机事件，它们在大量重复试验中具有某种规律性。

概率是度量随机事件发生可能性大小的量，是随机事件的函数。必然事件的概率为1，随机事件的概率在0与1之间。

2. 古典概率与统计概率

1) 概率的古典定义

不可能事件的概率为0，随机事件的概率在0与1之间。概率的古典定义是在概率论发展初期讨论最简单的随机试验时给出的。这类随机试验具有以下两个特征：

(1) 只有有限个互不相容(不可能同时发生)的基本事件。

(2) 所有基本事件的发生是等可能的。

设某一试验有 n 个互不相容的等可能的基本事件发生，而事件 A 所包含的基本事件数为 m 个，则事件 A 发生的概率为

$$P(A) = \frac{\text{事件 } A \text{ 所包含的基本事件}}{\text{基本事件的总数}} = \frac{m}{n}$$

古典概率的两条要求有很大的局限性，在实际应用中，很多随机试验是不能满足的。通常它主要用于抽样检查。

2) 概率的统计定义

设随机事件 A 在相同的条件下，重复 n 次试验中出现了 m 次，则事件 A 在 n 次试验中出现的概率为

$$f(A) = \frac{m}{n}$$

3) 概率的基本定理与运算

(1) 加法定理。随机事件 A_1，A_2，…，A_n 的和是一事件，它表示其中至少有一件发生，记作 $A_1 + A_2 + \cdots + A_n$ 或 $A_1 \bigcup A_2 \bigcup \cdots \bigcup A_n$。

定理 1 两互不相容事件的和的概率等于这两个事件概率的和，即

$$P(A \bigcup B) = P(A) + P(B)$$

推理 1 有限个两两互不相容事件的和的概率等于这些事件的概率的和，即

$$P(A_1 \bigcup A_2 \bigcup \cdots \bigcup A_n) = P(A_1) + P(A_2) + \cdots + P(A_n)$$

推理 2 如试验时样本空间(试验全部结果所组成的"集合")中事件是互斥的，至少有一个事件发生，则这些事件的概率的和等于 1，即

$$P(A_1) + P(A_2) + \cdots + P(A_n) = 1$$

当某个样本空间仅由两个互不相容事件组成时，称这两个事件是对立的，两个事件是互斥事件。事件的对立事件记作 $\overline{A}$。于是得到

推理 3 对立事件的概率和等于 1，即

$$P(A) + P(\overline{A}) = 1$$

产品的失效与正常运行是互逆事件。比如某设备失效概率 P_f(不可靠度)为 0.01，则该设备正常运行的概率(可靠度)$R(t) = 1 - 0.01 = 0.99$。

应强调指出，上述概率加法定理仅适用于互不相容的事件，而对于一般情况下的任意两个事件则有

定理 2 任意两相容事件 A 和 B 的和的概率为

$$P(A \bigcup B) = P(A) + P(B) - P(A \bigcap B)$$

式中 $P(A \bigcap B)$ 表示 A、B 两事件同时发生的概率，也记作 $P(AB)$。对于两互不相容事件，$P(A \bigcap B) = 0$。

(2) 条件概率和乘法定理。

① 条件概率。在工程中经常会遇到某一事件 A 的概率与另一事件 B 的出现与否有关。在事件 B 已经发生的条件下，事件 A 发生的概率称为条件概率，并用 $P(A \mid B)$ 表示。

② 乘法定理。任意两个事件同时发生的概率等于其中一事件的概率与另一事件在前一事件已发生的条件下的条件概率之积，即

$$P(A \bigcap B) = P(A)P(B \mid A) = P(B)P(A \mid B)$$

上式可以推广到有限个事件同时发生的概率，即

$$P(A_1 \bigcap A_2 \bigcap \cdots \bigcap A_n) = P(A_1)P(A_2 \mid A_1)P(A_3 \mid A_1 A_2) \cdots P(A_n \mid A_1 A_2 \cdots A_{n-1})$$

(3) 全概率公式。在计算比较复杂的问题时，往往要把概率的加法定理和乘法定理结合起来使用，全概率公式就是这两个定理的综合应用。

设事件 A 仅当互不相容的事件 B_1，B_2，…，B_n 中的任一事件发生时才可能发生，已知事件 B_i 的概率 $P(B_i)$ 及事件 A 在 B_i 发生的条件下的条件概率 $P(A \mid B_i)$($i = 1, 2, \cdots, n$)，则事件 A 发生的概率

$$P(A) = \sum_{i=1}^{n} P(B_i)P(A \mid B_i)$$

称为全概率公式。

全概率公式很有用，因为计算条件概率有时要比直接计算 $P(A)$ 容易。

3. 随机变量

表示随机试验的各种结果的变量称为随机变量。工程中大量的随机事件都可用随机变量来处理，随机变量可以分为离散型随机变量和连续型随机变量。

随机变量 X 的统计规律可用概率密度和累积分布函数来描述。但工程实际中，随机变量的概率分布往往难于确定，因此常常需要找出随机变量的一些数字特征，来近似地刻划随机变量的性质，这对解决实际问题是很重要的。

1) 数学期望 $E(X)$

数学期望又称为均值 μ，它表示随机变量取值集中趋势的尺度。

对于离散型随机变量，有

$$E(X) = \mu = \sum_{i=1}^{\infty} x_i p(x_i) \tag{7-1-11}$$

对于连续型随机变量，有

$$E(X) = \mu = \int_{-\infty}^{\infty} x f(x) \mathrm{d}x$$

如果随机变量 X 仅取有限个值，则式 (7-1-11) 可看做是 $x_1, x_2, \cdots, x_n$ 的"加权平均值"，即算数平均值

$$\bar{x} = \frac{1}{n} \sum_{i=1}^{n} x_i \tag{7-1-12}$$

2) 方差 $V(X)$ 与标准差 σ

它们是表示随即变量的取值相对于平均值的分散程度的尺度。

对于离散型随机变量

$$V(X) = \sigma^2 = E[(X-\mu)^2] = \sum_{i=1}^{\infty} (x_i - \mu)^2 p_i$$

对于连续型随机变量

$$V(X) = \sigma^2 = E[(X-\mu)^2] = \int_{-\infty}^{\infty} [X-\mu]^2 f(x) \mathrm{d}x = E(X^2) - \mu^2$$

标准差

$$\sigma = \sqrt{V(X)}$$

统计方差

$$s^2 = \frac{1}{n-1} \sum_{i=1}^{n} (x_i - \bar{x})^2$$

统计标准差

$$s = \sqrt{s^2}$$

4. 常见的概率分布

下面介绍几种常用的概率分布，包括离散型随机变量的分布和连续型随机变量的分布，它们在可靠性工程中有着广泛的应用。

1) 伯努利试验和二项分布

在相同的条件下，某一随机事件独立地重复 n 次试验，而每次试验只有两种不同的结果，且试验中事件发生的概率不变，这种重复的系列试验称为伯努利试验。

在 n 次伯努利试验中，随机事件出现的次数是一随机变量 X，它每次发生的概率为 p，而不出现的概率为 $q=1-p$。设在 n 次试验中出现的次数为 r，则这样的组合数将有 C_n^r，而每个组合的概率是 $p^r q^{n-r}$，所以事件发生 r 次的概率为

$$P(r \leqslant k) = \sum_{r=0}^{k} C_n^r p^r q^{n-r}$$

二项分布是离散型随机变量的一种分布，根据上式可推导出其均值和标准差分别为

$$\mu = np$$
$$\sigma = \sqrt{npq}$$

由于工程问题中随机事件包含两种可能的情况（合格和不合格、成功和失败、可靠与不可靠）者甚多，因此二项分布不仅用于产品的可靠性抽样检验，还用于可靠性试验和可靠性设计等各个方面。

2）泊松分布

泊松分布也是离散型随机变量的一种分布，它描述在给定时间内事件发生的平均次数为常数的概率分布，例如一部仪器上各种类型的缺陷，铸件上的砂眼数，一段时间内设备发生的故障次数等。这些事件的共同特点是知道发生的次数和个数，但是不知道它不发生的次数和个数（而对于二项分布，不但知道事件发生的次数，也知道不发生的次数）。

泊松分布的表达式为

$$P(X = r) = \frac{\mu^r e^{-\mu}}{r!}$$

表示事件发生 r 次的概率，其中 μ 为事件发生次数的均值，它不随时间的变化而改变。

当试验次数 n 很大而每次试验事件发生的概率 p 很小时，泊松分布是二项分布很好的近似。一般当 $n \geqslant 20$，$p \leqslant 0.05$ 时，二者的近似性就已很好。

3）正态分布

正态分布是一种基本的概率分布，也是最常用的一种概率分布。

正态分布的概率密度函数和累积分布函数分别为

$$f(x) = \frac{1}{\sigma \sqrt{2\pi}} e^{-\frac{(x-\mu)^2}{2\sigma^2}} \quad -\infty < x < \infty$$

$$F(x) = \frac{1}{\sigma \sqrt{2\pi}} - \int_{-\infty}^{x} e^{-\frac{(x-\mu)^2}{2\sigma^2}} dx$$

正态分布可记为 $N(\mu, \sigma)$，它是一种对称的分布。其参数均值 μ 决定正态分布曲线的位置，表征随机变量分布的集中趋势；而标准差 σ 决定正态分布的形状，表征随机变量分布的离散程度。

当 $\mu=0$，$\sigma=1$ 时，称随机变量 X 服从标准正态分布，记作 $N(0, 1)$，其概率密度函数和累积分布函数为

$$f(z) = \frac{1}{\sqrt{2\pi}} e^{-\frac{z^2}{2}} \quad -\infty < x < \infty$$

$$F(z) = \frac{1}{\sqrt{2\pi}} - \int_{-\infty}^{z} e^{-\frac{z^2}{2}} dz$$

上式 $F(z)$ 值可查标准正态分布面积表。为了便于计算，经过变量置换，令 $z = \dfrac{x-\mu}{\sigma}$，

可将非标准正态分布化为标准正态分布。可见，经变量置换后，非标准正态分布的累积概率值都可以看成是标准正态分布的累积概率值。

在可靠性分析中，材料的强度、零件的寿命和尺寸等都可以用正态分布来拟合。由概率论的中心极限定理可知，当研究对象的随机性是由许多互相独立的随机因素之和所引起，而其中每一个随机因素对于总和影响极小时，这类问题都可认为服从正态分布。因此，正态分布应用较广。正态分布是对称的，随机变量的取值从 $-\infty$ 到 $+\infty$，然而有许多试验数据并不是对称的，而是倾斜的，或观察数据只能取正值而不能取负值。因此，正态分布和其它分布一样，也有其局限性，在使用中应根据具体情况选择合适的分布。

4）对数正态分布

如果随机变量 x 的自然对数 $y=\ln x$ 服从正态分布，则称 x 服从对数正态分布。由于随机变量的取值 x 总是大于零，以及概率密度函数 $f(x)$ 向右倾斜不对称，因此对数正态分布是描述不对称随机变量的一种常用的分布。材料的疲劳强度和寿命、系统的修复时间等都可用对数正态分布拟合，其概率密度函数和累积分布函数分别为

$$f(x) = \frac{1}{x\sigma_y \sqrt{2\pi}} e^{-\frac{1}{2}\left(\frac{y-\mu_y}{\sigma_y}\right)}$$

$$F(x) = \int_0^x \frac{1}{x\sigma_y \sqrt{2\pi}} e^{-\frac{1}{2}\left(\frac{y-\mu_y}{\sigma_y}\right)} \mathrm{d}x$$

式中：μ_y 和 σ_y 为 $y=\ln x$ 的均值和标准差。实际中常用到随机变量的中位值 x_m，它表示随机变量的中心值，其定义为

$$P(X \leqslant x_m) = P(X > x_m) = 0.50$$

对数正态分布的均值、标准差和中位值分别为

$$\mu_x = E(X) = e^{\left(\mu_y + \frac{\sigma_y^2}{2}\right)}$$

$$\sigma_x = \sqrt{D(x)} = \mu_x (e^{\sigma_y^2} - 1)^{\frac{1}{2}}$$

$$x_m = e^{\mu_y}$$

由于 $y=\ln x$ 呈正态分布，所以有关正态分布的一切性质和计算方法都在此应用，只需令 $z = \dfrac{\ln x - \mu_y}{\sigma_y}$ 即可。

5）威布尔分布

威布尔分布是瑞典人 W. Weibull 构造的一种分布函数。凡属于局部失效（如某一最薄弱环节失效）而导致整体机能失效的模型（串联模型），一般都能采用这种分布函数来描述，因此其在可靠性工程中应用十分广泛。

威布尔分布的分布函数 $F(t)$ 和概率密度函数 $f(t)=F'(t)$ 分别为

$$F(t) = 1 - e^{\frac{(t-r)^m}{\alpha}} \qquad t \geqslant r$$

$$f(t) = \frac{m}{\alpha}(t-r)^{m-1} e^{\frac{(t-r)^m}{\alpha}} \qquad t \geqslant r$$

当 $t<r$ 时，$f(t)=F(t)=0$。威布尔分布是具有三个参数的连续分布：m 称为形状参数；f 称为位置参数；α 称为尺度参数。下面分别讨论这三个参数的影响。

（1）形状参数 m。形状参数 m 决定了分布密度曲线 $f(t)$ 的形状。例如 m 取不同的值，

便构成了不同的图形(为明显起见,取 $\alpha=1$,$r=0$),见图 7-2。相应的失效率曲线如图 7-3 所示。

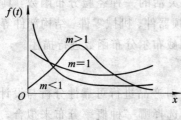

图 7-2　m 参数的几何形状

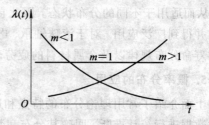

图 7-3　m 取不同值时的失效率曲线

由图 7-2 可见,$m<1$ 时,曲线呈下降型,反映了失效率随时间递减的情况,类似于早期失效期,故可用于描述早期失效过程;当 $m=1$ 时,曲线呈常数型,此时威布尔分布变为指数分布,可用于描述偶然失效过程;当 $m>1$ 时,曲线呈上升型,与耗损失效相符。由图 7-3 还可看出,随着 m 的增大,$f(t)$ 曲线逐渐趋于对称,当 $m=3.5$ 时,已极为接近正态分布密度曲线。由此可见,根据试验数据求得 m 值后,就可大致判断出该产品的失效类型。

(2)位置参数 r。位置参数 r 决定分布密度曲线 $f(t)$ 的位置,而不影响 $f(t)$ 的形状。在 m 和 α 不变的情况下,不同的 r 相当于把曲线沿横坐标作整体移动:当 $r>0$ 时,曲线由 $r=0$ 时的位置向右平移,移动距离为 r;当 $r<0$ 时,曲线则向左平移,移动距离为 $|r|$。图 7-4 给出了取定 $\alpha=1$,$m=2$,而 r 取不同值时,曲线 $f(t)$ 的变化情况。r 为负值时,表示某些产品在开始工作($t=0$ 时)前就已失效,即

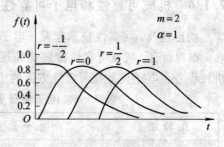

图 7-4　位置参数变化

在存储期间失效。r 为正时,表示存在一段不失效的时间;$r=0$ 表示使用前是好的,失效的可能性随开始使用而产生。显然,大部分产品都具有这种属性。

当 $r=0$ 时,三参数威布尔分布退化为两参数的分布,这时,其失效密度函数 $f(t)$、失效概率函数 $F(t)$ 和失效率函数 $\lambda(t)$ 分别为

$$F(t) = 1 - \mathrm{e}^{-\frac{t^m}{\alpha}} \qquad t \geqslant r$$

$$f(t) = \frac{m}{\alpha} t^{m-1} \mathrm{e}^{-\frac{t^m}{\alpha}} \qquad t \geqslant r$$

$$\lambda(t) = \frac{m}{\alpha}(t)^{m-1}$$

(3)尺度参数 α。尺度参数 α 的变化会放大或缩小概率密度函数 $f(t)$ 的横坐标 t 的标尺,即会引起 $f(t)$ 曲线在横轴方向伸长或压缩,而分布的形状仍是类似的。

如令 $\eta=\alpha^{\frac{1}{m}}$,则称为尺度参数,或称特征寿命。威布尔分布的平均寿命为

$$\mathrm{MTBF(MTTF)} = \int_0^\infty t f(t) \mathrm{d}t = \alpha^{\frac{1}{m}} \Gamma\left(1 + \frac{1}{m}\right) = \eta \Gamma\left(1 + \frac{1}{m}\right)$$

式中

$$\Gamma(x) = \int_0^\infty t^{x-1} e^{-1} dx$$

由于威布尔分布具有前述这样一些特点，调整其各参数的值，可方便地改变分布的形状，从而适用于不同的分布状态，因此它是应用最为灵活的一种经验分布函数，具有普遍意义并得到广泛应用。对于滚珠轴承、电子管、超高频器件、机械零件、结构部件等许多产品的寿命分布规律以及金属材料的疲劳寿命，都可用威布尔分布函数进行描述。

5. 概率分布的应用

上面介绍了常用理论分布的特点和适用性。为了对产品进行可靠性分析与设计，需要通过数据进行统计推断，明确其分布和数字特征。但选择哪一种概率分布来拟合，则往往是比较困难的：其一是实验数据有限；其二是分布类型往往与产品类型无关，而与作用的应用类型及失效机理和失效形式有关。有些分布，如威布尔分布、对数正态分布，其数据的中间部分不容易分辨，只有在尾部才有所不同。因此某种分布能否较准确地描述某一失效事件，也还有争议。当没有足够证据选择何种分布时，作为第一次尝试可假设某随机变量服从正态分布，对产品的寿命则假设服从威布尔分布，这已被许多领域的大量应用证明是有效的。

7.1.6 机械可靠性和电子可靠性

前已述及，可靠性技术起源于电子产品和设备。电子可靠性的技术体系比较完整和成熟。相对而言，机械可靠性发展比较缓慢。这是由机械可靠性的一些固有特点所决定的。机械设备和电子设备在可靠性方面的比较见表 7-1。

表 7-1 电子设备和机械设备在可靠性方面的比较[①]

比 较 项 目	电 子 设 备	机 械 设 备
失效模式	简单	复杂
应力因素	可以预计	难以准确预计
老练以排除失效	经济上合理	通常太昂贵
偶然故障期	通常可维持较长时间	较短或不是
耗损故障期	如果已存在，则较早报废	通常在使用寿命的早期阶段突然开始
预期寿命	较短	较长
寿命试验	便宜而有效	困难而昂贵
推荐的维修	更换优先于修复	修复和更换并重
可靠性数据	已经形成很好的文件	缺少好的数据

① 摘自 Davidson J. The Reliability of Mechanical Systems. Paston Press, 1988, p15。

由表 7-1 可知，机械设备的失效模式种类繁多，要识别它本身就很困难。由于应力因素对机械产品的失效率的影响难以准确预计，再加上机械产品的老练和寿命试验都很昂贵，工程上很少采用，因此机械产品的可靠性数据资源非常缺乏。所有这些，都在很大程度上限制了机械可靠性的发展。

除了表 7-1 所示的区别外,机械零部件的寿命分布通常均服从对数正态分布或威布尔分布,这和电子元器件的寿命分布服从指数分布的假设有很大的不同。此外,对机械制造企业而言,材料和制造工艺的质量,包括检验技术,如材料的机械性能、零部件加工和装配精度、焊接工艺、表面处理和无损检验等,都对产品的可靠性有重大影响。机械产品的可靠性改进周期较长,费用也高,可靠性对传统技术的依赖程度也较高。

7.1.7 通用的可靠性设计分析方法

1. 识别任务剖面、寿命剖面和环境剖面

在明确产品的可靠性要求是定性还是定量之前,首先要识别产品的任务剖面、寿命剖面和环境剖面。

1) 任务剖面

"剖面"一词是英语 profile 的直译,其含义是对所发生的事件、过程、状态、功能及所处环境的描述。显然,事件、状态、功能及所处环境都与时间有关,因此,这种描述事实上是一种时序的描述。

任务剖面的定义为:产品在完成规定任务这段时间内所经历的事件和环境的时序描述。它包括任务成功或致命故障的判断准则。

对于完成一种或多种任务的产品,均应制定一种或多种任务剖面。任务剖面一般应包括:

- 产品的工作状态;
- 维修方案;
- 产品工作的时间与程序;
- 产品所处环境(外加有诱发的)时间与程序。

任务剖面在产品指标论证时就应被提出,它是设计人员能设计出满足使用要求的产品的最基本的信息。任务剖面必须建立在有效数据的基础上。

2) 寿命剖面

寿命剖面的定义为:产品从制造到寿命终结或退出使用这段时间内所经历的全部事件和环境的时序描述。寿命剖面包含任务剖面,其所经历的事件见图 7-5。

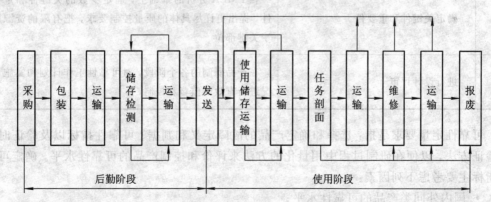

图 7-5 寿命剖面所经历的事件

寿命剖面说明产品在整个寿命期经历的事件，如装卸、运输、储存、检修、维修、任务剖面等以及每个事件的持续时间、顺序、环境和工作方式等。

寿命剖面同样是建立产品技术要求不可缺少的信息。

3）环境剖面

环境剖面是任务剖面的一个组成部分。它是对产品的使用或生存有影响的环境特性，如温度、湿度、压力、盐雾、辐射、沙尘以及振动冲击、噪声、电磁干扰等及其强度的时序说明。

环境剖面也是寿命剖面和任务剖面的一个组成部分。

2. 明确可靠性定性定量要求

产品的可靠性要求是进行可靠性设计分析的最重要的依据。

可靠性要求可以分为两大类：第一类是定性要求，即用一种非量化的形式来设计、分析，以评估和保证产品的可靠性；第二类是定量要求，即规定产品的可靠性指标和相应的验证方法。

可靠性定性要求通常以要求开展的一系列定性设计分析工作项目表达。常用的可靠性定性设计分析项目见表 7-2。

表 7-2　常用的可靠性定性设计分析项目

序号	定性设计分析项目名称	目　　的
1	制定和贯彻可靠性设计准则	将同类产品的成熟经验和失败教训以设计指令的形式要求设计人员贯彻落实
2	进行故障模式、影响（危害度）分析（FME(C)A）	检查系统可能发生的故障，确定设计方案的可行性，发现设计中潜在的问题，提出改进措施
3	故障树分析（FTA）	分析造成产品某种故障状态的各种原因和条件，确定各种原因或其组合，发现设计中的薄弱环节，提出改进措施
4	确定关键件和重要件	在 FMEA 分析的基础上，确定少数的关键件和重要件，提出更详尽具体的质量控制要求，把有限的资源用于关键部位
5	进行设计评审	在产品研制的各个阶段，对可靠性工作计划和实施情况进行有效的监督和控制

可靠性定量要求是指：选择和确定产品的故障定义和判据、可靠性指标以及验证时机和验证方法，以便在研制过程中用量化的方法来评价和控制产品的可靠性水平。确定可靠性指标主要考虑下列因素：

- 国内外同类产品的可靠性水平；
- 用户的要求或合同的规定；
- 本企业同类产品的可靠性水平；

- 进度和经费的考虑与权衡。

应该指出，上述各项有关的基础数据并非很容易得到，它有一个逐步积累的过程。当前，多数民用机械产品的用户一般还不会在合同中提出明确的可靠性定量要求，但潜在的要求是的的确确客观存在的。制造方有责任进行必要的市场调研，征求用户的意见，使其所研制开发的产品在可靠性方面有竞争力。可靠性指标不是越高越好，它要和技术可能性、研制开发周期、成本效益等几方面进行综合分析和权衡。

一般情况下，有定量可靠性要求的新产品在研制过程中有一个可靠性增长的过程。此外，还需要考虑数字指标的随机性所带来的置信水平问题。

3. 制定和贯彻可靠性设计准则

制定和贯彻可靠性设计准则是一项重要的可靠性定性设计方法，它可以在进行产品设计的同时把可靠性设计到产品中去。这种方法的实用性强，效费比高，应予优先采用。

可靠性设计准则一般都是针对某个型号或产品的，但也可以把各个型号或产品的可靠性设计准则的共性内容综合成某类产品的可靠性设计准则，例如柴油机设计准则、载货汽车设计准则、拖拉机设计准则等。当然，这些共性的可靠性设计准则经剪裁、补充后又可成为专用产品的可靠性设计准则。

产品主管设计师应组织有关专家编制可靠性设计准则。该准则将同类产品的成熟经验和失败教训以设计指令的形式要求设计人员贯彻落实，使每条设计准则均有相应的设计保证措施。设计准则一般在方案设计开始前制定，经反复征求意见，完善、修改后再正式颁发。在施工设计阶段结束时，应提出设计准则贯彻实施报告。

和可靠性设计准则相似的一种可靠性设计文件是"可靠性设计检查表"。它用向设计人员提问题的方式促使设计人员考虑产品可靠性要求和消除可能存在的设计隐患。

4. 系统可靠性模型的建立和可靠性分配

1) 系统可靠性模型的建立

建立可靠性模型是为了定量分配、估算和评估产品的可靠性。

为了建模，要在产品工作原理图的基础上画出产品的可靠性框图。产品的工作原理图表示产品各单元之间的功能联系，而可靠性框图则以各种串-并-旁联的方框组合表示系统各组成单元之间完成规定功能的关系。这两者是不能混淆的。

在建立产品的可靠性框图模型时，应从系统级向分系统、设备、部件级细化，但不一定细化到零部件，这要视具体情况而定。

2) 可靠性分配

工程中常用的可靠性分配方法有比例分配法和加权分配法。

(1) 比例分配法。如已知系统各单元的相对失效率比 k_i，则可按下式进行可靠性分配：

$$\lambda_i = \lambda_s k_i$$

式中：λ_i 为第 i 个单元的失效率；λ_s 为系统的失效率。

此方法以相似产品的失效率统计数据为基础。

(2) 加权分配法。此方法是对各子系统与完成规定任务的有关因素进行评分，得出各子系统的加权系数，据此进行可靠性分配。

评分时考虑的因素：① 复杂程度；② 技术水平和成熟程度；③ 工作时间；④ 重要

程度。

5. 故障模式、影响（危害度）分析（Failty Modes、Effects（and Criticality）Analysis，FME(C)A）

FME(C)A 分析是另一个重要的可靠性定性设计分析方法。此方法研究产品的每个组成部分可能存在的故障模式，并确定各个故障模式对产品其他各组成部分和产品要求功能的影响。它亦能同时考虑故障发生的概率和危害度的等级。

系统的可靠性指标是多个故障模式综合影响的结果，而要提高系统的可靠性就必须具体分析各组成单元的故障模式对系统的影响和危害程度。

6. 故障树分析（Fault Tree Analysis，FTA）

FTA 分析是以故障树的形式进行分析的方法。它用于确定哪些组成部分的故障模式或外界事件或它们的组合可能导致产品的一种已给定的故障模式。它以系统的故障为顶事件，自上而下地逐层查找故障原因，直至找出全部直接原因（基本事件，即硬件和软件故障、人为差错和环境因素等），并根据它们之间的逻辑关系用图示的方法表示故障原因。这种图的外形像一棵以系统故障为根的树，故称故障树。

FTA 分析既可用于设计阶段进行潜在故障发生原因的深入分析，亦可用于事中阶段的故障诊断和事后的失效分析；既可用于定性分析，也可用于定量分析；在安全分析和风险评价中也常用此方法。

7. 确定可靠性关键件和重要件

在 FMEA 分析的基础上，确定少数的关键件和重要件，提出更详细具体的质量控制要求是经济地利用有限资源的管理途径。

确定可靠性关键件和重要件的原则如下：

（1）故障会导致人员伤亡、财产严重损失的产品。

（2）从寿命周期费用来说是昂贵的产品。

（3）只要它发生故障就会引起系统故障的产品。

（4）严重影响系统可用性，增加了维修费用和备件数量的产品。

（5）难以采购的或采用新工艺制造的产品。

（6）需进行特殊处理、储存或防护的产品。

8. 进行设计评审

要对关键件和重要件的可靠性改进措施和有效性予以特别的重视，并进行设计评审。在产品研制的各个阶段应设置设计评审点，对可靠性工作计划和实施情况进行有效的监督管理。

设计评审是对可靠性设计分析实施有效管理的主要途径。对设计评审的主要要求是：

（1）在评审前要充分做好准备工作，评审主管单位应确定评审组成员，会同设计单位拟定评审大纲和评审检查清单，并确定应提交评审的所有文件资料。

（2）评审组成员应有足够的时间审阅有关的文件和资料，并切实按评审检查清单逐项予以评审，实事求是地给予评价。

（3）对评审中提出的问题，产品设计单位应制定相应措施，限期改进。

可靠性设计评审可和一般的设计评审结合进行。

9. 建立故障报告、分析和纠正措施系统(Failure Reporting, Analysis and Corrective Action Systems, FRACAS)

建立 FRACAS 系统是实现可靠性增长和获取可靠性信息的重要手段。

建立 FRACAS 系统的要点如下:

(1) 建立 FRACAS 系统的组织机构,质量部门和技术部门均应有专责人员负责此项工作。

(2) 应制定产品的 FRACAS 系统工作规定,并按规定执行。构成故障报告(信息)的闭环运行,关键问题能及时得到纠正。

(3) 应有齐全、完整的文档记录。

(4) 纠正措施的有效性应经试验确认。

7.1.8 电子设备可靠性设计方法

1. 可靠性预计

电子设备基本上都是由电阻、电容、二极管、三极管、集成电路等标准化程度很高的电子元器件组成的,对于标准元器件现已积累了大量的试验、统计数据,已有成熟的预计标准和手册。电子设备的最大特点是其元器件寿命服从指数分布,即故障率为常数,所以可用公式 $\lambda_s = \sum\limits_{i=1}^{n} \lambda_i$ 预计其可靠性指标。

(1) 元件计数法。这种方法适用于方案论证和初步设计阶段。其通用计算公式为

$$\lambda_s = \sum_{i=1}^{n} N_i(\lambda_{gi} \pi_{qi})$$

式中: λ_s 为系统的总故障率(1/h); λ_{gi} 为第 i 种元器件的通用故障率(1/h); π_{qi} 为第 i 种元器件的通用质量系数; N_i 为第 i 种元器件的数量; n 为设备所用元器件的种类数目。

(2) 元器件应力分析法。这种方法适用于电子设备详细设计阶段,此时已具备了详细的元器件清单、电应力比、环境温度等信息。这种方法的预计结果比计数法要准确些,但计算比较繁琐。其计算公式为

$$\lambda_p = \lambda_b (\pi_e \pi_q \pi_r \pi_a \pi_s \pi_c)$$

式中: λ_p 为元器件工作故障率(1/h); λ_b 为元器件基本故障率(1/h); π_e 为环境系数; π_q 为质量系数; π_r 为电流额定值系数; π_a 为应用系数; π_s 为电压应力系数; π_c 为配置系数。

然后按下式求得系统的故障率(λ_s):

$$\lambda_s = \sum_{i=1}^{N} N_i \lambda_{pi}$$

式中: λ_{pi} 为第 i 种元器件的故障率(1/h); N_i 为第 i 种元器件的数量; N 为系统中元器件种类数。

2. 降额设计

降额设计是使电子元器件的工作应力适当低于其规定的额定值,从而达到降低基本故障率,保证系统可靠性的目的。电子元器件的故障率对电应力和温度应力比较敏感,因此降额设计是电子产品可靠性设计中最常用的方法。

各类电子元器件都有其最佳的降额范围。此时,工作应力的变化对其失效率有明显的

影响，设计上也容易实现，并且在设备体积、重量和成本方面不会付出太大的代价。

在电子元器件的最佳降额范围内，一般可分成三个降额等级：

（1）Ⅰ级降额。Ⅰ级降额是最大的降额，适用于设备故障将会危及安全、导致任务失败和造成严重经济损失的情况。

（2）Ⅱ级降额。

（3）Ⅲ级降额。Ⅲ级降额是最小的降额，这种降额的可靠性增长效果和所花费的代价相比是最高的。

3. 热设计

电子设备热设计的基本任务是：通过热设计在满足性能要求的前提下尽可能减少设备内部产生的热量；减少热阻；选择合理的冷却方式。

4. 冗余设计

冗余是指系统或设备中具有多于一种手段执行同一种规定功能的能力。设置冗余可提高系统的可靠性，但同时又增加了系统的复杂性、重量和体积。一种工程经验认为：采用更可靠的元器件、简化设计和降额设计等方法仍不能满足系统可靠性要求时才考虑采用冗余。另一种工程经验则认为：当经费和进度都有限制时，采用成熟设计的冗余技术是实现高可靠性的有效途径。因此，是否采用冗余全视具体场合而定。

冗余并非适用于所有的场合，一般在低层次和关键环节中使用可获得较好的效果。同时还需注意，某些冗余技术的采用需增加若干故障检测和冗余通道切换装置，它们的失效率应远低于受控部分才能发挥冗余技术的优越性。

冗余设计的主要任务是：

（1）确定冗余等级。

（2）选定冗余类型。

（3）确定冗余配置方案。

（4）确定冗余管理方案。

5. 电磁兼容设计

系统的电磁兼容性的定义为：系统所有的电气及电子系统，包括其分系统、仪器、设备、组件、元件等，在执行预定的任务时遇到的各种电磁环境（系统内部的、外部的、人为的及天然的）中，其性能不降低、参数不超出容许的上下限，而仍能协调、有效地工作的能力。

随着技术的发展，系统日趋复杂，电子计算机的广泛应用及电子电路集成度的提高，电磁兼容性问题也日趋严重，这已成为人们的共识。一个可靠的系统，在规定的条件下，在任何工作时间里，必须保持电磁兼容，否则表明系统存在故障，因而是不可靠的。

电磁干扰主要有三个来源：功能干扰源、非功能干扰源和自然干扰源。如按传播途径分类，可分为传导干扰源和辐射干扰源。若按频带分类，则可分为窄频带干扰和宽频带干扰。

为了使系统具有电磁兼容性，在进行总体设计时要注意解决好下列问题：频率和频谱的选择，信号电平的选择，阻抗的选择，仪器及电路的布置。在电磁兼容设计中，要在接地与搭接、屏蔽、滤波、电缆网设计、仪器电路设计、结构设计、材料和零组件及其工艺、防静电等方面采取措施。最后，还必须进行电磁兼容性测试验证。

6. 容差分析

电子元器件和电路的容差分析是作为一个可靠性工作项目列入国家军用标准 GJB450 —88《装备研制与生产的可靠性通用大纲》的。其目的是为了保证电路的输出或设备的参数都能保持在规定的范围内。这种分析主要考虑到制造的离散性及温度、退化等因素对元器件参数变化的影响。

随着健壮性设计方法的推广，现今已将容差分析作为三次设计（即系统设计、参数设计和容差设计）的一部分来进行。有关三次设计的基本原理可参阅本章 7.7 节。

7. 潜电路分析

所谓潜电路，指的是某种条件下电路中产生的不希望有的通路。它的存在会引起功能异常或抑制正常功能。潜电路分析的目的是：在假定所有组件均正常工作的情况下，分析哪些是能引起功能异常或抑制正常功能的潜在电路，从而为改进设计提供依据。

为了查出潜电路，先要列出电路所存在的一切通路。为了简化起见，须略去不必要的部分，但必须保持连通电源和接地总线通路，略去无关路径。此过程工作量较大，一般要用计算机完成。可在此基础上产生网络树。这种网络树规定：把所有电源置于每一网络树的顶端，而底部是地，并使电路按电流自上而下的规则排列。由网络树可判断出存在的潜电路。

进行潜电路分析时，一般不考虑环境变化的影响，也不去识别由于某些硬件故障等原因引起的潜电路。潜电路分析只注重系统各元件、部件之间的相互连接、相互关系及相互影响，而不注重元件、部件本身的可靠性。在进行潜电路分析时，使用详细的生产图及安装图要比使用系统级或功能级图样更为有效。

7.1.9　机械可靠性设计方法

现代的复杂而昂贵的零件和系统要求高可靠度，所以必须保证把规定的目标可靠度设计到零件中去，从而设计到系统中去。机械可靠性设计方法包括下述步骤：

（1）确定设计的问题及任务轮廓。对于复杂系统，必须确定完整的任务轮廓，以及相应的环境轮廓。环境因素包括载荷、温度、噪声，速度等。在此基础上，确定各子系统的目标可靠度。

（2）确定有关的设计变量和参数。它们应当对设计任务是有意义的、唯一的和不重复的，在试验前后和进行期间都能量度的。

（3）进行失效模式、影响及致命度分析（FME(C)A）。

（4）确定零件的失效模式是独立的还是相关的。如一种失效模式的性质受到另一种可能发生的失效模式的影响，则受到影响的应力和强度应加以修正。

（5）确定涉及到的每种失效模式的判据。

（6）确定应力函数及每个失效模式下的应力分布。

（7）确定强度函数及每个失效模式下的强度分布。

（8）对于每一种致命的失效模式，确定其与应力分布和强度分布相关的可靠度。

（9）确定同时考虑到所有致命失效模式的零件的整个可靠度。

（10）确定零件可靠度的置信度。置信度的概念是对于试验本身而言的。

（11）对于系统中所有的关键零部件重复上述步骤，求出各自的可靠度。

（12）对系统进行失效树分析(FTA)。

（13）在已知每个零部件可靠度的基础上，计算子系统的以及整个系统的可靠度，然后对设计进行迭代，直到系统的可靠度等于或大于事先规定的系统可靠度目标值为止。

（14）必要时对整个设计的诸方面内容进行优化。

7.1.10　软件可靠性

随着计算机技术的普及和发展，硬件可靠性技术日趋成熟，软件可靠性问题变得日益突出。美国军用装备中软件成本在总成本中的比重已从 1955 年的不到 20％增加到 1985 年的 90％以上。在软件开发的早期阶段，软件产品像是在手工业个体作坊中制造出来的工艺品，不是现代化严格科学管理下生产出来的工业品，因此，软件可靠性是当今可靠性工程研究领域中的新课题。

1. 软件可靠性的概念

和硬件可靠性相似，软件可靠性的定义是：软件按规定的条件，在规定的时间内运行而不发生故障的能力。同样，软件的故障是由于它固有的缺陷导致错误，进而使系统的输出不满足预定的要求，造成系统的故障。所谓按规定的条件，主要是指软件的运行（使用）环境，它涉及软件运行所需要的一切支持系统及有关的因素，如支持硬件、操作系统及其他支持软件、输入数据的规定格式和范围、操作规程等。

和硬件可靠性相似，在软件的寿命周期中，也有早期故障期和偶然故障期。早期故障率也高于偶然故障期的故障率，但软件不存在故障率呈增长趋势的耗损故障期，软件的缺陷纠正一个就减少一个，不会重复出现。

故障率也是度量软件可靠性的直观指标。一般要求：在软件交付用户的三个月内，早期故障率不大于 $0.01/h$；在交付用户四个月后，故障率不大于 $0.001/h$。

2. 保证软件可靠性的工程方法

为了保证软件的可靠性，应在软件寿命周期的各个阶段千方百计地减少缺陷。

为保证软件可靠性，在其寿命周期各个阶段需要采取相应的措施。

（1）需求分析阶段。本阶段主要采取的措施有：全面理解用户的使用要求、使用条件和软件功能，在全面分析和与用户充分交换意见的基础上，制订出软件的技术规格书。该规格书要说明测试软件的方法，有完整的软件技术要求，用语要准确和规范。

（2）设计阶段。在软件设计阶段，要把软件的技术要求转换成设计方案。此时，可采取如下的方法：

- 自顶向下设计；
- 采用结构化程序设计；
- 容错设计；
- 设计评审；
- （标准）模块化设计；
- 制订和贯彻软件可靠性设计准则。

（3）编码阶段。编码就是把设计方案变成计算机语言，也就是所谓的编程序。编码产生的缺陷也是软件缺陷的一个主要来源。常见的编码缺陷有：键入错代码，原始数据输入错误（含单位不一致等），用了被零除这类不正确的表达式等。应在编码过程中尽可能早地查出缺陷并予以改正。

（4）检验阶段。检验阶段的主要任务是发现软件中的缺陷，并加以清除。这个阶段对于保证软件的可靠性是很关键的。

为了查找缺陷，首先要对软件进行静、动态调试。此时，需检查源程序的结构、方法和过程间的接口是否有误，运行时是否存在不必要的功能，检查"要求"、"数据"、"结果"和"内部程序工作状态"对应关系是否正确。

软件的测试按模块测试、整体测试和系统测试的顺序依次进行，最终确认软件的全部功能能否正确而完全地实现。

（5）维护阶段。软件交付使用后，要对使用中发现的残存缺陷进行纠正。同时，由于软件的运行环境和调试时不尽相同，也需对软件进行必要的修改、补充和完善。此时用户也可能提出一些新的要求。此外，还应经常研究出错的记录，前后对照和分析，弄清楚软件是否存在某种隐患。

3. 容错设计

对于软件失效后果特别严重的场合，如飞机的飞行控制系统、空中交通管制系统、核反应堆安全控制系统等，可采用容错设计方法。此时，软件的故障率要求低于 0.001/h。常用的容错方法如下：

（1）N 版本编程法。N 版本编程法的核心是：通过多个模块或版本不同的设计软件，对于相同初始条件和相同输入的操作结果实行多数表决，防止其中某一软件模块/版本的故障提供错误的服务，以实现软件容错。

（2）恢复块技术。恢复块技术的设计思想是：把一些特有的故障测试和恢复特性引入单一版本软件。其目的在于用可接受性测试（Acceptance Test）实现软件的故障测试。该测试对首先启动的模块运行结果实行。如果测试不通过，则恢复系统的原来状态，在相同的硬件上执行另一模块；若以后的可接受性测试得以通过，则被认为完成了恢复功能。

恢复块技术的要点是：可接受性测试准则、恢复点的状态保持和选择策略以及不同算法的设计。

7.2 应力-强度干涉模型和零部件的可靠性设计

7.2.1 应力-强度干涉模型

机械零部件设计的基本目标是在一定的可靠度下保证其危险断面上的最小强度（抗力）不低于最大的应力，否则，零件将由于末满足可靠度要求而导致失效。这里应力和强度都不是一个确定的值，而是由若干随机变量组成的多元随机函数（随机变量），它们都具有一定的分布规律，如图 7 - 6 所示。

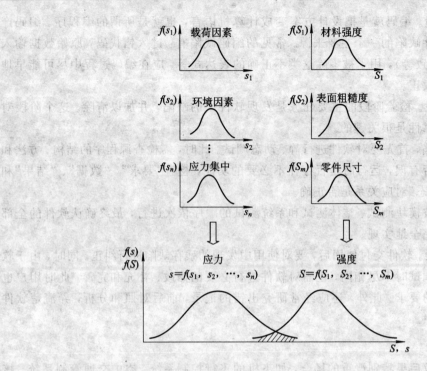

图 7 - 6　应力-强度干涉模型

这种应力与强度的分布情况，严格地说都或多或少地与时间因素有关，图 7 - 7 表示了应力 s、强度 S 的分布与时间的关系。当时间 $t=0$ 时，两个分布有一定的距离，不会产生失效。但随着时间的推移，由于环境、使用条件等因素的影响，材料强度退化，导致 $t=t_2$ 时应力分布与强度分布发生干涉（图中阴影部分），这时将可能产生失效。通常把这种干涉称为应力-强度干涉。此时零件的不可靠度（失效概率）与可靠度（安全概率）可分别表示为

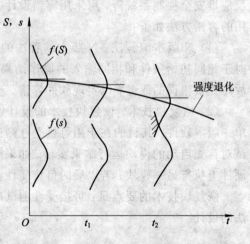

图 7 - 7　应力-强度分布与时间的关系

$$\begin{cases} p_f = p(S < s) \\ R = p(S > s) \end{cases} \qquad (7 - 2 - 1)$$

且有：

$$p_f + R = 1$$

应当指出，这里定义的可靠度与前面产品可取度的定义是一致的，即零件的可靠度是指在给定的时间内、规定的条件下零件完成规定功能的概率。可靠性的核心是完成规定的功能，它取决于应力和强度相互干涉的结果。强度 S、应力 s 都是随机变量，都可用多元函数表示，而强度与应力差 $Z=S-s$ 也是随机变量，也可用一个多元函数来描述，即

$$Z = f(x_1, x_2, \cdots, x_n) \qquad (7 - 2 - 2)$$

式中随机变量 x 表示影响零件功能的各种因素，如载荷、材料强度、零件尺寸、表面粗糙度、应力集中等。这种多元函数称为功能函数或状态函数，它表示了零件所处的状态，即

- $Z > 0$，零件处于安全状态；
- $Z < 0$，零件处于失效状态；
- $Z = 0$，零件处于极限状态。

而 $Z = f(x_1, x_2, \cdots, x_n)$ 称之为极限状态方程。

7.2.2 可靠度的计算

1. 概率密度函数联合积分法求解可靠度

图 7 - 8 表示了强度 S（概率密度函数 $f(S)$）和应力 s（概率密度函数 $f(s)$）发生干涉时，求解可靠度的原理图。

由图 7 - 8 可见，强度 S 大于应力 s_0 的概率为

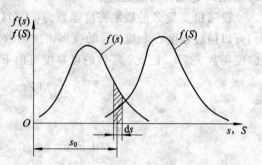

$$p(S > s_0) = \int_{s_0}^{\infty} f(S) \mathrm{d}S$$

应力 s_0 处于 $\mathrm{d}s$ 区间内的概率为

$$p\left(s_0 - \frac{\mathrm{d}s}{2} \leqslant s \leqslant s_0 + \frac{\mathrm{d}s}{2}\right) = f(s)\mathrm{d}s$$

图 7 - 8 概率密度函数联合积分法原理图

假定 $S > s_0$ 与 $s_0 - \dfrac{\mathrm{d}s}{2} \leqslant s \leqslant s_0 + \dfrac{\mathrm{d}s}{2}$ 为两个独立的随机事件，根据概率乘法定理，两个独立事件同时发生的概率等于这两个事件单独发生的概率的乘积。这个概率的乘积就是应力在 $\mathrm{d}s$ 区间内零件的可靠度：

$$\mathrm{d}R = f(s)\mathrm{d}s \cdot \int_{s_0}^{\infty} f(S)\mathrm{d}S$$

对上式 s_0 任意取值，将 s 在一切可能范围内积分，则为强度 S 大于所有的可能应力值 s 的整个概率，也即零件的可靠度为

$$R = \int \mathrm{d}R = \int_{-\infty}^{\infty} f(s)\left[\int_{s}^{\infty} f(S)\mathrm{d}S\right]\mathrm{d}s \tag{7 - 2 - 3}$$

同理，对于给定的强度值 S_0，如图 7 - 9 所示，仿上述步骤，可得出零件可靠度的另一表达式：

应力 s 小于强度 S_0 的概率为

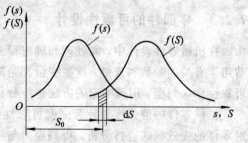

$$p(s < S_0) = \int_{-\infty}^{S_0} f(s)\mathrm{d}s$$

强度 S_0 落在 $\mathrm{d}r$ 区间内的概率为

$$p\left(S_0 - \frac{\mathrm{d}S}{2} \leqslant S \leqslant S_0 + \frac{\mathrm{d}S}{2}\right) = f(S)\mathrm{d}S$$

图 7 - 9 概率密度函数联合积分法原理图

强度 S_0 落在 $\mathrm{d}S$ 区间内零件的可靠度为

$$\mathrm{d}R = f(S)\mathrm{d}S \cdot \int_{-\infty}^{S_0} f(s)\mathrm{d}s$$

零件的可靠度为所有可能强度值的安全概率，即

$$R = \int \mathrm{d}R = \int_{-\infty}^{\infty} f(S)\left[\int_{-\infty}^{S} f(s)\mathrm{d}s\right]\mathrm{d}S \qquad (7-2-4)$$

若已知应力 s 和强度 S 的概率分布，便可通过式（7-2-3）或式（7-2-4）求得零件在运行状态下的可靠度值 R。

2. 功能密度函数的积分法求解可靠度

前面已经提到，强度 S 与应力 s 的差可用一个多元随机函数 $Z=S-s=f(x_1,x_2,\cdots,x_n)$ 表示，这又称为功能函数。

设随机变量 Z 的概率密度函数为 $f(Z)$（见图 7-10），根据二维独立随机变量知识，我们可以通过强度 S 和应力 s 的概率密度函数 $f(S)$ 和 $f(s)$ 计算出干涉变量 $Z=S-s$ 的概率密度函数 $f(Z)$。因此，零件的可靠度可由下式求得：

$$R = p(Z > 0) = \int_{0}^{\infty} f(Z)\mathrm{d}Z \qquad (7-2-5)$$

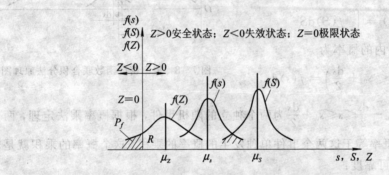

图 7-10 应力、强度和干涉变量之间的关系

式（7-2-3）至式（7-2-5）称为可靠度计算的一般公式。当应力和强度为更一般的分布时，可以用辛普森（Sinpuson）和高斯（Gauss）等数值积分方法，应用计算机求解。当精度要求不高时，也可用图解法求可靠度。当然，以上所述都是指应力和强度各是一个变量的情况。当随机变量较多、相应的性能函数也较复杂时如何求解可靠度，将在后面讨论。

7.2.3 零部件的可靠性设计

在机械零件设计中，需处理和确定很多与几何尺寸、材料、功能、工艺、使用、环境、费用等有关的参数和变量，这些变量都是随机的。任何随机变量都具有一定的离散性，以可靠性作为判据，用概率论的方法进行分析，才有可能保证设计零件的可靠度。

机械零件的静强度和疲劳强度可靠性设计都以应力-强度干涉模型为基础。首先通过对零件的失效模式进行分析，得到应力与尺寸、材料等参数的关系式。然后对静强度进行设计，得到零件强度与试件强度间的关系式。对疲劳强度设计时，应由试件的应力-循环次数（$S-N$）曲线或存活率-应力-循环次数（$P-S-N$）曲线等得到要求寿命和存活率下试件的强度分布，再得到零件强度与试件强度间的关系。明确应力和强度关系式中各参数的分布类型和数据，对正态分布应用连接方程建立要求的可靠度和尺寸参数之间的关系，求解即可。

7.3 系统的可靠性设计

系统是由若干单元(元件、零部件、设备、子系统)为了完成规定功能而互相结合起来所构成的综合体。因此系统的可靠性与零部件的可靠性密切相关。零部件的可靠性特征可以通过实验室试验或现场使用数据进行评估,而对于系统进行大量试验是不现实的。

常用的系统可靠性分析方法易建立系统的可靠性模型,把系统的可靠性特征量(例如可靠度、失效率、MTBF 等)表示为单元可靠性特征量的函数,然后通过已知的单元可靠性特征量计算出系统的可靠性特征量。

系统可靠性的分析方法有许多种,例如布尔真值表法(穷举法)、贝叶斯法、故障树分析法等,在使用时应注意其适用的场合。

这里主要介绍不可维修系统的可靠性模型及可靠度计算。

7.3.1 系统逻辑图

随着科学技术的发展,技术装备越来越复杂化、小型化、多功能化,使用环境也更加多变,这些因素使得系统的可靠性问题更加受到重视。系统的可靠性研究贯穿在系统的设计、生产制造和使用维护各个阶段。为便于系统的可靠性研究,通常用逻辑框图来表示系统。

什么是可靠性逻辑框图呢?它是由一些方框组成的,每一个方框表示一个单元。逻辑框图只表明各单元在可靠性功能上的关系,而不考虑各单元间物理作用和时间上的关系。在画逻辑框图时,通常将输入、输出单元排在框图的首尾,而中间其它各单元的次序可以任意安排。

在画可靠性框图时,要注意区分物理关系与功能关系。可靠性关心的是功能关系,故不要错把物理关系当成功能关系。例如图 7-11 所示是一个电容器 C 和一个电感线圈 L 并联的振荡回路系统,但从可靠性功能关系来看,元件 L 和 C 是一个串联系统,因为它们中只要有一个失效,这个振荡回路就会失效。其可靠性框图见图 7-12。

图 7-11 LC 振荡回路　　　　图 7-12 LC 振荡回路的可靠性框图

1. 串联系统的可靠度

如果组成系统的所有单元中任何一个失效就会导致系统失效,称这种系统为串联系统。

串联系统要能正常工作,必须是组成它的所有单元都能正常工作,因此串联系统的可靠度为

$$R_s(t) = R_1(t)R_2(t)\cdots R_n(t) = \prod_{i=1}^{n} R_i(t)$$

式中：$R_i(t)$ 为单元 i 的可靠度，$i=1, 2, \cdots, n$。

2. 并联系统的可靠度

如果组成系统的所有单元都失效时系统才会失效，也就是说只要一个单元不失效，整个系统就不会失效，这种系统称为并联系统。

因为并联系统只有在其所有单元全部失效时它才失效，所以其系统可靠度为

$$R_s(t) = 1 - F_s(t) = 1 - \prod_{i=1}^{n} F_i(t) = 1 - \prod_{i=1}^{n} [1 - R_i(t)] \qquad (7-3-1)$$

式中：$F_s(t)$ 为系统的不可靠度；$F_i(t)$ 为单元 i 的不可靠度，$i=1, 2, \cdots, n$。

由式(7-3-1)可知，由于 $[1 - R_i(t)]$ 是一个小于 1 的数值，所以并联系统的可靠度总是大于系统中任一单元的可靠度，并联的单元越多，系统的可靠度越大。

当单元的失效寿命为指数分布时，并假设每个单元的失效率都相同，则并联系统的可靠度为

$$R_s(t) = 1 - (1 - e^{-\lambda t})^n \qquad (7-3-2)$$

式中：λ 为单元的失效率；n 为单元数。

这时，并联系统的平均无故障工作时间为

$$\text{MTBF} = \int_0^\infty R_s(t)\mathrm{d}t = \frac{1}{\lambda} + \frac{1}{2\lambda} + \cdots + \frac{1}{n\lambda} \qquad (7-3-3)$$

并联系统在电子和电气系统中得到广泛的应用。机械系统中的冗余即采用并联系统设计，如用于动力装置、安全装置和液压系统等。

3. 混联系统的可靠度

混联系统是由串联部分子系统和并联部分子系统组合而成的。它又可以分为串并联系统(将单元并联成的子系统加以串联)和并串联系统(将单元串联成的子系统加以并联)。

比较典型的串并联系统如图 7-13 所示。若每一单元的可靠度都为 $R(t)$，则系统的可靠度为

$$R_s(t) = \{1 - [1 - R(t)]^n\}^m \qquad (7-3-4)$$

并串联系统如图 7-14 所示。若每一单元的可靠度为 $R(t)$，则系统的可靠度为

$$R_s(t) = 1 - \{1 - [R(t)]^m\}^n \qquad (7-3-5)$$

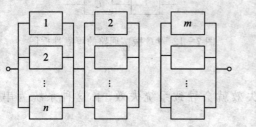　　　　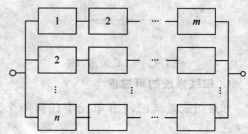

图 7-13　串并联系统($n \times m$ 单元)　　　　图 7-14　并串联系统($n \times m$ 单元)

4. 表决系统

如果组成系统的 n 个单元中，只要有 k 个(k 介于 1 和 n 之间)单元不失效，系统就不

会失效,这样的系统称为表决系统或 k/N 系统。例如有 4 台发动机的飞机,必须至少有两台发动机能正常工作,飞机才能安全飞行,这种发动机系统称为表决系统或 2/4 系统。

设表决系统中每个单元的可靠度为 $R(t)$,则系统的可靠度为

$$R_s(t) = R^n(t) + nR^{n-1}(t)[1 - R(t)] + \cdots + \frac{n!}{k!(n-k)!}R(t)[1 - R(t)]^{n-k}$$

$$= \sum_{i=k}^{n} c_n^i [R(t)]^i [1 - R(t)]^{n-1} \tag{7-3-6}$$

若各单元的失效寿命服从指数分布,而且失效率相同,则

$$\text{MTBF} = \frac{1}{n\lambda} + \frac{1}{(n-1)\lambda} + \cdots + \frac{1}{k\lambda} \tag{7-3-7}$$

显然,与式(7-3-2)和式(7-3-3)相比较,可知表决系统的可靠度及 MTBF 要比并联系统的小。

5. 旁联系统

旁联系统也叫待机系统,组成系统的 n 个单元中只有一个单元在工作,其余 $n-1$ 个备用,当工作单元失效时,通过失效检测装置及转换装置,另一个单元立即开始工作。如飞机起落架的收放系统,一般是用液压或气压系统,并装有机械的应急释放系统。旁联系统的可靠性框图见图 7-15。

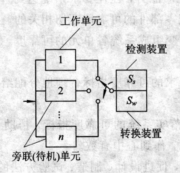

图 7-15 旁联系统可靠性框图

假设图 7-15 中的失效检测和转换装置 100% 可靠,各单元的失效率相同,则系统的可靠度为

$$R_s(t) = e^{-\lambda t}\left[1 + \lambda t + \frac{(\lambda t)^2}{2!} + \cdots + \frac{(\lambda t)^{n-1}}{(n-1)!}\right] \tag{7-3-8}$$

平均无故障工作时间为

$$\text{MTBF} = \frac{n}{\lambda} \tag{7-3-9}$$

式中:λ 为单元的失效率;n 为单元数。

可见,一个单元的 $\text{MTBF} = 1/n$,两个单元组成的并联系统的 $\text{MTBF} = 3/(2\lambda)$,而两单元旁联系统的 $\text{MTBF} = 2/\lambda$。

如果旁联系统分别由失效率为 λ_1 和 λ_2 的两单元组成,其失效检测和转换装置的可靠度为 $R_{s\infty}$,则该系统的可靠度为

$$R_s(t) = e^{-\lambda_1 t} + R_{s\infty}\frac{\lambda_1}{\lambda_2 - \lambda_1}(e^{-\lambda_1 t} - e^{-\lambda_2 t}) \tag{7-3-10}$$

7.3.2　系统的可靠性预测

可靠性预测包括零件的可靠性预测和系统的可靠性预测两个部分。所谓零件的可靠性预测，就是根据对零件使用过程中的失效调查或通过寿命试验获得的数据，经分析找到它们的分布情况及特征参数，据此对同种零件在相同工作条件下的可靠度进行大致的估计，这就是零件的可靠性预测。

系统的可靠度取决于两个因素：一是零件本身的可靠度；另一个是零件组成系统的组合方式。相同可靠度的零件，由于它们组合方式的不同，系统的可靠度就会有很大的差异。零件的可靠性预测为系统的可靠性预测提供了基本数据，使系统的可靠度估计得以进行。

可靠性预测的目的就是使设计者能把握自己所设计对象的可靠程度，做到心中有数。当通过可靠性预测发现设计没有达到要求的可靠度水平时，可找出不可靠原因，及时采取措施加以改进；当可靠度超出要求过高时，考虑到版本、重量、材料消耗等原因，可及时将过高的可靠度降下来，从而使设计的对象经济、可靠、合理。

7.3.3　系统的可靠度分配

系统可靠度分配是可靠性设计的重要内容之一。在进行系统设计时，根据需要和国内外同类产品的水平以及实际生产能力，往往要求系统达到一定的可靠度指标。而系统的可靠度值是与组成系统的子系统零部件的可靠度密切相关的。当系统的预计可靠度与系统要求的可靠度不一致时，则需改变组成系统各单元的可靠度，以使系统的可靠度达到要求的指标。

可靠度分配就是将系统要求的可靠度指标合理地分配给系统的各组成单元。可靠度分配的目的是：

（1）通过可靠度的分配，落实系统的可靠度指标，帮助设计者了解零件、子系统的可靠度与系统可靠度之间的关系，作到心中有数。

（2）暴露系统的薄弱环节，促进设计、制造、试验方法的改进与提高。

（3）促使设计者全面权衡系统的重量、费用和性能等因素，使系统设计更加合理。

（4）按最优化方法进行可靠度的分配，全面合理地根据各单元的重要度、工作周期、现有的技术水平、成本等来规定可靠度指标，以节约制造时间和费用。

可靠度分配时计算系统可靠度的方法与可靠度预测时所用的方法相同。可靠度预测通常是已知零部件或子系统的可靠度来计算系统的可靠度，而可靠度分配则是系统可靠度指标给定后求各零部件或子系统应有的可靠度，故可靠度分配比可靠度预测更复杂，不同的分配方法将得出不同的分配方案。等同分配法就是对全部的子系统或单元分配相等的可靠度，这种分配方法简单，但往往并不合理。非等同分配法根据各子系统或单元的现有可靠度水平、重要度以及复杂程度，或以优化为目的，使系统的成本、重量、体积最小为目标，以系统可靠度不小于某一最低值为约束条件（或以系统可靠度最大为目标，成本等的界限值为约束条件）来合理分配系统的可靠度。常用的分配方法如图 7 - 16 所示。

在进行系统的可靠度分配时，其数学模型通常假设为：① 各单元的失效是相互独立的；② 单元的失效率为常数。

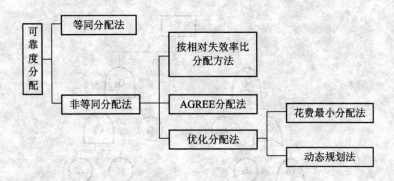

图 7-16 可靠度分配方法

不管用什么方法进行分配，均应满足下式：

$$f(R_1^*, R_2^*, \cdots, R_i^*) \geqslant R^* \qquad (7-3-11)$$

式中：R^* 为系统要求的可靠度指标；R_i^* 为分配给单元 i 的可靠度（$i=1, 2, \cdots, n$）。

对于串联系统，则

$$R_1^* R_2^* \cdots R_i^* \geqslant R^*(i) \qquad (7-3-12)$$

也可写成

$$e^{-\lambda_1^* t} e^{-\lambda_2^* t} \cdots e^{-\lambda_n^* t} \geqslant e^{-\lambda^* t}$$

或

$$\lambda_1^* + \lambda_2^* + \cdots + \lambda_i^* \leqslant \lambda^* \qquad (7-3-13)$$

式中：λ^* 为系统要求的失效率；λ_i^* 为分配给 i 个子系统或单元的失效率（$i=1, 2, \cdots, n$）。

7.4　机械系统的故障树分析

7.4.1　基本概念

故障树分析（Fault Tree Analysis，FTA）是 1962 年由美国贝尔电话研究所首先使用，取得了较好的效果，目前被认为是对复杂系统进行故障分析获取有关系统信息的一种最常用而有效的分析方法。它的主要特点是把系统故障与可能导致系统故障的诸因素之间的因果关系，用一种相应的逻辑树来表示，从而了解各初始故障事件对系统的影响途径及程度，揭露关键因素及薄弱环节以及发生概率，这样就可以对系统或研究对象的故障概率做出定性或定量评价，并采取相应对策。

图 7-17 所示是一故障树例子，最上面的一个为顶事件，通常是所研究的最不希望发生的事件，最下面是一批底事件，中间是各种各样的中间事件。显然，中间事件和底事件是导致顶事件发生的诸因素，众多的事件以其功能逻辑关系组合起来就成为一棵以顶事件为树根，中间事件和底事件为枝干及树叶的倒置的树。

图 7-17 所示的故障树是以轴承损伤（失效）为其顶事件的，导致轴承损伤有诸多因素，中间事件 G_1 表示温升过度，G_3 表示供油缺乏，G_5 表示供油油压过低等，底事件则有油管故障、油泵故障等。

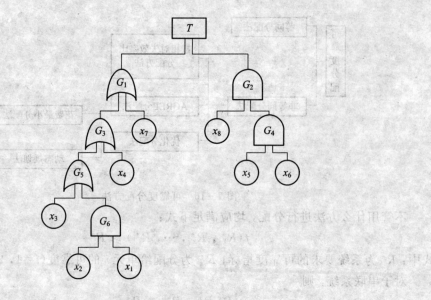

图 7 - 17 故障树示例

故障树应用于质量和安全管理方面时，称为事故树分析或事件树分析（Event Tree Analysis），其在分析事故的原因、评价事故的风险方面有广泛的应用。

故障树分析方法与一般可靠性分析方法不同，它是从系统到部件再到零件或从顶事件到中间事件再到底事件的一种下行式演绎法，所建造的故障树正确与否直接影响分析结果的准确性，所以在建树的过程中应注意：

（1）对所研究的对象作全面、周密的调查研究分析，确定最不希望发生的故障事件为顶事件，根据分析对象的不同，顶事件亦不同，为此必须正确合理地选择顶事件。

（2）故障树以故障为研究对象，为此，必须对系统的正常事件和故障事件有确切的定义，即有明确的故障（失效）判据。

（3）合理确定故障树的建树范围和边界以及故障事件分解的原则，做到范围明确，层次分明，逻辑清楚。

顶事件与中间事件只是相对意义下的区分，较大的故障树，其中间事件本身就可以是一个顶事件。要建好故障树，对研究对象做好失效模式、后果和严重度分析是很必要的。同时，还应尽量避免建树中发生遗漏和逻辑推理不足的弊病，用计算机辅助建树有助于弥补这方面的缺陷。

7.4.2 故障树的建立

故障树是实际系统故障组合和传递的逻辑关系的正确而抽象的表达，建树是否完善会直接影响定性、定量分析的结果，是关键的一步。因此，建树时首先应对系统及其组成部分产生故障的原因、后果以及各种影响因素和它们之间的因果关系有透彻的了解。

建树的方法分为人工建树和用计算机辅助建树。建树就是按照严格的演绎逻辑，从顶事件开始，向下逐级追溯事件的直接原因，直至找出全部底事件为止，得到一棵故障树。

对故障树所用的符号应统一规定并有确切的含义，如表 7 - 3 所示。

表 7 – 3　常用故障树符号

名　称		使用符号	说　明
使用符号	矩形	▭	故障事件，用于顶事件或中间事件
	圆形	◯	底事件或称基本事件，一般只用于逻辑门的输入
	菱形	◇	省略事件或不再继续研究的事件
	三角形	△	表示故障事件的转移
逻辑门符号	与门	A／$B_1\,B_2\,B_n$	当输入事件 B_i 同时发生时，输出事件 A 发生
	或门	A／$B_1\,B_2\,B_n$	当输入事件 B_i 至少一个发生时，输出事件 A 发生
	禁门	A／C／B	当给定事件 C 满足时，输入事件 B 才导致输出事件 A 发生
	异或门	A／$B_1\,B_2$	输入事件 B_1、B_2 中任一事件发生都导致 A 发生，但 B_1、B_2 不能同时发生
	表决门	A／k/n	n 中有 k 个输入事件发生，则输出事件 A 发生

　　为了建树，应该首先对系统进行全面且深入的了解。需要广泛收集有关系统的设计、制造工艺、安装调试、使用运行、维修保养以及其它相关方面的数据、资料、技术文件及技术规范等，并进行深入、细致的分析研究。在分析故障事件的原因时，不仅要考虑机械系统本身，而且应考虑人的因素及环境的影响。

　　在完成建树的准备工作后，即可开始建立故障树。

1. 顶事件的确定

　　任何需要分析的系统故障，只要它是可以分解且有明确定义的，则在该系统的故障树分析中都可作为顶事件。因此，对一个系统来说，顶事件不是唯一的，但通常把该系统最不希望发生的故障作为该系统故障树分析的顶事件。

2. 故障树的建立

在顶事件确定之后，将它作为故障树分析的起始端，找到导致顶事件所有可能的直接原因，作为第一级中间事件。将这些事件用相应的事件符号表示，并用适合于它们之间逻辑关系的逻辑门符号与上一级事件相连接。依此类推，逐级向下发展，直至找到引起系统故障的全部无需再追究下去的原因，作为底事件。这样，就完成了故障树的建立。

建立故障树时，应注意以下几点：

（1）选择建树流程时，通常以系统的功能为主线来分析所有故障事件并按演绎逻辑贯穿始终。但一个复杂系统的主流程可能不是唯一的，因为各分支常有自己的主流程，建树时要灵活掌握。

（2）合理地选择和确定系统及单元的边界条件。在建树前对系统和单元（部件）的某些变动参数作出合理的假设，即边界条件。这些假设可使故障树分析抓住重点，同时也明确了建树范围，即故障树建到何时为止。

（3）故障事件定义要明确，描述要具体，尽量做到唯一解释。

（4）系统中各事件间的逻辑关系和条件必须十分清晰，不允许逻辑混乱和条件矛盾。

（5）故障树应尽量简化，去掉逻辑多余事件，以方便定性、定量分析。

7.4.3　故障树的定性分析

1. 割集与路集

割集是指故障树中一些底事件的集合，当这些底事件同时发生时，顶事件必然发生。最小割集是指该割集中任一底事件除去后，就不成为一个割集。割集用 c 表示。

与割集相对应的是路集，路集也是指故障树中一些底事件的集合，当这些底事件不同时发生时，顶事件就必然不发生。最小路集是指该路集中任一底事件除去后，就不成为一个路集。路集用 r 表示。

显然，故障树的全部最小割集反映了全部的故障模式，即顶事件发生的所有可能性，而全部最小路集反映了全部的正常工作模式，通过分析故障树的割集和路集，不仅可以找出系统各种潜在故障模式和薄弱环节，还可以进一步计算各层次事件的发生概率。

2. 故障树定性分析

故障树定性分析的主要任务就是找出导致顶事件发生的所有可能的故障模式，其方法是求树的最小割集。故障树常用于分析大型而复杂的系统，故障数据不容易得到，定量分析要困难一些。但是，故障树从 1961 年提出以来，在可靠性、安全性甚至质量管理（事故树）等方面都得到很大发展，其原因就是通过建树和定性分析过程，可以大大加深对系统的认识和评价，从而找出薄弱环节，采取有利决策。

求最小割集的方法有下行法和上行法等多种，这里主要介绍下行法，其要点是：从故障树的顶事件起，自上而下逐排分解，遇到与门（∧），将门的输入事件横向排列，即增加割集的容量；遇到或门（∨），将门的输入事件竖向排列，即增加割集的数目，直至全部门都置换为底事件为止。这样得到的结果就是全部割集，再根据集合运算规则简化或吸收，就可得到全部最小割集。

同样，由于对偶树的最小割集就是原故障树的最小路集，所以求故障树的最小路集也可以用下行法在对偶树中来求。但要注意，求路集是为了计算成功即无故障概率，所以求最小路集应从原故障树的成功树中去求，这时不仅门已改变，各层事件也已用其补事件出现，当然计算得到的也是成功树的顶事件出现概率，即无故障概率。

7.4.4 故障树的定量分析

当求出故障树的全部最小割集以后，只要系统不是太复杂，就可计算顶事件出现的概率。

(1) 用相容事件概率公式计算。若故障树共有 n 个最小割集，则可知顶事件出现的概率为

$$p(T) = p(\bigcup_{i=1}^{n} C_i) = \sum_{i=1}^{n} p(C_i) - \sum_{1 \leqslant i < j \leqslant n} p(C_i \bigcap C_j)$$

$$= \sum_{1 \leqslant i < j < k \leqslant n} p(C_i \bigcap C_j \bigcap C_k) + \cdots + (-1)^{n-1} p(\bigcap_{i=1}^{n} C_i) \qquad (7-4-1)$$

若 n 值较大，用此公式计算量是很大的。

(2) 用不交和的公式计算。其步骤与网络系统中的计算相同，即

令　　　$F_1 = C_1$　　　$F_1' = \bar{C}_1(C_2 \bigcup C_3 \bigcup \cdots) = C_1' \bigcup C_2' \bigcup \cdots$

令　　　$F_2 = C_1'$　　　$F_2' = \bar{C}_1(C_2' \bigcup C_3' \bigcup \cdots) = C_1'' \bigcup C_2'' \bigcup \cdots$

直到 $F_k' = C_1^{(k)}$，上标 k 表示 k 个 "′"，则

$$p(T) = F_1 + F_2 + \cdots + F_k + F_k' \qquad (7-4-2)$$

(3) 近似算法。一种是首项近似，即

$$p(T) \approx \sum_{i=1}^{n} p(C_i) \qquad (7-4-3)$$

另一种是首项和众项之半的差近似，即

$$p(T) \approx \sum_{i=1}^{n} p(C_i) - \frac{1}{2} \sum_{i<j}^{n} p(C_i C_j) \qquad (7-4-4)$$

在工程上采用上述近似公式计算，基本上可满足精度要求。

7.5 可靠性试验概况

1. 寿命试验

寿命试验是可靠性试验的一个很重要的内容，因为可靠度是时间的函数。通过寿命试验可以确定产品寿命的概率分布及其参数，以此作为可靠性设计的依据。通常，可靠性试验往往指寿命试验。

1) 寿命服从指数分布时平均寿命的确定

通常研究的指数分布只有一个参数，即 $\text{MTBF} = m = 1/\lambda$。只要确定了 m，便可确定该

指数分布。m 的估计值可由试验数据决定，这些失效时间数据可由不同的试验方法得出。下面只讨论常用的无替换定数截尾和有替换的定时截尾两种试验方法，其它的有或无替换、定时或定数截尾试验方法可以仿照此进行。

(1) 无替换定数截尾寿命试验(n，无，r)。

n 个元件在进行寿命试验，当失效次数达到预先规定的 r 次时就停止试验，这就是定数截尾试验。无替换的定数截尾试验通常也称为第 II 类截尾试验。

由最大似然法可以证明，在无替换定数截尾试验中，平均寿命的估计值为

$$\hat{m} = \hat{\mathrm{MTBF}} = \frac{T}{r} = \frac{\sum\limits_{i=1}^{r} t_i + (n-r)t_r}{r} \qquad (7-5-1)$$

式中：T 为失效和未失效元件的累积试验时间，$T = \sum\limits_{i=1}^{r} t_i + (n-r)t_r$；$t_i$ 为第 i 个元件的失效时间；n 为试验的样本容量；r 为在试验时间为 t_r 时观测到的失效次数。显然，参加试验的总元件数为 $n' = n$。

(2) 有替换的定时截尾试验(n，有，t_0)。

有 n 个元件在进行寿命试验，当进行到预先规定的时间 t_0 时即停止试验，这就是定时截尾试验。观测到的失效数有 r 个，失效时间按顺序排列为 t_1，t_2，$\cdots$，t_i，$\cdots$，t_0。

用最大似然法可以证明，有替换的定时截尾试验中平均寿命的估计值为

$$\hat{m} = \hat{\mathrm{MTBF}} = \frac{T}{r} = \frac{nt_0}{r} \qquad (7-5-2)$$

式中：T 为直到 t_0 时的累积试验时间，$T = nt_0$；r 为试验时间为 t_0 时的失效次数。

参加试验的元件数为 $n' = n + r$。

有替换的定时截尾试验有时也称为第 I 类截尾试验。

2) 威布尔分布寿命试验

下面介绍威布尔分布参数的估计方法，用来确定产品的可靠度。

(1) 完全子样的寿命试验。在这类试验中，将所有试件全部试验到失效(或发生故障)，然后用威布尔概率纸或计算机进行处理，估计出威布尔参数。

(2) 不完全子样的寿命试验。在很多情况下，由寿命试验或现场观测到的数据，不一定都是失效或故障数据，而常常包括一些未失效的数据，所以称为不完全子样。出现这种情况的原因很多，主要原因是因为缩短了试验时间。下面是不完全子样寿命试验中的一种方法——中止试验法。

对某一类型的产品，例如汽车，进行寿命试验得出其寿命数据见表 7-4。其中第 2 项和第 4 项都在发生故障前中止了试验，所以称之为"悬件"，表示为 S_1 和 S_2。

显然，在试验中出现"悬件"之后，失效序数不再是连续的整数(从 $j=1$ 到 $j=n$)。以表 7-4 为例，第 1 项是一次失效，其失效序数为 $j=1$，记为 F_1。第 3 项也是一次失效，但其失效序数不一定是 $j=2$，因为第 2 项即 S_1 在 15 000 km 之前可能已出故障。如果真是这样，那么第 3 项应当是 F_3；另一方面，它又可能不是 F_3，因为第 2 项即 S_1 有可能运行 15 000 km 以上。果真如此，则第 3 项仍是 F_2，即失效数 $j=2$。因此，第 3 项实际上失效序数在 2 与 3 之间，其平均序数的值可以由下述方法得到。

第 2 次故障 F_3 出现在序数 2 或序数 3 的可能性有若干种。F 出现在序数 2 的可能性有 6 种，而出现在序数 3 的可能性只有 2 种。

表 7-4　含有悬件的汽车寿命试验数据

序数 j	状　态　　　　　　　　　　 F—失效；S—未失效		寿命/km
1	F_1		5100
2		S_1	9500
3	F_2		15 000
4		S_2	22 000
5	F_3		40 000

因此，F_2 最可能出现的位置采取其可能出现的序数之平均值，即 F_2 的平均序数为

$$MON = \frac{6 \times 2 + 2 \times 3}{6 + 2} = 2.25$$

同理分析得第 3 个故障出现的位置为其可能出现的序数（出现序数 3、4 或 5 的可能性分别为 2、3、3 种）的平均值，为

$$MON = \frac{2 \times 3 + 3 \times 4 + 3 \times 5}{2 + 3 + 3} = 4.125$$

对上述内容进行概括，可得以下公式：

令增量为

$$I = \frac{n + 1 - （前一项的平均序数）}{1 + 在悬件后面的项数}$$

式中：n 为试验样本量。

F_j 的平均序数为

$$\mathrm{MON}_j = I_{j-1} + （前一项的平均序数）$$

例如对表 7-4 来说，F_2 的增量为 $I = \frac{5 + 1 - 1}{1 + 3} = 1.25$，$F_2$ 的平均序数为 $\mathrm{MON}_2 = 1.25 + 1 = 2.25$；$F_3$ 的增量为 $I = \frac{5 + 1 - 2.25}{1 + 1} = 1.875$，因此 $\mathrm{MON}_3 = 1.875 + 2.25 = 4.125$。

根据表 7-4 和以上计算结果，可得表 7-5。

表 7-5　中止试验数据分析

序数 j	状　态　　　　　　 F—失效；S—未失效		寿命 /km	增量 I	平均序数 MON	中位秩 MR/%
1	F_1		5100	—	1.000	12.04
2		S_1	9500	1.25	—	—
3	F_2		15 000	—	2.250	36.10
4		S_2	22 000	1.875	—	—
5	F_3		40 000	—	4.125	70.84

表 7-5 中的中位秩是根据平均序数 MON 和样本量 m 确定的，计算公式如下：

$$MR_j = \frac{MON_j - 0.3}{n + 0.4}$$

可以证明，可用中位秩 MR 作为失效概率 $F(t)$ 的点估计。

3）产品的加速寿命试验

产品的加速寿命试验是指使产品受到比正常情况下严酷得多的条件以缩短其寿命，从而快速得到关于寿命分布、失效率和可靠度的信息。如果试验结果可以外推至正常情况，则能得到在正常情况下的寿命估计。由于很多产品和材料在正常情况下的寿命太长，所以加速试验可以大大节约时间和费用。

通常，典型的加速试验条件包括较高的温度、电压、电力、振动、载荷、速率等，或其中 n 个条件的综合。对于特定的产品或材料而言，这些加速因素的采用是由工程实践经验决定的。例如，逆幂率法可用于电子装置、轴承、电容器、绝缘液体及其它产品的加速寿命数据的分析；威布尔应力-寿命模型可用于不同应力水平下的寿命估计；百分寿命模型用于一个产品在高应力下试验而另一个同样产品在低应力下进行试验的情况。

应注意，进行加速试验的前提条件是产品在加速试验条件下的失效机理必须与在正常条件下的失效机理一样。

（1）逆幂律法。当产品寿命服从威布尔分布，而且寿命是加速应力的逆幂函数时，通常可采用逆幂律法。其产品的特征寿命为

$$\eta = \frac{1}{kV^n}$$

式中：V 为加速应力；k、n 为系数，取决于材料及试验方法。

在加速应力 V_A 和使用应力 V_U 下的特征寿命为 η_A 和 η_U。两者相比、移项后得

$$\eta_U = \eta_A \left(\frac{V_A}{V_U}\right)^n$$

加速应力下的威布尔分布参数可用任何一种可接受的方法进行估计，例如最大似然法、图估计等。

（2）过载应力试验法。当只有成功和失败两种试验结果时，可以采用这一试验方法。在加速应力水平下产品的可靠度 R_W 与在使用应力水平下产品可靠度 R_{NW} 的关系式为

$$R_W = (R_{NW})^{-W\beta/m}$$

或

$$R_{NW} = (R_W)^{-m/W\beta}$$

式中：W 为过载系数，$W = \dfrac{S_2}{S_1}$；β 为威布尔斜率；m 为 $S-N$ 线图中均值线的斜率。

在加速应力水平下产品的平均可靠度为

$$\bar{R} = \frac{N_S + 1}{N_T + 2}$$

式中：N_S 为试验中的成功数；N_T 为总试验次数。

2. 筛选试验

为选择具有一定特性的产品或剔除早期失效产品而进行的试验称为筛选试验。

3. 环境试验

为考核、评价与分析环境条件，如温度、湿度、含尘量、腐蚀介质、冲击、震动、电磁

辐射、日晒、气压等对产品可靠性、耐用性及质量的影响而进行的各种试验称为环境试验，这是确定产品在某种环境条件下的可靠性指标的一种试验方法。

汽车在热带、寒带、高原、雪原、沙漠、高含尘、腐蚀介质、多雨潮湿等地区的试验均属环境试验。有时可人造特定环境条件，例如在试验场增设盐水池等，进行汽车及其零件的腐蚀性试验。

4. 现场使用试验

现场使用试验指在使用现场对产品工作可靠性所进行的试验与测试。其试验条件就是现场使用条件，它最符合使用实际。试验中应仔细做规定的各种记录，一般应填写设备履历表，包括使用环境条件、工作时间、维护修理记录、失效零部件的失效时间、状况及原因分析等记录。通过统计分析，就可得到产品的失效率、平均寿命及有效度等可靠性数据，以便采用改进措施，提高产品的可靠性。

7.6　安 全 设 计

7.6.1　概述

机械安全问题是随着生产的产生而产生，并随着生产的发展而发展的。18 世纪工业革命以来，由于使用了蒸汽机，每年仅锅炉爆炸就带来成千人的伤亡。20 世纪上半叶，资本主义迅速发展，工业规模不断扩大，但生产条件的恶化使工伤事故和职业病日益严重，引起了人们的广泛关注。二次世界大战以后，工业水平和生产规模又有了长足进步，但工伤事故却愈来愈频繁，公害越来越严重，企业损失巨大，舆论强烈不满，机械安全问题早已成为积难深重的社会问题。

然而，机械安全问题又有其独特性，体现在安全属性的依附性、安全效益的隐性、安全技术的发展性、安全致因的复杂性几个方面，导致了安全工作的复杂性。

最初，人们采用传统安全工作方法来处理安全问题。即工伤事故发生后，从事故后果中查找原因，吸取教训，采取措施进而预防事故重复发生。这种方法也可称为"问题出发型"方法。诸如设立专职机构、制定法规和标准、进行监督检查和宣传教育，以及防尘排毒、配备安全防护装置和个人防护用具等，均属此类。这些传统安全工作方法存在诸多局限性。

20 世纪 70 年代末期，安全工程这门新兴的学科获得了迅速的发展，形成了科学技术的一个新的门类——安全科学。于是，在传统安全工作方法的基础上，一种较为先进的安全系统工程方法应运而生。这种方法就是采用系统工程方法，从系统内部出发，检查评价可能发生事故的危险性及其发生途径，根据其结果重新设计和调整工艺、设备、操作、管理、生产周期及投资等因素，使系统可能发生的事故得到控制，并使系统的安全性达到最好的状态。这种方法也可称为"问题发现型方法"。

安全系统工程方法非常有效地克服了传统安全工作方法的诸多局限性。这主要体现在：

（1）着眼于系统实际运行之前。要求在发生事故之前，及时地识别、分析和评价各子系统和整个系统的危险,力求把发生事故的可能性降到最低,使系统的安全在设计阶段即达到可接受的水平。

(2) 以"系统"、"全过程"和对危险的"识别—分析—控制"方法为特征,克服了直观经验主义和片面、零碎的处理方法。

(3) 定性分析和定量分析并举,客观分析和主观判断相结合,克服了安全工作中的盲目性。

安全系统工程方法最初应用于军事装备方面。历经惨痛安全教训的美国国防部于1969年7月发布了安全系统工程计划标准 MIL-STD-882,首次奠定了安全系统工程的概念,以及设计、分析、综合等基本原则。该标准后经多次修订,逐渐成为整个产业界实现系统安全的主要依据。目前,安全系统工程已引起了各国的普遍重视。我国从 1978 年以来,在航空工业、化学工业、兵器工业、核工业等部门开始引入和推行安全系统工程方法。但总的看来,安全系统工程方法在我国工业部门的应用尚属起步阶段,范围还不广,大量基础性工作尚未进行,如各种安全数据库尚未建立等。至于机械行业,系统安全工程方法的引入相对更晚一些,推广和应用则刚刚起步。

7.6.2 安全设计的基本程序和方法

1. 制定机器的限制规范

安全设计首先应从确定机器的限制规范开始。机器的限制规范可以从以下三个方面考虑:

(1) 使用限制。在使用限制中,设计者应考虑确定机器的各种合理使用方法和操作程序等。

(2) 空间限制。在空间限制中,应考虑确定机器的运动范围、所需的安装空间、"操作者—机器"和"机器—动力源"间的关系等。

(3) 时间限制。根据机器的预定使用情况和某些组成部分的耐用性,确定其可预见的寿命极限。

2. 进行系统的危险分析和风险评价

在确定了限制规范后,要系统分析该机器可能产生哪些危险,并要评估在每种危险状态下可能导致伤害的风险。可以从以下三个方面进行分析评估:

(1) 分析机器寿命期的各阶段人—机间的相互作用及其可能出现的危险状态。

(2) 分析机器在正常运行状态和失灵状态下分别会产生哪些危险。

(3) 分析可能出现的对机器的各种误用情况。

3. 通过结构设计消除危险减小风险

在分析评估了机器可能出现的各种危险和伤害风险后,在设计机器的具体结构时,首先应考虑采用适当措施消除这些危险,如果危险无法消除,应采取措施使其产生伤害的风险减至最小。

4. 选用或设计安全防护装置

对通过结构设计所采用的各种措施不能消除或充分限制的危险或风险,应根据情况合理选用或设计相应防护装置和(或)安全装置加以防范。如采用各种防护罩、盖、屏、门等防护装置和联锁装置、双手开关装置、光电防护装置、压敏防护装置、自动停机装置等安全装置。

5. 向用户和使用者提供安全使用信息

对通过结构设计和采用的安全防护措施都无法解决的一些遗留风险，应通过安全使用信息的方式通知和警告用户和使用者，由他们在使用机器时采取相应的补救或防范措施。

使用信息应包括以下主要内容：

(1) 明确规定机器的使用范围和条件。

(2) 告诉用户或使用者如何安全正确地使用机器。

(3) 通知和警告使用者该机器还存在哪些遗留风险。

(4) 要求使用者一定要按使用说明书的规定合理使用机器，并对不按规定使用可能导致的危险或潜在风险提出警告。

(5) 使用信息必须考虑机器整个寿命期的各阶段所需的相应信息。

使用信息的类别一般有以下几种：

- 有关的标志、符号；
- 有关的信号装置和报警装置；
- 文字性警告；
- 使用说明书或操作手册等。

7.6.3　安全设计风险评价

风险评价是分析机器可能产生的各种危险及对每种危险状态下可能产生伤害的概率和严重度进行全面评估。进行风险评价的目的是为了根据现有的工艺水平和由此引起的各项约束，确定最合适的安全措施，以使机器达到最高安全水平。

1. 分析机器可能产生的危险

一般机器通常可能产生以下几类危险：

(1) 机械危险。主要形式有挤压、剪切、切割、引入或卷入、冲击、刺伤或扎伤、摩擦或磨损、高压流体喷射等。

(2) 电的危险。主要形式是电击和燃烧。

(3) 热危险。有些机器在工作中会产生大量的热量，这些热量可能产生以下两方面危险：

① 由于接触或辐射而产生烧伤或烫伤；

② 造成有害健康的高温工作环境。

(4) 噪声危险。噪声不仅影响人的听力，而且对人的神经系统、心血管系统等也有影响。

(5) 振动危险。当机器产生的振动大到一定程度后，会使人产生病理性损伤和病变，如血脉失调、神经失调、骨关节失调、腰痛等。

(6) 辐射危险。有些机械产品，如激光设备、等离子加工设备、电子束和离子束加工设备等都存在有不同的辐射危险。

(7) 由材料和物质产生的危险。这类危险可能来自机器自身的某些材料、机器工作中使用的某些辅助材料、由机器加工或处理的某些材料及机器排放的有关废弃物质等。

（8）由机器设计不符合人机工程原则而产生的危险。若机器设计不符合人机工程原则，使操作者要采用不利健康的操作姿势，极度或重复用力，或操作时产生紧张心理等，这些都会导致危险。

2. 评估每种危险的风险要素

（1）可能产生伤害的概率，可通过以下因素进行评估：

① 操作者或有关人员暴露于危险区的频次和持续时间；

② 危险事件出现的可能性；

③ 避免伤害的可能性。

（2）可能伤害的严重度：

① 轻度（可恢复正常的）；

② 严重（不能恢复正常的）；

③ 死亡。

3. 评估风险要素需考虑的几个方面

（1）暴露于危险区的人员。风险评估要考虑所有可能暴露于危险区的人员，包括操作者、维修人员和可预见到的可能受到机器影响的其他人员。

（2）暴露的类型。评估时应考虑到机器的各种可能运行模式和操作方法，尤其要考虑到在调整、示教、清理、查找故障及维修时的险情。

（3）安全功能的可靠性。风险评估应考虑元件和系统的可靠性。

（4）安全措施被毁坏或避开的可能性。要考虑到毁坏或避开安全措施的各种诱因，如安全措施是否有碍于生产或干扰操作者的某些操作动作等。

（5）使用信息。风险评估时还应考虑随机提供的各种安全使用信息是否充分，有关遗留风险在使用信息中是否都告诉用户和使用者等。

4. 风险评定

风险评估后需进行风险评定，以确定哪些风险是可接受的，哪些风险必须采用措施予以减小。评定的主要依据是安全目标或安全标准。

5. 风险评价的方法

风险评价的方法比较多，常用的方法有初步分析（PHA）、失效模式与影响分析（FMEA）、致命度分析（CA）、故障树分析（FTA）、事件树分析（ETA）、原因后果分析等。其中 FMEA、CA、FTA 均已标准化；原因后果分析实际上是 FTA（查原因）和 ETA（查后果）的综合。这些方法就不一一介绍了，下面简单介绍一下 PHA 法。

PHA 的作法是：首先把所研究评价的机器划分为若干个部件；然后确定哪些部件最有可能出现危险状态；再分析评估每种危险状态可能产生的伤害风险，并按其可能伤害的严重度进行分类；最后根据各部件可能产生伤害风险的类别，确定需采取的安全措施。

7.6.4　结构安全设计

1. 一般设计要求

（1）采用能使机器达到本质安全（不需防护措施的内在安全）的有关措施，如：

① 设计零部件的合理形状和相对位置，以防产生切割、刮伤、扎伤、缠绕、挤压和剪切等危险。

② 限制运动件的质量和速度，在不影响使用功能的情况下，应将运动件的质量和速度限制到最小值。

③ 限制往复运动件的运动距离，防止产生撞击危险。

④ 限制操纵器的操纵力，以免操作时过分用力导致危险。

⑤ 限制噪声和振动。

⑥ 尽量避免零件的锐边、尖角和凸出部分等。

(2) 合理计算零件的强度和应力，防止产生断裂或破碎危险。

(3) 合理选用材料。用于制造机器的各种材料，在机器的整个寿命期内都不得危害人的安全与健康。

(4) 采用本质安全技术和动力源。对于有些机器，如在爆炸气氛中使用的机器，应采用如下本质安全技术和动力源：

① 采用全液压或全气动的控制系统和操纵机构，以防电火花引起爆炸；

② 采用电压低于功能特低电压的电源；

③ 在液压系统中采用阻燃和无毒液体等。

(5) 应用人机工程原则。

(6) 提高机器及其零部件的可靠性。

(7) 提高装卸和送、取料工作的机械化和自动化程度。在加工机械和搬运机械中，手工装卸和送、取料都会面临较大伤害风险，提高其机械化或自动化程度就会减小或消除这类风险。

(8) 尽量使调整和维护点位于危险区外边，防止在对机器进行调整和日常维护时产生伤害。

2. 有关安全主要部件或系统的设计

(1) 控制系统的设计。控制系统的结构和可靠性直接影响整个机器的安全性能，因此，做好控制系统的安全设计十分重要。

在设计控制系统时，首先要根据风险评价结果，按有关规定，选择该控制系统中所用的各有关部件或元件的性能类别。选定类别后，根据相应类别的要求，进行合理的结构设计。

在设计控制系统时主要应注意以下问题：

① 必须防止动力中断后重新接通时，机器自发地再启动。

② 要通过提高其零部件的可靠性以保证其安全功能。

③ 注意采用"定向失效模式"（即失效模式是已知的）的部件或子系统。

④ 对其关键部件应采用冗余技术。

⑤ 尽量采用自动监控。

⑥ 对可编程控制系统的安全功能应采取保护措施，以防止储存的程序被有意或无意改变。

⑦ 对具有多种控制或操作模式的机器，其控制系统应设计有能锁定在不同位置的模式选择器，使每个位置都相应于特定操作或控制模式。

　　(2) 手动操纵器的设计。设计手动操纵器时应注意以下各点：

　　① 手动操纵器一般应配置在机器危险区的外边。

　　② 停机操纵器应位于启动操纵器附近。

　　③ 启动操纵器应尽可能设置为操作它们时能看见被控制的部分。

　　④ 如果通过几个手动操纵器可以启动同一个危险元件时，这些操纵器的设计应做到在同一时间内只有一个是有效的(双手操纵器除外)。

　　⑤ 在有风险的场合，操纵器应设计成不是有意识地操作机器不会动作。

　　⑥ 各手动操纵器的配置必须符合人机工程原则，便于操作者安全即时操作。

　　(3) 急停装置的设计。除了手持机械和急停不能减小风险的机械外，一般机器都应设计有一个或多个急停装置。急停装置的设计应满足以下要求：

　　① 必须清晰可见，便于识别(一般为红色)，并能迅速接近，便于操作。

　　② 能尽快停止危险运动而不产生附加危险。

　　③ 急停装置的控制机构与其操纵机构应采用强制机械作用原则，以确保操作时无延时。

　　④ 急停必须采用 0 类停机(切断动力源)或 1 类停机(停机后切断动力源)。急停类别的选择应根据风险评价结果确定。

　　⑤ 急停指令要优先于其他一切指令，而且要使机器对急停指令的响应不产生任何附加危险。

　　⑥ 用于执行急停功能的部件或元件应具有足够的可靠性。

　　⑦ 当一组机器以协同方式工作时，急停装置应能将急停指令传给协同系统的各个部分。

　　(4) 指示器和信号显示装置的设计。机器的指示器和信号显示装置是向人们表明机器运行状态的信息装置，如果设计和配置不当，会使人们造成错觉或不能觉察而导致危险。因此，设计时一定要遵循人机工程原则，以保证操作者容易识别或觉察，避免由于信号不清或判断错误而导致危险。

　　(5) 液压和气动系统的设计。设计液压和气动系统时应注意以下各点：

　　① 控制管路中的最大压力不得超过额定值。

　　② 使系统不会由于压力丧失、压力降低或真空度降低而出现危险。

　　③ 不得由于泄漏或元件失效而导致危险流体喷射。

　　④ 在设计气体接收器、储气罐或类似容器时，应严格遵守有关压力容器的设计规范和标准。

　　⑤ 所有元件都要针对有害的外部环境加以防护。

　　⑥ 当机器与动力源断开时，使储存器和类似容器尽可能自动卸压或提供压力指示措施。

　　⑦ 系统回路必须能防止机器在整个循环过程中执行元件发生误动作。

　　⑧ 必须保证卸压和流体排放的安全性。

　　(6) 电气系统设计。设计机器的电气系统时，主要应注意防止电击、短路和过载三种危险。

3. 对某些机器的附加设计要求

（1）大型机器的安全进入措施：在设计机器时应尽量考虑使得各项操作都能在地面上进行，这样比较安全、方便。对于大型设备，某些操作需进入机器内或到机器上面进行操作，应设计有进入斜梯（与水平面夹角不大于 65°的梯子）或直梯（与水平面夹角为 75°～90°的梯子）及机内平台、通道、跨越桥等安全进入措施。这些进入措施不得导致操作者进到机器的危险区，并要能避免滑倒和跌落等风险。

（2）机器的稳定性措施：机器及其重型零部件的稳定性不好，就容易倾倒或产生不可预测的运动而导致危险。因此，在设计时一定要有保证机器稳定性的有效措施。

（3）机器及重型零部件的安全搬运措施：对于不能用手搬运的机器及其重型零部件，应设计有（或便于安装）适当的起吊措施，如吊环、吊钩、吊环螺栓或起重用螺孔等。

7.6.5 安全设计的展望

安全设计，尤其是机械安全设计，是近些年来国际上提出来的比较新的设计理论，国内还刚起步不久。有关安全设计方面的教材和参考文献还很少，今后需在这方面加强研究，不断充实和完善有关安全设计方面的理论和方法。

安全设计的基础是危险分析和风险评价。危险分析得越透，风险评估得越准确，安全措施的针对性就越强、越有效。可是，目前安全设计中的风险评价由于缺乏足够的有效数据，多数只能是定性评价。这种定性评价的准确性完全取决于评价者的知识和经验，受主观因素影响较大。今后应研究建立较完善的机械伤亡事故案例数据库、安全设计数据库和风险自动分析评价系统等，使风险评价逐步由定性评价走向定量评价，提高风险评价的准确性。

安全设计必须与可靠性设计及人机工程设计紧密结合。为了保证机器的安全性，机器及零部件的可靠性一定要好，但是可靠性好的机器不一定就是安全的。安全设计与可靠性设计既有共同点，也有不同点，因此，它们应很好地结合起来。

安全设计与人机工程设计也是密不可分的，二者也应有机地结合起来。

有关安全控制系统和防护系统的设计，今后要向着自动化和智能化的方向发展。现在有的国家已在研究试验"零死亡"汽车，这种汽车采用的安全防护系统主要包括控制行车轨迹和行车距离的雷达、智能调速系统、防侧滑系统等。这类智能安全系统将来在其他有关危险机械上也可能研究采用，不过其成本比较高，短期内还很难广泛采用，只能作为发展方向。

7.7 健 壮 设 计

7.7.1 概述

田口先生认为，任何产品的输出特性总不可能保持不变，而是永远处于不断变化的状态，这种变化称之为波动。引起波动的原因，不外乎下述三种干扰。

（1）内干扰：由于产品原材料、零部件的老化、劣化引起的产品输出特性的波动。

（2）外干扰：由于产品的使用条件或维持环境的变化引起的产品输出特性的波动。

（3）物品间干扰：由于产品制造过程中 5MIE（即人、机、料、法、测量和生产环境）的变化而引起的产品制造误差，导致产品输出特性的波动。

产品的稳健性，就是产品抗干扰的能力。抗干扰能力越强，稳健性越好；反之，稳健性越差。

关于产品稳健性指标，不同的输出特性有不同的定义，但统称为信噪比（即 SN 比）。

可靠性与稳健性虽然定义不同，度量的指标不同，但实质性含义是相同的。如果一个产品的稳健性好；抗干扰能力就强，随之可靠性就高。反之，如果一个产品的可靠性高，则抗干扰能力就强，随之稳健性就好。

7.7.2 健壮设计原理

田口先生用信噪比（SN 比）作为度量产品稳健性的指标。所谓 SN 比，即

$$\eta = \frac{信号的功率}{噪声的功率} = \frac{P_S}{P_N} \qquad (7-7-1)$$

实际上，SN 比源于通信理论。SN 比大，即信号强而噪声（干扰）小。例如，一套音响设备，如果音量大而没有杂音，这套音响就是稳健性好的产品。

不同产品的输出特性，其 SN 比的计算公式也不同，下面分别加以介绍。

1. 望目特性的 SN 比

所谓望目特性，即存在设计目标值 $m(m \neq 0)$，希望输出特性越接近目标值越好。

望目特性 η 的 SN 比定义如下

$$\eta = \frac{\mu^2}{\sigma^2} \qquad (7-7-2)$$

式中：$\mu = E(y)$ 为 y 的理论平均值（数学期望）；$\sigma^2 = D(y)$ 为 y 的波动。

式（7-7-2）是一个理论公式，通常 μ、σ^2 真值未知。如果知道 y 的 n 个观测值 y_1，y_2，$\cdots$，y_n，则可以用下述方法估算 SN 比，具体步骤如下：

（1）求 σ^2 的估计

$$\hat{\sigma}^2 = V_e = \frac{1}{n-1} \sum_{i=1}^{n} (y_i - \bar{y})^2 \qquad (7-7-3)$$

（2）求 μ^2 的估计

$$\hat{\mu}^2 = (\bar{y})^2 - V_e = \frac{1}{n}(S_m - V_e) \qquad (7-7-4)$$

式中

$$S_m = \frac{1}{n} \Big(\sum_{i=1}^{n} y_i \Big)^2 \qquad (7-7-5)$$

（3）求 η 的估计

$$\hat{\eta} = \frac{\hat{\mu}^2}{\hat{\sigma}^2} = \frac{\frac{1}{n}(S_m - V_e)}{V_e} \qquad (7-7-6)$$

（4）以分贝为单位表示 SN 比

$$\hat{\eta} = 10 \lg \frac{\frac{1}{n}(S_m - V_e)}{V_e} \quad (\text{dB}) \tag{7-7-7}$$

特别地,如果 $n = 2$,则式(7-7-7)可以简化为

$$\hat{\eta} = 10 \lg \frac{2y_1 \cdot y_2}{(y_1 - y_2)^2} \quad (\text{dB}) \tag{7-7-8}$$

2. 望小特性的 SN 比

所谓望小特性,即希望输出特性越小越好、理想值为零的非负输出特性,如机械产品的磨损量、表面粗糙度等。

望小特性 y 的 SN 比定义为

$$\eta = \frac{1}{\mu^2 + \sigma^2} \tag{7-7-9}$$

式中:μ、σ^2 分别为 y 的数学期望与方差。

如果已知望小特性 y 的 n 个观测值 $y_1, y_2, \cdots, y_n$,则 SN 比的估算方法如下:

(1) 求 $\mu^2 + \sigma^2$ 的估计:

因为

$$E(y^2) = \mu^2 + \sigma^2$$

所以

$$\mu^2 + \sigma^2 = \frac{1}{n} \sum_{i=1}^{n} y_i^2 \tag{7-7-10}$$

(2) 求 η 的估计

$$\hat{\eta} = \frac{1}{\frac{1}{n} \sum_{i=1}^{n} y_i^2} \tag{7-7-11}$$

(3) 以分贝为单位表示的 SN 比

$$\eta = -10 \lg \frac{1}{n} \sum_{i=1}^{n} y_i^2 \quad (\text{dB}) \tag{7-7-12}$$

3. 望大特性的 SN 比

所谓望大特性,即希望输出特性越大越好,理想值为无限,如机械产品的强度、寿命等。不难理解,若 y 为望大特性,则其倒数 $1/y$ 为望小特性,因此,望大特性的 SN 比为

$$\eta = -10 \lg \frac{1}{n} \sum_{i=1}^{n} \frac{1}{y_i^2} \quad (\text{dB}) \tag{7-7-13}$$

4. 动态特性的 SN 比

望目特性、望小特性、望大特性统称为静态特性,其共同特点是理想值是恒定常数(或为目标值 m,或为零,或为无限大)。

所谓动态特性,是指对应于人的某一种意志或某一个目标值,发出一个信号,随之产生一个相应结果的输出特性。换言之,输出特性随着输入的变化而变化,且波动越小越好的质量特性就称为动态特性。

动态特性的原理如图 7-18 所示。

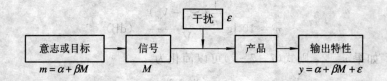

图 7-18 动态特性示意图

从图 7-18 可以看出，对于动态特性而言，目标值 m 不是恒定常数，而是通过信号 M 的变化而赋予不同的值，输出特性 $y = \alpha + \beta M + \varepsilon$。$\varepsilon$ 反映干扰的大小，通常可认为服从正态分布 $N(0, \sigma^2)$。

例如，对于汽车的操纵特性来说，当司机有了使汽车向左转的"意志"和目标值以后，为了实现这种意志和目标，必须发出信号，使方向盘的转向角对应于汽车行驶方向转某个角度，以实现预期的结果——转向。在这里方向盘的转向角是信号 M，路面状况、汽车载荷位置、轮胎压力等是干扰，而汽车的实际转弯半径 y 就是动态特性。

动态特性 y 的 SN 比定义为

$$\eta = \frac{\beta^2}{\sigma^2} \qquad (7-7-14)$$

需要指出的是，动态特性的 SN 比有许多计算公式，这里只给出一种最常用的计算公式，对于其它情况，请参看相关资料。

7.7.3 机械系统的稳健设计

本节说明结构可靠度、性能可靠度与 SN 比之间的关系。

1. 结构可靠度与 SN 比

设某机械产品强度 S 服从正态分布 $N(\mu_S, \sigma_S^2)$，应力 s 服从正态分布 $N(\mu_s, \sigma_s^2)$。据应力-强度干涉理论，令干涉变量 $y = S - s$，则 y 服从正态分布 $N(\mu_S - \mu_s, \sigma_S^2 - \sigma_s^2)$，而结构可靠度为

$$R = p\{y > 0\} = 1 - \Phi\left(\frac{\mu_s - \mu_S}{\sqrt{\sigma_S^2 + \sigma_s^2}}\right) = \Phi\left(\frac{\mu_S - \mu_s}{\sqrt{\sigma_S^2 + \sigma_s^2}}\right)$$

式中 $\Phi(u)$ 为标准正态分布 $N(0, 1)$ 的分布函数。

另一方面，此时该产品的 SN 比应定义为

$$\eta = \frac{\mu_y^2}{\sigma_y^2} = \frac{(\mu_S - \mu_s)^2}{\sigma_S^2 + \sigma_s^2}$$

比较上述两式可知结构可靠度 R 与 SN 比的关系为

$$R = \Phi(\sqrt{\eta})$$

由此可见 SN 比 η 越大，则可靠度 R 越大。

2. 性能可靠度与 SN 比

以望目特性为例，说明性能可靠度与 SN 比的关系。

设某机械产品输出特性为望目特性 y，它服从正态分布 $N(m, \sigma^2)$，m 为目标值。又设其功能界限为 Δ_0，即 $|y - m| < \Delta_0$ 时尚能发挥规定的功能，否则产品失效，则此时的性能可靠度为 $R = p\{m - \Delta_0 < y < m + \Delta_0\}$，又设 $\sigma = \Delta_0 / k$，以此代入上式得

$$R = p\{m - k\sigma < y < m + k\sigma\} = \Phi(k) - \Phi(-k) = 2\Phi(k) - 1$$

此时，SN 比为

$$\eta = \frac{m^2}{\sigma^2} = \frac{k^2 m^2}{\Delta_0^2}$$

取 $k = 1, 2, 3, 4$，算得下表：

k	1	2	3	4
$R = 2\Phi(k) - 1$	0.6827	0.9545	0.9973	0.999936
$\eta = \dfrac{k^2 m^2}{\Delta_0^2}$	η_1	$4\eta_1$	$9\eta_1$	$16\eta_1$

由上表可以看出，产品输出特性的 SN 比越大，则该产品的性能可靠度也越大。

大家不难看出，上述结论不仅对望目特性是成立的，对于望小、望大特性乃至动态特性也是成立的。

从上面的分析比较可得出，田口方法中用 SN 比进行的稳健性设计与前几节所阐述的机械可靠性设计在本质上是一致的。田口方法以提高 SN 比来提高产品的抗内外干扰的能力，机械可靠性设计所考虑的是影响产品可靠性的各种因素的随机性。虽然两者的具体方法不同，但目标都是使所设计的产品更加稳健、更加可靠。因此，在研究和开展机械可靠性设计中，田口方法是一种值得借鉴和推广的有效方法。

7.8 设计试验技术

7.8.1 设计试验技术概述

为提高产品可靠性而进行的有关产品失效及其影响的试验统称为可靠性试验，其目的在于暴露产品在设计、工艺和材料选择等方面的缺陷，提供各种可靠性数据和信息，验证产品是否符合可靠性要求，所以，可靠性试验是对产品的可靠性进行调查分析和评价的一种手段，也是保障可靠性设计顺利进行的基础性工作。

可靠性试验可以是现场试验也可以是实验室试验，前者具有环境和使用条件真实、可获取的数据较多且费用较少的特点，但环境和条件的典型性差，数据再现性和测量记录的完整性差。后者是在规定的可控条件下试验，而且是在归纳现场条件的基础上以几种典型的载荷条件、工作条件进行试验，所以针对性强，数据质量高，但有局限性，试验费用也大。为了取得基础的可靠性数据，实验室试验往往是一种必不可少的试验。

7.8.2 产品的可靠性试验

可靠性试验是对产品的可靠性进行调查、分析和评价所使用的一种手段。它可以是实验室内试验，也可以是使用现场试验。

进行可靠性试验的目的是为产品在出厂后在规定的使用期内能够达到规定的可靠性指标而提供的试验性的保证。可靠性试验是取得可靠性数据的主要来源之一。通过可靠性试验可以发现产品设计和研制阶段的问题，明确是否需要修改设计。同时，可以对改进后的可靠性指标进行评定和验证。

常用的可靠性试验方法有二三十种。在工作中对试验方法的选择，要根据具体产品而定，还要考虑试验是处在产品寿命期的哪一阶段。由于可靠性试验是既费时又费钱的试验，因此，研究和采用正确而又恰当的试验方法不仅有利于保证和提高产品的可靠性，而且能够大大地节省时间、人力和费用。可见，可靠性试验是可靠性工程技术的一个重要领域。

可靠性试验的种类很多，通常可以分类如下。

1）按试验进行的地点分类

（1）实验室可靠性试验：在规定的可控条件下进行可靠性试验。试验条件可以模拟现场条件，也可以与现场条件不同。通常所说的可靠性试验一般是指在实验室进行的试验。

（2）现场可靠性试验：在现场使用条件下进行的可靠性试验。

2）按可靠性计划的阶段分类

（1）研制试验：为评价设计质量进行的试验，试验结果反馈到设计中去。

（2）鉴定试验：为对单个或成批产品的质量进行评定而进行的试验，适用于设计定型、生产定型、主要设计或工艺更改之后的鉴定。试验结果可以作为能否定型的依据之一。

（3）验收试验：为判定产品是否合格而进行的试验，即通过试验核查定型后产品的寿命、失效率等可靠性指标是否达到规定的目标值。

鉴定试验和验收试验以及成功率试验等，都属于可靠性验证试验。在产品的技术条件中，可靠性验证试验是买方在接受产品时的一个条件。当事先没有规定可靠性指标时，可靠性验证试验可以作为提供可靠性指标值的一种试验方法。

3）按试验目的分类

（1）筛选试验：为选择具有一定特性的产品或剔除早期失效产品而进行的试验。

（2）环境试验：为评定产品在使用、运输或储存等各种环境条件下的性能及其稳定性而进行的试验。

（3）寿命试验：为确定产品寿命分布及其特征值而进行的试验。

4）按施加压力的时间特性分类

（1）恒定应力试验：应力保持不变的试验。

（2）步进应力试验：随时间分阶段逐步增大应力的试验。

（3）序进应力试验：随时间等速增大应力的试验。

5）按试验时的应力强度分类

（1）正常工作试验：在正常使用应力水平下的试验。

（2）超负荷试验：负荷超过额定值的试验。

（3）极限条件试验：为确定产品能承受多大载荷而进行的试验。

（4）加速试验：为缩短试验时间，在不改变失效机理的条件下，在高应力或严酷环境下进行的试验。

6）按试验样品的破坏情况分类

按试验样品的破坏情况可分为破坏性试验（如极限试验、加速寿命试验、环境试验）和非破坏性试验。

可靠性试验计划应包含下述基本内容：

(1) 根据不同的试验对象，确定试验的目的与要求。

(2) 确定试件的失效标准。

(3) 确定试验的方法和项目，明确试验应力水平、样本容量、试件的尺寸与材料等。

(4) 试验时间、设备、人员及经费等。

(5) 试验数据的统计处理方法、试验的记录表格。

(6) 整个试验计划进度表及试验结果、试验报告的格式及内容。

为了优质地完成可靠性试验，对可靠性试验必须进行设计。应当采取的步骤和注意事项有下列几点：

(1) 首先决定试验是否必要，因为在经济上不可能对每个零件都进行试验。

(2) 确定试验范围。例如，是破坏性的还是非破坏性的，是否采用加速试验。

(3) 在设计试验方案时就应考虑数据处理的方法，以便有的放矢地记录数据。否则，收集到的数据有可能在统计上毫无用处。

(4) 试验必须与某一真实的问题有关。在试验之前就应掌握引起产品失效的主要原因。

(5) 对试验数据应适当地加以系统化和分析，同时必须占有好的数据并对这些数据作适当的解释。这一点最为重要。

7.8.3　产品环保性能试验与控制

1. 产品环保性能的概念

随着人类环保意识的不断增强及环保法律法规要求的愈加严格，在全球逐步形成了一股"绿色消费"浪潮，从而使产品环保性能的概念也在不断地更新，即产品的环保性能不仅仅局限于生产和使用过程中排放的污染物要达到规定的标准要求，而且在包括设计、制造、流通、使用、报废、回收及处理、处置的全寿命周期中均要减少对环境的负面影响。

2. 产品环保性能评价方向

产品环保性能的评价方向是生命周期评价。正规的、完整的生命周期评价是一个迭代过程，它由四个相关的部分构成，即确定评价的目标和范围，清单分析，影响分析以及改进分析。

确定评价的目标和范围是生命周期评价的首要部分，用于指导并贯穿于生命周期评价的整个阶段。它所要确定的内容包括：评价的目的和范围，数据的类型及搜集方式，整个系统边界，评价结果质量保证和评价方法等。清单分析是对产品生命周期能源和资源需求以及废水、废气、废弃物和其他释放物定量化的技术方法，它是生命周期评价的核心和关键。典型清单分析应对生命周期的四个主要阶段，即生产(包括原料获取)、销售(包括包装和运输)、使用、回收或处置的投入产出进行分析。影响分析是对产品或生产系统的投入产出可能对生态系统、人体健康、自然资源产生的影响进行鉴别、定性和定量分析的过程，也就是用清单分析所得的数据来评价生命周期各阶段的能源消耗和污染物排放对环境的影响。改进分析是生命周期评价的最终环节，它用于评价和确定减少或消除所研究系统造成的环境影响的方案。

生命周期评价预防措施评估可以选择产品生命周期任一阶段和某种影响类型单独进行。一个有意义的评价必须包括产品的环境影响总和，这包括产品在生命周期不同阶段中对三种不同介质（大气、水体和土壤）的影响，而且还要考虑不可再生资源和能源的利用、产品的耐用性、易修理性和安全性，即生命周期分析（LCA）可作为一个工具来鉴定和衡量一个产品或生产对环境、资源、能源产生的直接和间接影响。直接影响可能包括一个生产厂的释放物及能量消耗；间接影响包括能源的使用和为制造产品而摄取原材料、产品的运输分配、消费者的使用及产品的处置所带来的影响。虽然生命周期分析越来越受到人们的重视，但其缺乏一个统一的方法结论，同时一个"完整"的生命周期分析要花费大量时间来搜集、分析和研究大量数据，而许多数据又是企业的机密资料，不容易获得，但这些并没有影响对 LCA 方法的研究。

目前，生命周期评价可用在许多方面，比如用于比较不同产品对环境产生的影响（例如塑料瓶与玻璃瓶），指导工业产品的设计及技术改进，其中用得最多的是鉴别一个产品是否是"绿色产品"，即用于环境标志计划中。

3. 产品制造过程中的环保要求

产品制造过程中的环保要求，即目前正在推广实施的"清洁生产"。"清洁生产"是生产过程的全程控制，是减少环境污染，有效利用资源、能源的最优途径。"清洁生产"与传统的末端治理不同，它不是以污染物达标排放为唯一目的，而是强调通过管理和技术手段来提高资源、能源利用率，减少有毒有害材料的使用，使"三废"排放量为最少，降低污染物的处理、处置费用等，最终实现经济效益和环境效益协调和统一。

4. 环境标志产品

环境标志产品也称为绿色产品，它是绿色设计、绿色制造的最终产物，只有经过严格检验和认证的产品才可称为环境标志产品。环境标志产品的认证是保证其质量，维护用户和消费者利益，提高产品的市场竞争力的有效手段，并可促进国际贸易的发展。

实施环境标志，公众看到的是标志，可从标志上识别哪些产品的环境性能更好，买哪些产品对保护生态环境更有利。而对于生产环境标志产品的企业来说，则应对产品从设计、生产、使用到处理、处置全过程的环境行为进行控制，不但要求尽可能地把污染消除在生产阶段，而且也最大限度地减少产品在企业及处理、处置过程中对环境的危害程度。

许多国家已建立了相应环境标志产品认证机构。我国于 1994 年 5 月成立了中国环境标志产品认证委员会（CCEL），并陆续发布了低氟氯化碳（CFC_s）家用制冷器具、无汞镉铅充电电池等七项环境标志产品的技术要求。这些要求规定了环境标志产品的主要内容和适用范围、检验标准等，为环境标志产品的监测与检验提供了切实可行的依据。

5. 机械产品污染物排放指标及其检验

机械产品在产品总量中占有较大比重，其"绿色"程度越来越受到人们的关注。因此，在《中华人民共和国标准化法》中规定：机械产品的检验标准中应含有与环境保护有关的各项技术要求和检验方法。这也是适应国际市场的竞争要求，提高我国产品竞争实力的必然方向。我国国家标准中对机械产品的环保性能主要以机器产生的噪声、排放的污染物等作为评价指标。对于不同产品，由于其功能及对环境的作用不同，因而其检验方法也不同。

（1）噪声。大部分机械产品在运行过程中均会产生噪声，噪声对人体健康、工作效率等会产生不良影响。

(2) 机械产品运行过程中排放的污染物。除噪声以外，机械产品运行过程中还会排放其它污染物，如碳氢化合物（HC）、一氧化碳（CO）、氮氧化物（NO_X）等。

这些污染物可用专用取样装置采用仪器法测定，一般与机械产品（如机动车辆）出厂时的工作性能检测同步进行。

机械产品种类繁多，不同类型产品产生的污染物具有不同特点，其检验与控制方法也不同。在此，我们以最为常见、目前最受重视的汽车为例，探讨其污染物的类型及其试验与控制方法。

6. 汽车排气污染物的控制

据统计，地球大气中 20％的污染物来自汽车尾气排放，在一些大中城市，这一比例甚至高达 70％。世界探明的石油储量也仅够人类再用 40 多年，人类对汽车尾气排放造成的环境恶化怀有极大的忧虑。目前汽车所用的含铅汽油在燃烧后，有 85％的铅被排入大气环境中，从而造成了严重的铅污染。由于铅的毒性持久，半衰期长达 12 年，并且不易被人体排出，因此，人体内铅的含量通常是环境中的 5 倍，而且铅的污染不存在下限，任何程度的铅污染都会对人体健康产生不利影响。

为满足社会发展和人类日益提高的物质、文化生活质量及健康方面的要求，减少或消除汽车排气污染物已成为迫在眉睫的问题。为此，国内外相关部门进行了广泛的研究。其研究主要集中在发动机设计、供油系统设计、排气处理装置和蒸发防止装置等四个方面。研究取得的成就及实际应用包括：

(1) 正曲轴箱通气系统。该系统把从汽缸窜入曲轴箱的气体（主要是未燃气体）循环引入进汽歧管，使其再次燃烧，改变了过去将其直接排入大气所造成的污染。

(2) 空气喷射装置。该装置将新鲜空气喷射至排气阀，使其与排除的热气相混合，这样使得 HC 和 CO 继续氧化成 H_2O 与 CO_2，其中也有一部分送到了催化反应器。由此，进一步提高了燃烧效果，减少了污染物的排放。

(3) 火花定时控制系统。该系统可将真空调整提前。为使排气净化，取得最佳的燃油经济性和发动机动力性能，目前已有计算机控制的点火系统，以便对发动机的不同工况做出快速反应。

(4) 排气再循环系统。该系统把发动机排气口用控制阀与进汽歧管相连接，使排出的气体经过再次循环，以降低氮氧化物的排放量。

(5) 催化反应器。催化反应器设置在排气系统中排气歧管与消音器之间，以促进氧化污染物而降低排气污染物的含量，催化剂采用铂类贵重金属等。

(6) 蒸发排放控制系统。该系统将化油器浮于室中的汽油蒸发气引入进气系统，而将油箱中的蒸发气引入储存系统，可大大减少污染物的排放。

在治理汽车尾气方面，世界各国基本都采用相似的三条途径：

(1) 改进发动机性能；

(2) 实施机外净化；

(3) 研究代用燃料。

目前，代用燃料研究日趋紧迫。我国代用燃料研究基本上与国际趋势一致，主要集中在液化石油气、压缩天然气、甲醇、氢气、植物油、电力等。

7.8.4 仿真试验与虚拟试验

新产品出厂投入使用之前，必须经产品性能试验，以检查其各方面的性能是否达到设计要求，如功能试验、强度试验、可靠性试验、耐腐蚀和耐磨损试验、振动噪声试验、温度压力试验、环保性能试验、舒适性试验、人机工程试验等。试验不是目的，而是一种用来检查产品质量，为设计人员提供修改设计依据的手段，是降低新产品试制成本，提高设计一次成功率的得力措施。

产品试验根据试验形式不同，大致可分为原型试验、仿真试验、虚拟试验。根据试验的内容又可分为可靠性试验、产品环保性能试验、动态性能试验、功能试验、舒适性试验、人机工程试验等。

虚拟试验是近年来迅速发展起来的一种试验方法，它借助于虚拟现实技术，以虚拟的三维实体为对象，通过视觉、听觉、嗅觉等感官使人感到近似地处于一个"真实"的试验环境中，从而使人沉浸在"真实"的试验过程中，去操作、控制整个试验过程，并记录下所有的试验结果供今后分析之用。虽然虚拟试验技术目前在民用领域使用尚不多，但不久将是一个迅速崛起的学科。例如美国波音飞机公司的波音 777 客机的设计与一次试飞成功，就是采用了虚拟试验技术。虚拟试验技术在军事上已有一些成功的应用。

仿真试验是对实物模型或数字模型进行仿真，进而评价产品性能的一种试验方法。原型试验对一些产品是必须进行的，如对产品的鉴定验收等。

思 考 题

[1] 可靠性的定义是什么？可靠性设计的特点是什么？

[2] 可靠性设计中常用的特征量(指标)有哪些？

[3] 简述加法定理和乘法定理。

[4] 什么是二项分布、泊松分布、正态分布、对数正态分布、威布尔分布？

[5] 如何识别任务剖面、寿命剖面和环境剖面？

[6] 确定可靠性指标主要考虑哪些因素？

[7] 简述工程中常用的可靠度分配方法中的比例分配法和加权分配法。

[8] 确定可靠性关键件和重要件的原则是什么？

[9] 简述电子设备可靠性预计的方法及其使用场合。

[10] 什么是降额设计？在电子元器件的最佳降额范围内，一般可分成几个等级？

[11] 冗余设计的主要任务是什么？

[12] 简述机械可靠性设计的步骤。

[13] 为保证软件可靠性，在其生命周期各个阶段需要采取哪些措施？

[14] 简述机械零件的静强度和疲劳强度可靠性设计过程。

[15] 如何计算串联系统、并联系统、混联系统、表决系统、旁联系统的可靠性？

[16] 简述系统可靠度分配的目的？

[17] 什么是故障树分析？如何建立故障树？

[18]　如何进行故障树的定性和定量分析？

[19]　简述寿命服从指数分布时平均寿命的确定方法。

[20]　简述威布尔分布寿命试验方法。

[21]　简述产品的加速寿命试验的种类和适用场合。

[22]　安全系统工程方法克服了传统安全工作方法的诸多局限性，主要体现在哪些方面？

[23]　简述安全设计的基本程序和方法。

[24]　简述安全设计风险评价的过程。

[25]　什么是望目特性的 SN 比、望小特性的 SN 比、望大特性的 SN 比、动态特性的 SN 比？

[26]　简述结构可靠度、性能可靠度与 SN 比之间的关系。

[27]　可靠性试验计划应包含的基本内容有哪些？

[28]　简述生命周期评价的过程。

参 考 文 献

[1] John W Mullins, Daniel J Sutherland. New product development in rapidly changing markets: an exploratory study. J Prod Innov Manag, 1998, 15: 224 - 236.

[2] 吴年宇, 孟刚. 基于 PDM 技术的制造业集成框架研究. 清华大学学报(自然科学版), 1998, 38(10): 73 - 76.

[3] 冯升华, 李建明, 童秉枢. PDM 系统与群件系统的集成. 计算机辅助设计与图形学学报, 2001, 13(4): 362 - 366.

[4] 熊光楞, 张玉云. 863/CIMS 关键技术攻关项目"并行工程"简介. 计算机集成制造系统 CIMS, 1996, (9): 1 - 2.

[5] 徐亚斌, 秦现生, 彭炎午. 并行工程中产品、活动和组织的集成建模. 制造业自动化, 2000, 22(2): 17 - 20.

[6] G Q Huang, J Huang, K L Mak. Agent-based workflow management in collaborative product development on the Internet. Computer-Aided Design, 2000, (32): 133 - 144.

[7] David Edmond, Arthur H M ter Hofstede. A reflective infrastructure for workflow adaptability. Data & Knowledge Engineering, 2000, (34): 271 - 304.

[8] Leslie Monplaisir. An integrated CSCW architecture for integrated product/process design and development. Robotics and Computer-Integrated Manufacturing, 1999, (15): 145 - 153.

[9] Jack C H Chung, Teng-Shang Hwang, Chien-Tai Wu, et. al. Framework for integrated mechanical design automation. Computer-Aided Design, 2000, (32): 355 - 365.

[10] W M P van der Aalst. On the automatic generation of workflow processes based on product structures. Computers in Industry, 1999, (39): 97 - 111.

[11] M Zanella, P Gubian. A Conceptual Model for Design Management. Computer-Aided Design, 1996, 28(1): 33 - 49.

[12] 约瑟夫·萧塔纳[德]. 制造企业的产品数据管理: 原理、概念、策略. 北京: 机械工业出版社, 2000.

[13] 施普尔, 克劳舍[德]. 虚拟产品开发技术. 北京: 机械工业出版社, 2000.

[14] 谢友柏. 分布式设计知识资源的建设和运用. 中国机械工程, 1998, 9(2): 4 - 6.

[15] Mohan V Tatikonda, Stephen R Rosenthal. Successful execution of product development projects: Balancing firmness and flexibility in the innovation process. Journal of Operations Management, 2000, 18: 401 - 425.

[16] 曹岩, 赵汝嘉. 基于集成产品与过程建模的设计进程管理. 小型微型计算机系统, 2000, 21(9): 928 - 932.

[17] Petra Badke-Schaub, Eckart Frankenberger. Analysis of design projects. Design

Studies，1999，20(5)：465－480.

[18] 陈桦，等.支持 IPDD 的集成 CSCW 框架研究.机床与液压，2002，176(2)：57－58.

[19] Zeng，Y，Gu P. A science-based approach to product design theory Part I：Formulation and Formalization of Design Process. Robotics & Computer Integrated Manufacturing，1999，15：331－339.

[20] 范玉顺.工作流管理技术基础.北京：清华大学出版社，2001.

[21] Yuh-Min Chen，Yann-Daw Jan. Enabling allied concurrent engineering through distributed engineering information management. Robotics & Computer Integrated Manufacturing，2000，16：9－27.

[22] 曹岩，王宏，赵汝嘉.产品设计综合评价原理、体系结构和方法.计算机辅助设计与图形学学报，2001，13(1)：34－39.

[23] 赵汝嘉.CAD 基础理论及应用.西安：西安交通大学出版社，1995.

[24] 孙全颖.机械优化设计.哈尔滨：哈尔滨工业大学出版社，2007.

[25] 刘惟信.机械优化设计.北京：清华大学出版社，1986.

[26] 孙全颖.电工机械优化设计.北京：机械工业出版社，1997.

[27] 王凤岐.现代设计方法及其应用.天津：天津大学出版社，2008.

[28] 王培功.XK717 数控铣床进给传动系统的动力学建模及动态优化设计.硕士论文；浙江工业大学，2005.

[29] 龚剑，朱亮.MATLAB 5.0 入门与提高.北京：清华大学出版社，2000.

[30] 方世杰，綦耀光.机械优化设计.北京：机械工业出版社，2003.

[31] 田福祥.机械优化设计理论与应用.北京：冶金工业出版社，1998.

[32] 高健.机械优化设计基础.北京：科学出版社，2000.

[33] 王超，王金，等.机械可靠性工程.北京：冶金工业出版社，1992.

[34] 刘惟信.机械可靠性设计.北京：清华大学出版社，2006.

[35] 赵国藩，等.结构可靠度理论.北京：中国建筑工业出版社，2005.

[36] 陈健元.机械可靠性设计.北京：机械工业出版社，1988.

[37] 李良巧.机械可靠性设计与分析.北京：国防工业出版社，1998.

[38] 杨瑞刚.机械可靠性设计与应用.北京：冶金工业出版社，2008.

[39] 陈桦，曹岩.快速动态响应协同产品设计理论及其过程管理.北京：科学出版社，2006.

[40] 王国强，等.现代设计技术.北京：化学工业出版社，2006.

[41] 赵松年，佟杰新，卢秀春.现代设计方法.北京：机械工业出版社，2004.

[42] 刘志峰.绿色设计方法、技术及其应用.北京：国防工业出版社，2008.

[43] 刘光复，刘志锋，李钢.绿色设计与绿色制造.北京：机械工业出版社，2000.

[44] 斯图尔特[美].价值工程方法基础.邱菀华译.北京：机械工业出版社，2007.

[45] 王乃静，刘庆尚，赵耀文.价值工程概论.北京：经济科学出版社，2006.

[46] 谢友柏.现代设计理论和方法的研究.机械工程学报，2004，40(4)：1－9.

[47] 顾佩华.设计理论与方法学研究方面的最新进展.机械与电子，1998，(5)：26－31.

[48] 陈宏圣.机械产品设计方法概述.泰安教育学院学报岱宗学刊，2000，(3)：30－31.

[49] 孙菁. 信息社会工业设计类型的演变分析. 南京航空航天大学学报(社会科学版), 2004, 6(4): 60 - 62.

[50] 王瑞芳, 陈建平, 周桂英. 机械产品方案创新设计思维的研究. 机械研究与应用, 2004, 17(4): 14 - 15.

[51] 王美娜. 基于仿生学的产品创新设计思维方式研究. 重庆大学硕士学位论文, 2007.

[52] 周曙华, 熊兴福. 设计思维的两重性. 包装工程, 2005, 26(6): 217 - 219.

[53] 许兴海. 设计思维及其作用. 黄山学院学报, 2007, 19(6): 175 - 176.

[54] 秦晋. 面向功能的创新概念设计问题研究. 合肥工业大学博士学位论文, 2007.

[55] 舒湘鄂. 非线性的产品构成概念: 设计、制造技术与管理的集成. 湖北教育学院学报, 2005, 22(3): 87 - 89.

[56] 汤廷孝, 廖文和, 黄翔, 等. 产品设计过程建模及重组. 华南理工大学学报(自然科学版), 2006, 34(2): 41 - 46.

[57] 邓家褆. 产品设计的基本理论与技术. 中国机械工程, 2000, 11(1 - 2): 139 - 143.

[58] 王戈卓, 王述洋. 产品设计中的人性化因素. 林业劳动安全, 2006, 19(1): 22 - 25.

[59] 贺小明, 刘清龙, 倪琍, 等. 产品设计中价值工程理论的应用研究. 包装工程, 2004, 25(4): 98 - 100.

[60] 熊兴福, 舒余安, 黄婉春. 产品设计中心理学问题探讨. 包装工程, 2003, 24(3): 71 - 72, 75.

[61] 张莉立, 危韧勇. 产品形态设计的分析. 制造业自动化, 2000, 22(7): 26 - 28.

[62] 王兴元. 产品形象(PI)要素构成、评价及其塑造研究. 商业研究, 2000, (220): 52 - 55.

[63] 刘平义, 熊兴福. 产品形态设计中人的因素新探. 包装工程, 2002, 23(6): 26 - 28.

[64] 温德成. 产品质量竞争力及其构成要素研究. 世界标准化与质量管理, 2005, (6): 4 - 8.

[65] 丁俊武, 韩玉启, 郑称德. 创新问题解决理论: TRIZ 研究综述. 科学学与科学技术管理, 2004, (11): 53 - 60.

[66] 李世昌. 对设计环节的若干哲学性思考. 北京建筑工程学院学报, 2002, 18(社科版增刊): 13 - 16.

[67] 郑称德. 公理化设计基本理论及其应用模型. 管理工程学报, 2003, 17(2): 81 - 85.

[68] 李瑞琴, 邹慧君. 机电一体化产品概念设计理论研究现状与发展展望. 机械设计与研究, 2003, 19(3): 10 - 13.

[69] 李建平. 基于产品全生命周期的绿色设计一般理论和方法. 重庆职业技术学院学报, 2006, 15(3): 137 - 140.

[70] 栾忠权. 基于产品环境生态指数的绿色设计方法研究. 机械工程学报, 2004, 40(5): 96 - 100.

[71] Samo Ulaga, Marjan Brus, Joze Flasker[斯洛文尼亚]. 可靠性和维修性: 现代设计的关键因素(一). 中国设备工程, 2006, (9): 57 - 59.

[72] 于军, 蔡建国. 绿色产品设计及其关键技术. 机械设计与研究, 1997, (4): 10 - 12.